I0765163

prometeo
libros

prometeo
libros

LA PRESENTACIÓN DE SÍ.
ETHOS E IDENTIDAD VERBAL

Ruth Amossy

LA PRESENTACIÓN DE SÍ.
Ethos e identidad verbal

Traducción de Paula Salerno
Revisión e introducción de Ana Soledad Montero

¡prometeo⟩
l i b r o s

Amossy, Ruth

La presentación de sí : ethos e identidad verbal / Ruth Amossy ; prólogo de Ana Soledad Montero. - 1a ed . - Ciudad Autónoma de Buenos Aires : Prometeo Libros, 2018.

230 p. ; 23 x 16 cm.

Traducción de: Paula Salerno.

1. Teoría Política. 2. Análisis del Discurso. 3. Identidad Social. I. Montero, Ana Soledad , prolog. II. Salerno, Paula , trad. III. Título.
CDD 320.01

Armado: Yanina Pérez
Corrección de galeras: Magalí C. Álvarez Howlin
Introducción: Ana Soledad Montero
Traducción: Paula Salerno
Diseño de tapa: Erica Anabela Medina

Índice

El ethos, del discurso a la política[1]

Ana Soledad Montero

Desde la aparición de *Images de soi dans le discours. La construction de l'ethos*, la célebre compilación realizada por Ruth Amossy en 1999, hasta la obra que aquí presentamos, publicada en 2010, la categoría de ethos se ha convertido en una verdadera *vedette* de los estudios del discurso. Ello se debe, muy probablemente, al hecho de que se trata de una noción teóricamente densa y conceptualmente sofisticada que permite echar luz sobre un fenómeno empíricamente universal, esto es, sobre el modo en que los locutores, o aquellos que toman la palabra, se muestran en su discurso y construyen una imagen de sí mismos.

Es así como en los útlimos años, y como consecuencia de su amplia circulación en el campo académico, la noción de ethos sufrió un derrotero teórico y conceptual que, en gran medida, queda plasmado en la obra que aquí presentamos. Ese derrotero llevó a Ruth Amossy, referente indiscutida en esta tarea, a emprender una verdadera travesía disciplinaria, como ella misma afirma, con el fin de dar cuenta de la complejidad que toda construcción de una imagen de sí comporta. En su agudo recorrido conceptual, a los aspectos retóricos, enunciativos y argumentativos inherentes a la acepción discursiva de ethos Amossy agrega el análisis de su dimensión social, y ello mediante una refinada articulación de la retórica con la micrsociología goffmaniana y con la teoría de los campos de Bourdieu. Por otra parte, la incorporación de los aspectos prediscursivos, plasmados en la categoría de *ethos previo*, la pregunta por la constitución de identidades colectivas, por las dinámicas interaccionales o por las modalidades de disimulo del ethos, pero también los desarrollos acerca del *ethos dicho* (Maingueneau 1999; Adam 2002) o las clasificaciones y tipologías que permiten sistematizar regularidades en los tipos

---

[1] Una versión anterior de este texto fue publicada en la revista *Rétor* 2 (2), 2012. Agradezco a los editores de la revista por haberme permitido recuperar, en parte, el texto original.

9

de ethos (Charaudeau 2005, por tomar un caso) son solo algunos ejemplos que muestran hasta qué punto esta noción ha sido revitalizada y reelaborada para dar cuenta del problema de la construcción de la identidad en el discurso.

Como bien señala Amossy en este libro, ya en la *Retórica* de Aristóteles la noción de ethos tiene una doble valencia puesto que remite, por un lado, a los rasgos proyectados por el orador en su discurso y, por otro lado, a sus cualidades morales, a sus valores y virtudes (Eggs, 1999)[2]. No obstante esta polisemia, en muchas de sus formulaciones y aplicaciones analíticas el análisis del discurso tiende a subrayar el primero de los aspectos, aquel que atiende al ethos en tanto conjunto de atributos proyectados en el discurso, i.e., en tanto imagen discursiva y "puesta en escena del yo". Este modo de reapropiarse de la categoría de ethos acarrea mas de una consecuencia teórica, epistemológica y también ideológica, lo que se plasma voluntaria o involuntariamente en los análisis empíricos: entre ellas, la más notoria es la tendencia a reducir el discurso argumentativo a su aspecto estratégico-instrumental, como mero set de herramientas o técnicas para la construcción de una imagen "eficaz" en términos persuasivos, lo que en ocasiones oblitera la reflexión sobre la relación del sujeto con las condiciones de producción y con la dimensión ético-política de su decir. Como es evidente, este modo de aprehender el ethos (y por lo tanto la subjetividad del locutor en cuanto responsable de la enunciación), pero también el lenguaje mismo, presenta algunos límites –especialmente en el dominio del discurso político, donde esta figura tiene una particular densidad teórica– para pensar el estatuto del sujeto en tanto entidad política, histórica e ideológica.

En efecto, la noción de ethos no se agota en su aspecto enunciativo o argumentativo. Esa categoría comporta también, ya desde la tradición aristotélica

---

[2] No está de más recordar que etimológicamente la noción de ethos tiene al menos dos sentidos: por un lado, thos (con eta o *e* larga), inicialmente "guarida", "morada", "habitación", pero también "carácter", "costumbre", "temperamento" o "modo de ser", de donde se deriva la "moralidad" de los modos de comportamiento humano. Por otro lado, thos (con épsilon o *e* breve) remite a las costumbres, los hábitos, el uso, el acostumbramiento, la repetición y la "domesticación", y se inscribe en una lógica colectiva y no meramente individual (Martínez, 2007: 42 y 78; Salazar, 2009: 147). Según Martínez (2007: 42), en la *Retórica* aristotélica el ethos (thos) es tratado en términos de carácter, modo de ser o comportamiento moral (así lo indican, por otra parte, las traducciones), mientras que en la Ética a Nicómaco esta acepción del ethos se aproximará al hábito o la costumbre (es decir, al thos). De allí que la ética –disciplina que, por otra parte, Aristóteles subordina a la política– sea concebida como una segunda naturaleza que sólo pude cultivarse mediante el hábito o la costumbre: "ninguna de las virtudes éticas se produce en nosotros por naturaleza, ya que ninguna cosa natural se modifica por costumbre" (II, 1, 1103a). En este sentido, puede decirse que aquí el ethos se concibe como efecto de una elaboración humana, social y colectiva.

pero, sobre todo, en sus acepciones sociológicas y teórico-políticas, una dimensión fuertemente actitudinal, valorativa o motivacional, que remite ya sea a las cualidades morales del orador, ya sea a las disposiciones, valores, creencias, modos de ser y/o inclinaciones que generan conductas, prácticas y acciones. De acuerdo a esta problemática de fondo, vale la pena interrogar aquellos aspectos que exceden al ethos en tanto presentación o imagen de sí, y adentrarse en la dimensión valorativa, ética e ideológica del ethos, o, en todo caso, en los posibles vínculos entre el ethos y el dominio de las creencias, los valores y las ideologías. Para ello, en este breve texto introductorio propongo seguir la huella trazada por Amossy para indagar acerca de los aspectos sociológicos y políticos del ethos, y ello a partir de una relectura de los aportes de Irving Goffman, Pierre Bourdieu, ya trabajados por Amossy, y Max Weber.

El ethos en la sociología y la teoría política: disposiciones prácticas y orientaciones morales

En el libro que aquí presentamos, Amossy se propone pensar una "noción ampliada" de ethos desde un enfoque sociodiscursivo que abarque tanto los aspectos discursivos como los "atributos reales" del orador en situación mediante el recurso a las teorías sociológicas de Goffman y Bourdieu, gesto que implica una apertura hacia problemáticas relativas a las determinaciones sociales e ideológicas del sujeto del discurso. La noción de ethos se complejiza y se vuelve, de ese modo, más rica.

En esa línea de razonamiento, me interesa desplegar, mediante un breve recorrido por algunas acepciones sociológicas sobre el ethos, dos posibles líneas de reflexión: por un lado, la la tensión entre objetivismo y subjetivismo en el Análisis del Discurso; por otro, la posibilidad de reponer algún tipo de lectura *ética para (re)pensar el* ethos, especialmente en el dominio político.

El ethos entre la máscara y el marco

La perspectiva microsociológica e interaccionista de Goffman sobre la "imagen de sí" es, no casualmente, el punto de anclaje de Amossy para pensar el ethos en términos sociodiscursivos. Decimos que esa convergencia teórica no es en absoluto casual puesto que Goffman adopta la perspectiva de la actuación o la representación teatral para abordar los modos en que el individuo se presenta ante los otros e intenta influir sobre ellos en diversas situaciones sociales, en un campo de indagación que presenta más de un punto de contacto con los abordajes retóricos, pragmáticos y enunciativos en los que la noción de ethos se inscribe. El punto de partida es que en la interacción social los individuos proyectan ciertas imágenes de sí mismos, buscando impresionar y "controlar la conducta" de los otros, ya sea mediante expresiones de índole discursiva (intencionales, según Goffman), ya sea a través de medios "teatrales o contextuales", y por ello involuntarios y generalmente no intencionales. A partir de estas proyecciones se construye una "definición de la situación" que, habitualmente, tiende a la cooperación.

En este punto, Goffman señala un "hecho decisivo: cualquier definición proyectada de la situación tiene también un carácter moral particular" (1971: 25), que consiste, principalmente, en un cierto acuerdo sobre la "veracidad" y la autenticidad de dichas proyecciones. Subsidiariamente, esa definición de la situación coloca a los sujetos en un campo deontológico que obliga a los otros a actuar y a valorar la situación de un modo específico[3]. Producto y efecto de la "actuación" del individuo en la situación, esta moralidad tiene, sin embargo, una raigambre social y cultural en tanto ancla en las costumbres (o la *doxa*).

Pero es en la última obra de Goffman, *Frame Analysis* (1974) donde este enfoque se completa mediante la introducción de la noción de *marco* (primario y secundario): se trata fundamentalmente de los esquemas interpretativos, los principios de organización y las matrices a partir de los cuales el mundo es percibido, interpretado e incorporado por los sujetos. Asimilable a la idea lingüística de "código", el marco es el dispositivo que da forma y ordena la experiencia. Esta concepción, articulada con la perspectiva dramatúrgica, conjura las lecturas meramente "intencionalistas" del enfoque goffmaniano, en la medida en que sitúa la actuación de los individuos en marcos de sentido que restringen y estructuran su interacción social.

El ethos, una moral hecha gesto

No es otra la preocupación que subyace a la sociología de Bourdieu. En efecto, la categoría de *habitus*, en cuyo origen se encuentran los conceptos

---

[3] Esta impronta de "moralidad" constitutiva de las interacciones sociales, así como la metáfora teatral y lúdica y la noción de "intención" subyacente, tienen claras reminiscencias con algunos enfoques pragmáticos que conciben el lenguaje como un juego gobernado por reglas, cuya violación tiene consecuencias de orden moral en tanto atenta contra la credibilidad del hablante. Aunque desde una perspectiva superadora de la pragmática anglosajona, también Ducrot (1984) sostiene, por ejemplo, que los actos de habla son actos destinados que instauran una transformación jurídica que crea derechos y deberes. Sobre los puntos de contacto y las diferencias entre la teoría interaccionista, la retórica y la pragmática consultar Kerbrat Orecchioni (2002).

de *moeurs* y *ethos* previamente empleados por Durkheim y Weber[4], es una apuesta por escapar al dualismo subjetivismo/ objetivismo y por incorporar al análisis de los procesos sociales tanto las determinaciones estructurales como las motivaciones subjetivas de la acción:

> "Todos aquellos que han empleado antes que yo este antiguo concepto [*habitus*] u otros similares, como los de *ethos* o *hexis*, se inspiraban [...] en una intención teórica próxima a la mía, es decir, en el deseo de escapar tanto de la filosofía del sujeto, pero sin sacrificar al agente, como de la filosofía de la estructura, pero sin renunciar a tener en cuenta los efectos que ella ejerce sobre el agente y a través de él." (Bourdieu, 1995: 83)

El *habitus* se define como un sistema abierto, histórica y socialmente constituido que da cuenta de las "disposiciones", las actitudes, las maneras de ser, las propensiones o las inclinaciones adquiridas e incorporadas, que organizan la práctica y la acción de los sujetos. El término "disposición" (distinto de "posición" y de "toma de posición") es el que mejor se ajusta a este concepto que designa "una manera de ser, un estado habitual (en particular del cuerpo) y, en particular, una predisposición, una tendencia, una propensión, o una inclinación" (Bourdieu, 2000: 393, citado en Dukuen, 2010: 18).

Producto de la historia –y por ello no meramente reproductivo-, el *habitus* reúne al mismo tiempo un *eidos* (sistema de esquemas lógicos o estructuras cognitivas), un ethos (conjunto de esquemas axiológicos y valorativos), una *hexis* (registro de posturas y gestos) y una *aisthesis* (gusto, disposición estética). Bourdieu aclara, no obstante, que el ethos no es una ética, en la medida en que no está articulado como un sistema objetivo y coherente de principios explícitos:

> "He empleado la palabra *ethos*, después de muchas otras, por oposición a ética, para designar un conjunto objetivamente sistemático de disposiciones con dimensión ética, de principios prácticos (la ética es un sistema intencionalmente coherente de principios explícitos)." (2002: 133)

En ese sentido, el *habitus* es un sistema de esquemas clasificatorios que se funda en un mismo "*organon* ético", una misma "matriz de lugares comunes" (Giménez, 1999: 8). Dado que el *habitus* engloba al *ethos*, este último fue crecientemente abandonado en pos de una acepción de *habitus* como disposición que incluye el *ethos* y la *hexis*, como entramado de "principios prácticos

---

[4] Bourdieu emplea originalmente la noción de *ethos* en su obra temprana *Trabajo y trabajadores en Argelia* (1963), y luego la retoma para la elaboración del concepto de *habitus*, concepto que, por su parte, ya había sido acuñado en 1936 por Marcel Mauss en *Antropología y sociología*.

de clasificación" que son "indisociablemente lógicos y axiológicos, teóricos y prácticos" y que "se orientan a valores" (2002: 133):

> "[En el *habitus*] todos los principios de elección están incorporados, se han convertido en posturas, disposiciones del cuerpo: los valores son gestos, formas de pararse, de caminar, de hablar. *La fuerza del ethos está en que es una moral hecha hexis, gesto, postura.*" (2002: 134)

A la vez estructurado y estructurante, el *habitus* posee una dimensión de creatividad, innovación y ruptura: "el habitus es algo poderosamente generador" y transformador,

> "es un producto de los condicionamientos que tiende a reproducir la lógica objetiva de dichos condicionamientos, pero sometiéndola a una transformación; es una especie de máquina transformadora que hace que "reproduzcamos" las condiciones sociales de nuestra propia producción, pero de manera relativamente imprevisible." (2002: 134)

Esquema de clasificación, de visión y de división, el *habitus* permite explicar las elecciones y las estrategias de los sujetos en el espacio social (1994: 20), es decir, la relación entre sus posiciones objetivas, sus disposiciones y sus tomas de posición. En tanto "disposición estratégica", la noción de *habitus* permite entonces romper con el punto de vista estructuralista sobre la "estructura sin agente", y así conferir al sujeto autonomía y capacidad de agencia, juego e innovación.

Hay que decir, no obstante, que esa agencia se produce en un campo siempre gobernado por reglas. Es por ello que, en *Qué significa hablar* (1985), Bourdieu inscribe la eficacia de los discursos (en términos de capacidad de convicción) en el marco de las reglas que organizan los espacios sociales (con sus capitales, sus criterios de distinción, apreciación y legitimidad, sus relaciones de poder y dominación), y afirma que todo uso de la palabra implica la conjunción del *habitus* y de las estructuras del mercado lingüístico, que se imponen como un sistema de sanciones y censuras específicas. Así, Bourdieu insiste en que todo análisis lingüístico-discursivo debe tomar en consideración las condiciones económicas y sociales de los intercambios lingüísticos, y por lo tanto las relaciones de competencia y de fuerza objetivas que allí se juegan.

La Teoría de la Argumentación en el Discurso de Amossy se nutre, efectivamente, tanto de la perspectiva de Bourdieu como de la de Goffman, aunque sólo aborda aspectos puntuales de cada una de ellas: en efecto, si de la primera destaca los aspectos extralingüísticos que condicionan el ethos de aquel que asume la palabra, dejando de lado los modos en que el *habitus* –un "*ethos* hecho *hexis*"– asimila y al mismo tiempo disloca las reglas del espacio social; de la teoría de Goffman enfatiza el enfoque interaccional pero no alude a la noción de *marco*, que imprime restricciones a la *performance* individual. De cualquier modo, una y otra permiten, combinadas, anclar el ethos en el marco de la interacción y de los espacios sociales (en tanto escenas, pero también en tanto campos de poder) en que el sujeto se desenvuelve, con sus limitaciones y sus capacidades de innovación. El ethos puede encuadrarse así en una teoría sobre la subjetividad que desborda y supera tanto los determinismos estructuralistas como la idea de sujeto pleno, intencional y *metteur en scène*. Como dice Amossy,

> "el locutor es *a la vez* un sujeto constituido por la palabra del otro que lo atraviesa a su pesar (no puede decir ni decirse fuera de la doxa de su tiempo [...]); *y* sujeto intencional que moviliza las voces y los puntos de vista para actuar sobre su alocutario (es la polifonía). Lejos de ser contradictorias, esas dos concepciones representan dos facetas complementarias del sujeto hablante y dan cuenta de vínculo con lo social a la vez en sus determinaciones, su individuación y su querer-decir, que es también un querer-hacer." (Amossy, 2005: 69)

No obstante, queda todavía una línea de reflexión sin explorar, que puede echar luz sobre nuevas facetas y modos de aprehender la categoría de ethos. Se trata de la acepción weberiana de ethos en su relación con la orientación ético-práctica de la acción.

El ethos como ética particular

Aunque, como ya señalamos, los usos sociológicos de esta noción (usos que trazan interrogantes diferentes, aunque no incompatibles, con los del análisis del discurso) pueden rastrearse ya en Durkheim[5], es en la obra de Weber donde esa adquiere un sentido sociológicamente operativo para pensar las motivaciones y el sentido que los sujetos otorgan a sus acciones. En *La ética protestante y el espíritu del capitalismo,* Weber (1995) se interroga

---

[5] En Durkheim la noción de *moeurs* (otra de las derivaciones latinas –y la traducción francesa mas habitual– de *ethos*) juega, junto con la de *hábito*, un papel fundamental para pensar los modos subjetivos de adquisición, incorporación y reproducción del orden social, y la cuestión de la solidaridad social. *Moeurs* deriva del latín *moris*, que alude a "las maneras de comportarse, los modos de actuar determinados por el uso, por las costumbres, que configuran así el carácter. [...] las costumbres socialmente consagradas" (Martínez, 2007: 120). Debe destacarse la raigambre moral del término *moeurs*, que en los trabajos sobre sociología de la educación, pero también en *El suicidio*, es central para contrapesar la anomia social: en efecto, Durkheim insiste en la necesidad de reconstruir una moral de las doctrinas y las costumbres a fin de recomponer el lazo social.

sobre el vínculo (las "afinidades electivas") existente entre la adopción de un determinado ethos religioso y el surgimiento del ethos burgués moderno, y se propone así

> "determinar la influencia de ciertos ideales religiosos en la formación de una 'mentalidad económica', de un *ethos* económico, fijándonos en el caso concreto de las conexiones de la ética económica moderna con la ética racional del protestantismo ascético." (Weber, 1995: 33)

Un primer aspecto a destacar es la dimensión actitudinal, experiencial, creencial y al mismo tiempo práctica del ethos weberiano. A lo largo de esta obra el ethos se define como un género o "estilo de vida", como un "ideal de vida" y de "conducta", como un conjunto de creencias, valores, aspiraciones, en suma, como un "espíritu" que incide sobre las "prácticas"[6]. Así, en el siguiente pasaje puede verse que, en oposición al ethos burgués moderno, la vida de los empresarios domésticos

> "era una economía 'tradicionalista' si se considera *el espíritu* que animaba a los empresarios [...]; este tradicionalismo *dominaba la práctica* del negocio y puede decirse que constituía la base del *ethos* de este tipo de empresario." (Weber, 1995: 74)

De este modo, si el ethos es un modo de aprehender el "espíritu" o la "mentalidad" de una determinada cultura o grupo de individuos, este opera fundamentalmente en el dominio de las prácticas y de las acciones humanas.

Un segundo aspecto relevante es el hecho de que el ethos en tanto espíritu, mentalidad o estilo de vida se vincula con un cierto "ideal de conducta ética" (Weber, 1995: 204), con la "conducta moral del hombre medio" (*ídem*: 139) y con determinadas "cualidades morales personales" (*ídem*: 76) que suponen deberes, premios y castigos. Así, por caso, Weber señala que "el nuevo espíritu [capitalista] *encarna cualidades éticas específicas*, de distinta naturaleza que las que se adaptaban al tradicionalismo de los tiempos pasados"[7] (*ídem*: 75, yo) y muestra cómo en la doctrina de B. Franklin, por caso,

> "*no se enseña una simple técnica vital, sino una ética peculiar*, cuya infracción constituye no solo una estupidez, sino un olvido del *deber* [...]. No solo se

---

[6] En *The Max Weber Dictionary*, Swedberg y Agevall (2005) señalan que *ethos* suele ser una de las palabras empleadas para traducir los términos alemanes *Gesinnung* ("mentalidad" o "disposición") o *Geist* ("espíritu").

[7] Las itálicas son mías.

enseña la 'prudencia en los negocios', [...] es un verdadero *ethos* de lo que se expresa, y justamente en esta cualidad es como nos interesa." (ídem: 56)[8]

Sin embargo, esa impronta ética del ethos no remite a una doctrina ni a un dogma férreo, sino al comportamiento, al modo de conducción de la vida, en suma, al "alcance práctico de las doctrinas en la vida" (*ídem*: 149). Así lo explicita Weber en un ensayo tardío, en referencia al ethos religioso:

> "En el sentido *sociológico* de la palabra el "ethos" específico de una religión no es su *doctrina* ética sino el comportamiento ético al que ha puesto *primas* el modo y condicionamiento de sus bienes de salvación[9]. Ese comportamiento era en el puritanismo un modo metódico-racional de la conducción de la vida, el cual (bajo determinadas circunstancias) abrió el camino al "espíritu" del capitalismo moderno, [...] [a] su *ethos* específico, es decir, el *ethos* de la *burguesía* moderna." (Weber, 1998a: 289)[10]

Weber enfatiza "este aspecto completamente decisivo" de *La ética...* que sus críticos cometieron el "error fundamental" de obviar (Weber, 1998a: 288, n. 64): el ethos no es una doctrina[11] sino un modo de comportamiento, una forma de conducta valorada y premiada que imprime, ciertamente, deberes y obligaciones pero que fundamentalmente se plasma en actitudes prácticas. El ethos weberiano es, entonces, una especie de

> "ética particular, en el sentido de un conjunto de reglas más o menos implícitas, socialmente construidas, consideradas razonables por el grupo social, y por eso vividas efectivamente antes de cualquier formulación." (Martínez, 2007: 42)

y, en ese sentido, se diferencia de la ética o de la doctrina moral en tanto sistemas conceptuales y generales de normas, reglas y preceptos.

De allí que el ethos weberiano deba distinguirse también de la noción de "cosmovisión" (o "visión del mundo"): mientras esta última constituye un campo teórico-filosófico de amplio alcance, que atañe a la totalidad de la vida del hombre, el ethos tiene en cambio una impronta más práctica que remite a aquellos "marcos de referencia para la acción basados en un corpus de promesas y obligaciones, que permiten otorgar sentido a la acción" (Kalberg,

---

[8] Las itálicas son mías.

[9] La expresión "poner primas" refiere a "la forma de conducta ética premiada" en términos de la forma y las condiciones de los bienes de salvación.

[10] Subrayado en el original.

[11] En efecto, Weber demuestra que, aunque la religión israelita antigua, la fenicia, la babilonia y la egipcia comparten un marco doctrinario común, sus éticas difieren.

2005). Vinculado con la "racionalidad sustantiva", el ethos se sustenta en creencias y valores, y no en una racionalidad teórica ni formal (Giorgi, 2009: 5)[12].

Pero, además, el ethos no se restringe al dominio de las ideas, los valores y las creencias sino que incluye factores "sentimentales" (Weber, 1995: 167, 169) así como preferencias, aspiraciones, creencias, entre otros aspectos subjetivos. Es precisamente esa impronta subjetiva y simbólica la que autoriza a pensar el ethos como "un marco de referencia para la acción", una "estructura de significado" (Giorgi, 2009: 4) que permite dotar de sentido a la vida.

En suma, puede decirse que en Weber el ethos se presenta como una "actitud práctica" (Martínez, 2007: 49), como un conjunto de motivaciones, ordenamientos, valores, creencias y reglas más o menos implícitas, principios de razonabilidad no necesariamente formulados, históricamente construidos y socialmente compartidos que articulan las prácticas, orientan la acción de los individuos y les proveen marcos de sentido.

Como se sabe, esta acepción de ethos dará lugar, en la teoría política de Weber, a una clasificación entre dos tipos de ética política: el *ethos de la convicción* y el *ethos de la responsabilidad*, que responden a dos tipos de motivación y a dos lógicas de acción política divergentes. En su ensayo "La política como vocación", Weber (1998b) retoma su análisis sobre los tipos de dominación (tradicional, carismática y legal) y analiza el devenir de los actores políticos en los Estados parlamentarios modernos, donde la figura del político se "profesionaliza". Define así algunos tipos ideales de actor político: el caudillo, el *boss*, el parlamentario, el jefe de partido, el funcionario especializado. En términos estrictamente técnicos, cada uno de ellos tiene distintas responsabilidades, capacidades y alcances; en términos éticos, todos ellos, en tanto hombres políticos, se enfrentan a la cuestión de dilucidar

> "cuáles son las cualidades que le permitirán estar a la altura de ese poder [...] y de la responsabilidad que sobre él arroja. Con esto entramos ya en el terreno de la ética, pues es a esta a la que corresponde determinar qué clase de hombre hay que ser para tener derecho a poner la mano en la rueda de la Historia." (Weber, 1998b: 154)

Es entonces en el campo de las cualidades personales, de los ideales, los valores y las creencias, donde Weber se ubica para abordar los dos tipos de

---

[12] Esto ancla en la concepción aristotélica, según la cual "la excelencia ética (*areté ethiké*) se opone a la excelencia intelectual (*dianoé ethiké*); dicho de otro modo, resulta claro que las cosas del *ethos*, incluso si tienen un sentido, una coherencia racional, no pertenecen al orden de la *théorein* (contemplación, mirada desinteresada orientada al puro conocimiento) sino al del obrar" (Martínez, 2007: 41).

ética en las que el actor político puede situarse para orientar su acción: "toda acción éticamente orientada puede ajustarse a dos máximas fundamentalmente distintas e irremediablemente opuestas: puede orientarse conforme a la "ética de la convicción" o conforme a la "ética de la responsabilidad" (*ídem*: 164).

Sintéticamente, puede decirse que si el segundo modo de vincularse con el mundo de la política (la "ética de la responsabilidad") supone considerar las consecuencias previsibles de la propia acción, el ethos de la convicción funciona en cambio motivado por la pasión, el impulso y el compromiso subjetivo, pero no tiene en cuenta las consecuencias de su accionar, y en esa medida es un ethos romántico, heroico y en cierto modo irracional. Sin embargo, dado el avance de la burocratización y rutinización del mundo político moderno, Weber señala que la vocación política se define en el encuentro entre estos dos modelos, que en última instancia no son totalmente opuestos sino "elementos complementarios que han de concurrir para formar al hombre auténtico, al hombre que *puede* tener 'vocación política'" (*ídem*: 177). Así, un verdadero político debe poseer al mismo tiempo un alto grado de madurez, responsabilidad y mesura, pero también elevados ideales, convicciones y valores que "enciendan la llama" de su pasión política, liguen al político a una causa o una "idea" y funcionen como el motor y el sentido de su accionar.

Un punto a destacar en este texto dedicado a dilucidar la relación entre ética y política es que el término ethos sólo aparece mencionado en su vínculo con la cuestión de la "causa" política:

> "nos encontramos ya ante el último de los problemas de los que hemos de ocuparnos hoy, el del *ethos* de la política como 'causa'. ¿Cuál es el papel que, independientemente de sus fines, ha de llenar la política en la economía ética de nuestra manera de vivir?." (ídem: 158)

De lo que se puede concluir que el ethos se diferencia, en la visión weberiana, de las nociones de *estilo de liderazgo* o de *modo de dominación*, porque está siempre atado a un tipo de experiencia particular y práctica de la ética. Desde este punto de vista, y en la medida en que el ethos no se reduce a un modo de presentar la imagen del actor político o de legitimar su liderazgo, no cabría, en rigor, hablar de "ethos de jefe" o "de estadista"[13]. Se puede ser jefe, o estadista, adoptando un ethos de responsabilidad o de convicción: el ethos responde, en todo caso, a un conjunto de principios que anclan en valores y creencias y orientan la acción.

---

[13] Ver, por caso, Charaudeau (2005).

Las conceptualizaciones weberianas sobre el ethos como conjunto de principios que orientan la acción de los actores políticos remiten a la cuestión de la autoridad en tanto fundamento del lazo político y de la empresa oratoria: al respecto, conviene *recordar que en la retórica latina el ethos es la auctoritas, una* autoridad que se sustenta en la moral del orador[14].

En suma, a la luz de las perspectivas sociológicas y teórico-políticas que hemos abordado, podemos decir que el ethos remite, indudablemente, a los atributos discursivos de quien asume la palabra y la pública. Pero no es sólo eso: el ethos debe abordarse, también, como un conjunto de disposiciones, actitudes y valores. Modos de ser, hacer y decir que dan cuenta de una ética práctica y que están en la base de la autoridad de los actores políticos.

Reflexiones finales

Como es sabido, para el Análisis del Discurso la determinación del estatus del sujeto de la enunciación es un punto problemático. Mientras algunas corrientes, de corte estructuralista, presuponen una noción de sujeto restringida por las estructuras del interdiscurso, la ideología, el inconciente o la lengua misma, otras, de inspiración más pragmática, conciben un sujeto de habla que tiene intenciones, adopta estrategias y es aparentemente dueño de su decir –acepción indisociable de un abordaje instrumental del lenguaje, que encuentra en el marketing político y en las técnicas de persuasión su máximo exponente.

A medio camino entre esas dos tendencias, la categoría de ethos, que Amossy ha contribuido notablemente a forjar en el marco de su Teoría de la Argumentación en el Discurso pretende dar cuenta *al mismo tiempo* de las determinaciones y de las elecciones discursivas que el sujeto realiza en su enunciación. Sin embargo, el uso y abuso de la noción de ethos, cuando es considerado meramente como una imagen proyectada o como un conjunto de atributos con los que el orador se inviste para dar credibilidad y legitimidad a su decir, corre el riesgo de opacar el aspecto políticamente innovador de esa noción originaria de la retórica clásica.

En ese sentido, tal como muestra Amossy en este volumen, el Análisis del discurso puede nutrirse de los planteos sociológicos y teórico-políticos sobre la categoría de ethos que hemos revisado. Podemos decir que, a la luz de los enfoques de Goffman y Bourdieu, la figura del locutor político, y desde allí su

---

[14] Esta relación entre *auctoritas* y moral en la retórica latina compromete consideraciones sobre la filosofía moral romana, lo que merecería ser estudiado en extenso. Al respecto, puede verse Rosler (2016).

ethos, pueden ser abordados desde una doble dimensión: por un lado, como una figura determinada por una serie de elementos estructurantes, es decir, como una instancia afectada por un lugar social, político e ideológico; por otro lado, como un *actor político*, es decir, como un agente capaz de innovar y dislocar esas estructuras mediante una serie de elecciones enunciativas y argumentativas, que son también políticas. En ese sentido, Eggs sostiene que el ethos

> "tiene, ciertamente, un sentido moral o ideal, pero hay que señalar que esa moralidad no nace de una actitud interior o de un sistema de valores abstractos; por el contrario, se produce procediendo mediante elecciones competentes, deliberadas y apropiadas. Esa moralidad, *en suma, el ethos en tanto prueba retórica,* es por lo tanto *procedimental.*" (1999: 41)

La figura del locutor político se recorta así como un *efecto* de discurso que resulta de la combinación de esos dos posicionamientos.

En cuanto al aporte del modelo weberiano, es evidente que no se trata de evaluar y juzgar la virtud de los locutores políticos, y mucho menos de introducir en el análisis una valoración moral. Se trata, en cambio, de pensar el anclaje del ethos –en tanto figura discursiva– en el dominio de las creencias, los valores y las ideologías, y en su relación con la práctica y la acción política. Desde ese punto de vista, más que como un set de atributos proyectados en el discurso (atributos que por lo tanto podrían modificarse o simplemente construirse al modo de un disfraz o una máscara) el ethos debe pensarse como un conjunto de disposiciones que se sustentan en creencias y valores, y que dan forma a la autoridad política. Ese suelo ideológico en el que el ethos se funda, lejos de ser aleatorio o efímero, tiene una fuerza estructurante que, en cierto modo, moldea la subjetividad de aquel que asume la palabra política. Tanto la acepción weberiana de ethos –como conjunto de disposiciones "éticas" y valorativas que pueden regir las prácticas y acciones de los líderes políticos–, como la noción de *habitus* acuñada por Bourdieu y tributaria de la primera, son categorías que, efectivamente, invitan a repensar el problema de la acción política, del anclaje ideológico de los discursos políticos y de la constitución discursiva de sujetos políticos, problemas que el análisis del discurso no debería obviar en orden de afirmar su carácter de disciplina crítica y políticamente productiva.

Bibliografía

Adam, J.-M. (2002). De la grammaticalisation de la rhétorique à la rhétorisation de la linguistique. Aide-mémoire. En Koren, R. y R. Amossy (eds.), *Après Perelman. Quelles politiques pour les nouvelles rhétoriques? L'argumentation dans les sciences du langage* (pp. 23-55). Paris: L'Harmattan.

Amossy, R. (dir.) (1999). *Images de soi dans le discours. La construction de l'ethos.* París: Delachaux et Niestlé.

Amossy, R. (2000). *L'argumentation dans le discours.* París: Nathan.

Amossy, R. (2010). *La présentation de soi. Ethos et identité verbale.* Paris: PUF

Aristóteles. (1988). *Ética nicomáquea* (Julio Pallí Bonet, trad.). Gredos: Madrid. (Primera edición en griego publicada en 349 a.C.)

Aristóteles. (1999). *Retórica* (Quintín Racionero, trad.). Madrid: Gredos.

Bourdieu, P. [1982] (1985). *Qué significa hablar. La economía de los intercambios lingüísticos.* Madrid: Akal.

Bourdieu, P. (1995). *Respuestas. Por una antropología reflexiva.* México: Grijalbo.

Bourdieu, P. [1984] (2002). Le marché linguistique. En *Questions de Sociologie.* Paris: Minuit.

Charaudeau, P. (2005). *Le discours politique. Les masques du pouvoir.* París: Vuibert.

Ducrot, O. (1984). *Le dire et le dit.* París: Minuit.

Dukuen, J. (2010). La génesis de la noción de *habitus* en Bourdieu y el problema de una ontología dualista en antropología del cuerpo y las emociones. Disponible en www.antropologiadelasubjetividad.com/trabajos_investigacion_juandukuen.htm

Eggs, E. (1999). Ethos aristotélicien, conviction et pragmatique moderne. En Amossy, R. (ed.), *Images de soi dans le discours. La construction de l'ethos* (pp. 31-59). Lausanne: Delachaux et Niestlé.

Giménez, G. (1999). La sociología de Pierre Bourdieu. En *Perspectivas teóricas contemporáneas de las ciencias sociales.* México: UNAM/ FCPyS.

Giorgi, G. (2009). Confesión y estratificación social en los ensayos sobre Sociología de la Religión de Max Weber. *Revista Nómadas* 21 (1). Recuperado de http://revistas.ucm.es/index.php/NOMA/article/view/NOMA0909140159A.

Goffman, E. [1959] (1971). *La presentación de la persona en la vida cotidiana.* Buenos Aires: Amorrortu.

Goffman, E. [1974] (1996). *Frame Analysis. Los marcos de la experiencia.* Madrid: Centro de Investigaciones Sociológicas.

Kalberg, S. (2005). Los tipos de racionalidad de Max Weber: piedras angulares para el análisis del proceso de racionalización de la historia. En Aronson, P. y E. Weisz (comps.), *Sociedad y religión. Un siglo de controversias en torno a la noción weberiana de racionalización.* Buenos Aires: Prometeo.

Kerbrat Orecchioni, C. (2002). Rhétorique et interaction. En Koren, R. y R. Amossy (eds.), *Après Perelman. Quelles politiques pour les nouvelles rhétoriques? L'argumentation dans les sciences du langage.* Paris: L'Harmattan.

Maingueneau, D. (1999). Ethos, scénographie, incorporation. En Amossy, R. (ed.), *Images de soi dans le discours. La construction de l'ethos* (pp. 75-100). Lausanne: Delachaux et Niestlé.

Maingueneau, D. (2002). Problèmes d'ethos. *Pratiques* 113, 55-68.

Martínez, M. (2007). *Pierre Bourdieu. Razones y lecciones de una práctica sociológica.* Buenos Aires: Manantial.

Salazar, P.-J. (2009). *L'hyperpolitique, une passion française.* Paris: Klincksieck.

Swedberg, R. y O. Agevall (2005). Ethos. En *The Max Weber Dictionary.* Standford: Standford University Press.

Weber, M. [1903] (1995). *La ética protestante y el espíritu del capitalismo.* Madrid: Itsmo.

Weber, M. [1919/1920] (1998a). "Las sectas protestantes y el espíritu del capitalismo". En *La ética protestante y el espíritu del capitalismo.* Madrid: Itsmo.

Weber, M. [1919] (1998b). *El político y el científico.* Madrid: Alianza.

Rosler, A. (2016). *Razones públicas. Seis conceptos básicos sobre la república.* Buenos Aires: Katz.

Introducción

El siguiente intercambio es un chiste conocido, que sin embargo con los
años no ha perdido su gracia:

> -¿Qué hace ese hombre de su vida?
> -Buena letra[1].

Si el juego de palabras es cómico ello se debe en primer lugar a que presenta una distorsión del sentido de "hacer". Empleado en la expresión fija
"hacer buena letra" el verbo ya no designa una actividad profesional, como
en la pregunta inicial, ni siquiera una actividad de ningún tipo. Ofrecer una
imagen elogiosa de su propia persona reemplaza el trabajo que funda el estatus y la reputación de un individuo en sociedad. Desde esta perspectiva, el
señor aludido no "hace" nada. En suma: el parecer hace cortocircuito con el
hacer.

Y sin embargo, "hacer buena letra" designa ciertamente una actividad.
Los antiguos ya insistían sobre la necesidad de que el orador elaborara en
su discurso un "ethos", es decir, una imagen de sí favorable susceptible de
conferirle autoridad y credibilidad. El sociólogo norteamericano Erving Goffman denomina "presentación de sí" a la imagen que proyectamos de nuestra
persona en las interacciones cotidianas para garantizar su buen funcionamiento. Es esa puesta en escena del yo, programada o espontánea, lo que la
psicología y la psicología social estudian como "gestión de las impresiones".
También los estudios de comunicación se vuelcan cada vez más a la fabricación de una imagen atractiva en y por los medios, lo que se ha vuelto moneda

---

[1] La expresión "faire bonne impression" a la que alude el chiste significa "dar una buena
impresión". Para mantener el juego de palabras con el verbo "hacer", empleamos la locución
"hacer buena letra". N. de T.

corriente en las personalidades políticas y en los candidatos a las elecciones, generalmente asesorados por profesionales. ¿Qué decir, por otra parte, de los manuales técnicos que guían al lector deseoso de mostrar una imagen exitosa de sí mismos para hallar un empleo, promocionar un producto o dirigir una empresa? Si consideramos la atención que se le presta a la fabricación de una imagen de sí en la práctica social y la dedicación aplicada a estudiar todos sus pormenores desde un punto de vista lingüístico, comunicacional, social, político o psicológico, parece que dar una buena impresión está lejos de ser una tarea anodina o un tema insignificante. Aquel que, como en el juego de palabras del chiste, ha hecho de eso una verdadera vocación, pero también aquel que lo hace de forma banal en sus rutinas cotidianas despliegan una destreza cuyas reglas y mecanismos vale la pena comprender.

Este libro se propone retomar el tema a partir de un entrecruzamiento de las nociones de "presentación de sí", tomada de la sociología, y la de "ethos", tomada de la retórica y el análisis del discurso, para comprender más cabalmente de qué modo la imagen que construimos de nosotros mismos en nuestros intercambios con otros tiene funciones sociales de primer orden. Mediante una travesía por distintas disciplinas que se han volcado a este fenómeno, el libro se propone ofrecer una visión panorámica de los resultados obtenidos por ellas. Pretende de ese modo mostrar la continuidad y la homogeneidad global de una cuestión que se presenta de maneras diferentes en dominios de saber que dialogan escasamente entre sí, cuando no se ignoran lisa y llanamente. Se trata, de hecho, de pensar en su unidad un fenómeno que surge en todos los niveles de nuestra práctica social y de nuestra reflexión sobre la comunicación o la construcción identitaria. El político que trabaja sobre la presentación de sí en una campaña electoral, el médico que se entrevista con un paciente, la madre que habla con sus hijos, el periodista que escribe un artículo y el narrador a cargo de un relato en un texto literario construyen, todos, una imagen de sí que juega un papel central en la interacción que cada uno de ellos establece –aunque las modalidades y los desafíos de esa imagen muchas veces tengan diferencias remarcables. De allí que la puesta en escena del yo sea aquí aprehendida en sus múltiples manifestaciones, desde un enfoque unificado que pone al mismo tiempo el acento en la construcción discursiva de la identidad y en la eficacia verbal.

Es necesario, no obstante, marcar desde el inicio los límites de la investigación. Nos concentramos en la dimensión lingüística de la presentación de sí y no, como lo hizo Goffman en su célebre obra *La presentación de la persona en la vida cotidiana* (1981), en sus aspectos no verbales (el decorado, la vestimenta, los elementos corporales, etc.). Sobre la base de numerosos estudios recientes dedicados al estudio del ethos discursivo, se trata de puntualizar aquellos aspectos que aparecen como el equivalente verbal de la presentación de sí goffmaniana. Este trabajo propone, desde esta óptica, una reflexión profunda sobre lo que podríamos denominar *la presentación de sí en el discurso*. En este marco, no estudiaremos los efectos psicológicos de la gestión de las impresiones y dejaremos de lado todos los aspectos vinculados a los estudios experimentales que los psicólogos han impulsado en este campo: existe una vasta literatura, en sí misma apasionante, sobre el tema. Tampoco entraremos en los detalles de todo lo que remite a lo visual –la semiología[2] y la retórica de la imagen podrían oportunamente enriquecerse al tomar la posta de este estudio sobre el ethos discursivo. Aquí lo esencial será observar cómo aquel que toma la palabra o la pluma –que a partir de aquí designaremos con el término global de "locutor"– efectúa *ipso facto* una puesta en escena más o menos programada de su persona, y cómo emplea los recursos del lenguaje con objetivos comunicacionales diversos que van desde la publicidad electoral hasta la conversación corriente y el relato literario.

Mi hipótesis de base es que la presentación de sí, o eso que la tradición retórica llama "ethos", es una dimensión constitutiva del discurso[3]. ¿Cómo se elabora concretamente la imagen de sí en el intercambio verbal, en el que el "yo" se presenta necesariamente frente a un "tu"? ¿En qué aspectos la imagen, que se pretende a menudo singular, está atada a modelos culturales, a un imaginario social cambiante del que se nutre y que, a su vez, contribuye a alimentar? ¿Cuál es el rol del estatus social y de las representaciones preexistentes vinculadas a aquel que toma la palabra, y en qué medida es lícito que el sujeto hablante modifique su imagen previa para concederse legitimidad y poder? Todas estas preguntas deben ser examinadas sobre el terreno. Solo pueden obtener respuestas en base a múltiples casos concretos, donde la imagen presidencial se encuentra con la del Sr. Todo-el-mundo, donde la construcción identitaria se plantea en el espacio político y mediático pero también científico y filosófico, donde el ethos elaborado en un texto literario puede ponerse en perspectiva con el de los interlocutores de una conversación ordinaria o con el de los internautas en un foro de debate.

Para abarcar un espectro amplio y extraer regularidades a partir del análisis empírico, fundaré mi investigación en un conjunto muy rico de trabajos realizados por investigadores en diversos dominios de especialidad. Me apoyaré muy particularmente en sus análisis de corpus, que servirán de base para la reflexión teórica. Me permitiré entonces presentar textos de diversos

---

[2] Ver Fontanille (2001).

[3] Postulo, así, en el marco de una teoría de *L'argumentation dans le discours* (Amossy, 2000), que el discurso comprende ciertas dimensiones constitutivas tales como el dialogismo analizado por Bajtín (la palabra es siempre una reacción a la palabra ajena); la argumentatividad, por la cual toda palabra orienta modos de ver; o el ethos, que designa el hecho de que toda toma de la palabra implica una presentación de sí.

autores que me han resultado particularmente significativos. Sin embargo, debo señalar que ellos fueron seleccionados entre muchas otras publicaciones a las que no he podido hacer justicia por falta de espacio. Me permito también hacer referencia a los trabajos sobre el ethos que han marcado mi propia tarea de investigación durante la última década, e incluso antes. La utilización de un material existente no impide ofrecer, por el placer siempre renovado de la exploración, análisis inéditos referidos tanto a discursos políticos recientes (Sarkozy, Royal, Obama, Hillary Clinton…) como a la actualidad (principalmente francesa e israelí) o a debates en Internet, a materiales históricos y a textos literarios.

En este marco, cada campo social (político, mediático, literario, profesional…) y cada género (debate televisivo, editorial, consulta médica, novela…) es tomado en su especificidad –va de suyo que uno no se presenta de la misma manera en el Parlamento o en una cena amistosa, en un artículo de información o en un pedido. Pero ellos no serán tratados en capítulos separados: todos participan de una dinámica global. Ese intento por hacer surgir una unidad sin dejar de mostrar sus variantes y derivaciones exige una tarea a la vez homogénea y capaz de dar cuenta de las diferencias. Es esencialmente el análisis del discurso, en su consideración de la dimensión argumentativa del discurso (Amossy, 2000) lo que nos proveerá un marco teórico y un herramental para el análisis. Y ello por muchas razones.

La primera es que, como dijimos, este libro privilegia el análisis de la construcción discursiva de la imagen de sí, sin dejar de tener en cuenta que esta se manifiesta también en dimensiones no verbales –corporales y comportamentales, por ejemplo. La segunda es que esta disciplina tiene como objetivo dar cuenta del funcionamiento del discurso en situación; de ese modo, aspira a mostrar cómo la realidad social se construye en el intercambio verbal. Por último, hay que destacar que la variante argumentativa del análisis del discurso (llamada "argumentación en el discurso") busca captar la orientación particular de cada enunciado, su capacidad de influir sobre los modos de ver, pensar y hacer. En suma, se trata de un enfoque que se confronta necesariamente con el modo en que el locutor, en su discurso, construye una identidad, se posiciona en el espacio social e intenta actuar sobre otros.

Esta es, en resumen, la lógica que dirige la composición de este estudio. Comenzaremos por establecer el marco de referencia teórico de nuestra problemática, retomando sus fundamentos retóricos, sociológicos y lingüísticos. De una manera sintética que resulte accesible a los no especialistas[4], retomamos y ampliamos una primera obra colectiva publicada en 1999 titulada *Images de soi dans le discours. La construction de l'ethos*. Por esa vía,

---

[4] A riesgo de caer en algunas repeticiones.

explicamos por qué "ethos" y "presentación de sí" son aquí considerados como sinónimos y repasamos las cuestiones generales sobre las nociones que nos convocan. Los dos capítulos que siguen contribuyen a conceptualizar el ethos a partir de cuestiones más amplias. El segundo capítulo trata sobre los modelos y las representaciones colectivas de los que se nutre toda presentación de si mismo. El tercero aborda el problema del poder de la palabra en su vínculo con las presiones sociales: la noción de *reelaboración del "ethos previo"* vuelve a plantear una reflexión sobre "qué significa hablar" (Bourdieu, 2001).

Estas consideraciones generales, alimentadas por ejemplos lo más diversos posible, son seguidas de un análisis del funcionamiento concreto de la presentación de sí en los intercambios verbales. La división de las partes que siguen se basa en un juego con los pronombres personales: "yo" y "tu", "él", "nosotros". Ahora bien, no se trata de ceñirse a un análisis formal, menos aun gramatical. La atención en la materialidad del lenguaje permite explicar un fenómeno central en la comunicación individual y social recortando, en cada dispositivo, las principales cuestiones que se ponen en juego. En primer lugar se encuentra la investigación de los discursos en "yo": ella permite observar cómo la identidad se construye en el intercambio verbal, cómo esta se negocia en las relaciones con el otro, en qué aspectos se liga a cuestiones de eficacia discursiva. Nuestra investigación revela asimismo, a partir de situaciones interaccionales orales o escritas, que la gestión del ethos es siempre colectiva. El "nosotros" nos lleva a interrogarnos sobre la construcción identitaria en su relación con el grupo: este llama a desarrollar la noción de ethos colectivo para dar cuenta del modo en que una colectividad establece o consolida su identidad. Por último, las situaciones en las que el locutor parece ausentarse de su discurso (dicho groseramente, los discursos en tercera persona) problematizan la posibilidad misma de una presentación de sí mismo. Lo que se plantea es, entonces, el tema de la autoridad, pero también el de la responsabilidad de una palabra sin origen y de un locutor pretendidamente sin rostro. Así, bajo el juego de los pronombres gramaticales, se ponen en evidencia importantes desafíos sociales que son también, muchas veces, desafíos éticos.

Mediante una articulación entre la reflexión teórica y el análisis de casos concretos, este libro tiene la ambición de mostrar por qué la cuestión del ethos discursivo, que surge en todos nuestros campos de actividad, no deja de interpelarnos.

Primera parte

LOS FUNDAMENTOS TEÓRICOS
DE LA REFLEXIÓN

Primer Capítulo

ETHOS Y PRESENTACIÓN DE SÍ
UNA TRAVESÍA DISCIPLINARIA

Entre las innumerables reflexiones suscitadas a lo largo de los siglos sobre la cuestión de la presentación de sí, es posible distinguir dos grandes tendencias. La primera se ocupa de la impresión que un individuo intenta producir sobre su prójimo para influir sobre él. Ya sea que se trate de la empresa ciudadana de fundar un acuerdo o del intento de movilizar un auditorio en pos de una acción común, lo esencial es poner la presentación de sí al servicio de una causa práctica. Del arte oratorio a los manuales y a las técnicas de marketing, lo central en todos ellos es el efecto que se busca producir. Se trata de ver cómo un candidato electoral debe presentarse para aumentar sus chances de ganar, cómo alguien que busca empleo puede salir airoso de una entrevista laboral o redactar un buen currículum vitae, cómo un agente de ventas o un gerente puede colocar su producto mediante la puesta en práctica del "arte de vender" (Beckwith y Beckwith, 2007), o incluso cómo la imagen que proyectamos de nuestra persona puede volcar la balanza a favor nuestro en un consejo universitario, en una asamblea general, en un debate de ideas. En todos los casos, lo que prima es la búsqueda de eficacia.

La segunda tendencia no se detiene en los objetivos declarados de auto-promoción o de persuasión. Considera que la presentación de sí forma parte de los ritos de interacción que caracterizan la vida cotidiana. Se trata, entonces, de ver cómo la puesta en escena del yo construye identidades y regula las interacciones sociales. La cuestión es tanto más crucial en la medida en que estas interacciones entretejen la trama de la vida profesional: pensemos, por ejemplo, en un jefe que habla con sus empleados, en un estudiante que se acerca a conversar con un profesor, en un vendedor que recibe a sus clientes o en un dentista con sus pacientes. Pero esas identidades están también en la base de la vida privada: el padre con sus hijos, el pretendiente delante de la mujer amada, los vecinos que discuten en la vereda también se involucran en interacciones en las que interviene una puesta en escena deliberada o involuntaria de su persona. Sea esta programada o espontánea, la presentación de sí resulta constitutiva de las interacciones que fundan la vida social.

Para comprender los pormenores de estas dos corrientes de estudio y examinar en qué medida estas se pueden combinar o se excluyen mutuamente, es necesario volver a los marcos fundadores: la retórica de Aristóteles para la primera, y la microsociología de Erving Goffman para la segunda. Esas bases teóricas, ya esbozadas en mi libro de 1999 y luego retomadas en diversas presentaciones generales sobre el tema, serán aquí reexaminadas desde una perspectiva absolutamente contemporánea. Es decir que no entraremos en la exégesis de los textos, menos aún en los debates eruditos o las controversias que ellos pudieran generar. Lo esencial será observar cómo la retórica concebida como arte de persuadir, por un lado, y la sociología centrada en el "orden de la interacción", por otro, han alimentado la reflexión contemporánea sobre las modalidades, los sentidos y la importancia de la presentación de sí.

Al cabo de este repaso, podremos volver a interrogarnos sobre la presentación de sí en términos de práctica discursiva y examinar por qué vía podemos aprehender ese fenómeno. Para eso, retomaremos la propuesta de Dominique Maingueneau, que fue el primero, dentro del campo de las ciencias del lenguaje, en llamar la atención sobre la noción de ethos discursivo y en elaborar una teoría coherente sobre el tema. Él muestra de qué modo, más allá de las interacciones cara a cara que estudian los sociólogos y los analistas conversacionales, el ethos puede hacerse extensivo a todas las prácticas escritas, se trate de un texto administrativo, político, publicitario o literario. En este marco, la construcción de una imagen de sí no solo forma parte de los intentos de persuasión deliberada, o de las interacciones cara a cara: ella está en el corazón de todos los discursos que circulan en el espacio social. La cuestión de la regulación de las interacciones es aquí ampliada, más que desplazada, hacia el conjunto de las producciones escritas y orales.

Si este recorrido por textos fundadores muestra la génesis, el desarrollo y la extensión progresiva de una noción en épocas y disciplinas diferentes, no resulta sin embargo fácil de sintetizar. Si queremos acercarnos al fenómeno del ethos, ¿cómo inscribirse a la vez en una tradición fundada en la persuasión eficaz y en corrientes atentas a la regulación de las interacciones sociales? Son sobre todo los presupuestos atados a esas concepciones divergentes los que parecen difícilmente conciliables. La confrontación de enfoques actualiza, en efecto, tensiones, incluso oposiciones, sobre puntos cruciales como la identidad, la adhesión, la agentividad o la responsabilidad. Evaluar esas cuestiones mediante la exploración de sus pliegues y sus consecuencias requiere de la elaboración de un marco coherente. En este caso, este marco encontrará sus fundamentos en una teoría de la argumentación en el discurso (Amossy, 2000). Las perspectivas que esta teoría abre deberían permitir pensar la presentación de sí como un fenómeno socio-discursivo unificado y analizarlo en sus múltiples dimensiones: de la búsqueda de eficacia a la construcción identitaria.

El ethos retórico: la herencia de Aristóteles y su actualidad

La presentación de sí fue pensada originalmente en la Grecia antigua como una práctica para ejercer influencia. Su estudio parte de la premisa de que es imposible hacer que alguien adhiera a la propia visión, que alguien opte por determinada forma de hacer o de ver, sin volverse en primer lugar creíble a los ojos del otro. Tal preocupación implica, por supuesto, que el otro debe ser persuadido y no obligado. En un espacio carcelario, por ejemplo, basta con la fuerza para regular las relaciones entre las personas: el locutor no debe preocuparse por producir una impresión favorable sobre su auditorio. Distintas son las cosas en una sociedad en la que los asuntos públicos son regulados por ciudadanos que deben usar su razón para tomar decisiones comunes. Dado que en la plaza pública o en los tribunales muchos temas son controvertidos, o al menos discutibles, el intercambio de palabras es el único medio para deliberar y construir un acuerdo. Más aun, la palabra eficaz es el mejor medio para influir sobre la asamblea y volcar el debate en favor propio.

Este es el marco en el que los antiguos griegos pensaron la noción de ethos en tanto imagen discursiva que el orador produce de su propia persona. Al provocar una reflexión de tipo metalingüístico sobre los poderes de la palabra, la cuestión de la presentación de sí quedaba totalmente vinculada a una práctica oratoria. Se trataba de ver cómo el orador podía actuar sobre su público. Es decir que la cuestión de saber cómo toda toma de la palabra construye una imagen del locutor no se planteaba. Después de todo, también el tirano, el comandante militar, el carcelero que usan la fuerza proyectan una imagen de sí mismos en su discurso; y lo mismo sucede con aquellos que, conversando en su esfera privada, no persiguen ningún propósito retórico. De todas formas, los antiguos griegos se concentraban en la palabra pública y no tomaban en consideración este tipo de prácticas. Para ellos, lo esencial era velar por el impacto que la imagen proyectada por el orador puede generar en un intercambio persuasivo que refiera a los asuntos de la ciudad situado en un lugar público, como el ágora o los tribunales. Es allí donde, según Aristóteles, la credibilidad del orador juega un papel que no conviene desestimar.

La necesidad de impresionar favorablemente al auditorio forma parte, en la retórica aristotélica, de la famosa tríada *logos*, *ethos* y *pathos*. Actuar sobre el auditorio requiere no solo emplear argumentos válidos (*logos*: el polo del discurso) y tocar las emociones (*pathos*: el polo del auditorio) sino también proyectar una imagen de sí susceptible de inspirar confianza. A este último polo, el del orador, Aristóteles lo designa con el término *ethos*: el término griego, ἦθος[1] carácter, remite a la imagen de sí que el orador construye con la intención de influir mediante su discurso. En la Retórica este aparece como un recurso indispensable para la persuasión:

> "Pues bien, [se persuade] por el talante, cuando el discurso es dicho de tal forma que hace al orador digno de crédito. Porque a las personas honradas les creemos más y con mayor rapidez, en general en todas las cosas, pero, desde luego, completamente en aquellas en que no cabe la exactitud, sino que se prestan a duda." (Aristóteles, 1999:I, 2, 176)

Y concluye Aristóteles: "por así decirlo, casi es el talante personal quien constituye el más firme medio de persuasión" (*ibid.*). Así, la credibilidad del que habla determina en gran parte el efecto de su discurso. ¿Cómo aceptarían los oyentes adherir a una tesis sin saber si pueden confiar en la palabra de aquel que argumenta a su favor? Debemos notar que la consideración de la persona del orador es presentada como una cuestión de sensatez. Sin embargo, allí encontramos una toma de posición que no es para nada anodina. Se establece, de hecho, un vínculo indisoluble entre lo que se dice y aquel que toma la responsabilidad del decir. En otros términos, se vincula el estatus y la fuerza del discurso con la imagen de aquel que está en su origen. Sin embargo, podemos considerar, desde una perspectiva argumentativa de orden lógico, que la verdad de una proposición o de un razonamiento silogístico no depende del locutor. El discurso debería arribar a conclusiones por medios lógico-discursivos puramente internos, sin que ellos deban nada a la figura de aquel que los desarrolla. Es por eso que, desde la perspectiva de ciertas teorías de la argumentación (como la lógica informal), la calidad y la verdad de la demostración no se relacionan en nada con la persona del locutor. Poco importa quién dice que Sócrates es mortal, porque todos los hombres son mortales. Poco importa quién sostiene, en un régimen democrático, que un

---

[1] Término que transcribiremos como "ethos", sin acento, dado que el acento agudo mediante el cual suele afinarse la pronunciación en francés (éthos) es incorrecto: la transcripción de ἦθος implicaría más bien un acento grave, èthos. Nos parece más sencillo economizar el uso del acento, siguiendo en este punto la norma empleada en *Images de soi dans le discours* y en la práctica anglosajona. No obstante, utilizaremos, para ser correctos, el plural griego "ethè" (en lugar de "ethos", como se ve en algunos casos).

dirigente acusado de fraude debe renunciar, porque no conviene que un político burle la ley. Lo esencial es pasar de premisas validadas a una conclusión por la vía de un razonamiento válido: es el encadenamiento de las proposiciones, destinado a lograr la convicción de un ser racional, lo que prima por sobre cualquier otra consideración. Desde este enfoque, el ethos, o la imagen del orador, nada tiene que ver con la aceptabilidad del discurso: lo esencial es que este responda a criterios lógicos de validez.

No es ese el punto de vista de la retórica, que no busca ni la racionalidad pura ni la verdad absoluta. La retórica no se ocupa de probar la validez lógica de un razonamiento que se desplegaría de forma autónoma sino que lo sitúa, desde el comienzo, en el marco de la comunicación verbal para observar cómo el arte de deliberar y de influir sobre las opiniones de otros permite manejar los asuntos públicos. Como bien lo destacó Chaim Perelman (1997) en su "nueva retórica" inspirada en Aristóteles, en todas las cuestiones en las que la certeza es imposible, es decir, en la totalidad de los asuntos humanos, lo esencial es fundar un acuerdo sobre aquello que parece plausible y verosímil. Esa es la tarea de la retórica: su búsqueda de la verosimilitud, y no de la verdad, que a menudo se le reprocha como una debilidad y un rasgo de inferioridad, constituye en realidad su mayor fortaleza, porque permite, por sí sola, ubicar las decisiones y los comportamientos humanos bajo los auspicios de la razón, o, mejor, de lo razonable. Y, en efecto, en la tradición aristotélica, la capacidad para fundar un acuerdo no depende solo del logos. Ella descansa en la confianza que el orador genera en el público, lo que vincula indisolublemente la argumentación con el argumentador.

¿Pero qué significa específicamente que existe un vínculo entre el argumento y aquel que lo profiere, y qué entendemos cuando hablamos de la persona del orador? Los comentaristas de todas las épocas han destacado la importancia que Aristóteles le confiere al carácter verbal de la imagen. Esto surge, por otra parte, de su propia formulación: la empresa de persuasión es exitosa "cuando el discurso es dicho de tal forma que hace al orador digno de crédito". Para no dejar ninguna duda, Aristóteles agrega: "si bien es preciso que también esto acontezca por obra del discurso y no por tener prejuzgado cómo es el que habla" (1999: I, 2, 176). Aquello que se enuncia no debe, pues, ser remitido a un ser empírico, a una persona de carne y hueso, sino a la imagen que el enunciador construye de sí mismo en su discurso. El ethos, al igual que el logos, es un efecto del uso de la palabra en situación. Es una construcción verbal que apunta a garantizar una comunicación eficaz. Así, para tomar un ejemplo contemporáneo, cuando una candidata a elecciones como Segolène Royal o Hillary Clinton toma la palabra, las cualidades inherentes a su persona o la reputación adquirida no alcanzan para ganar electores. En cada encuentro, en cada intervención televisada deben construir *en su discurso* una imagen capaz de producir una impresión favorable, apropiada a las nuevas funciones que aspira a ocupar. Es esa imagen discursiva la que configura el llamado ethos oratorio.

La perspectiva aristotélica le confiere, pues, una fuerza intrínseca a la palabra. Le reconoce el poder de edificar representaciones capaces de influir sobre el público y de convencerlo. Este punto merece ser subrayado, tanto más cuanto que la retórica tal como se había desarrollado antes de Aristóteles sostenía una perspectiva diferente. Así, por ejemplo, Isócrates, en un alegato famoso en el que se defiende ante la acusación de corromper a la juventud por su enseñanza de la retórica, insiste en la fuerza que le proveen al orador su comportamiento y su reputación previa. Si los alumnos que él forma deben velar por sus hechos y gestos, es porque saben que la conducta de aquel que se propone persuadir ejerce una influencia decisiva sobre su público. De este modo,

> "aquel que quiere persuadir a un auditorio, lejos de despreciar la virtud, deberá tener como principal preocupación ofrecer a sus conciudadanos la mejor opinión posible. ¿Quién ignora, en efecto, que la palabra de un hombre bien considerado inspira más confianza que la de un hombre desacreditado, y que las pruebas de sinceridad que resultan de toda la conducta de un orador tienen más peso que aquellas provistas por el propio discurso?." (Isocrates en Bodin, 1967:121)

Aquí no se trata del modo en que el orador se hace ver en su discurso, sino de aquello que ya se sabe de él, de la estima de la que goza entre sus conciudadanos. El ethos remitiría ante todo al hombre que toma la palabra y a la imagen que de él se figuran los oyentes en función de sus acciones pasadas. Esta idea, lo sabemos, prevaldrá también en la concepción romana de la elocuencia: el orador es un *vir boni dicendi paritus*, dirá Cicerón, un hombre que puede sumar a su carácter moral la capacidad de manipular el verbo. Volveremos sobre el problema asociado a la consideración, o al borramiento, del ser empírico que existe detrás del discurso y de su reputación. Por el momento, lo importante es insistir sobre la doble característica del ethos aristotélico: la construcción de una imagen en el propio discurso y la fuerza atribuida a esa construcción discursiva.

En muchas ocasiones hemos comentado aquello que Aristóteles entiende exactamente cuando habla, a propósito del ethos, de ser un hombre de bien, o incluso de probidad y de carácter moral:

> "No [es cierto que], en el arte, como afirman algunos tratadistas, la honradez del que habla no incorpore nada en orden a lo convincente, sino que, por

así decirlo, casi es el talante personal quien constituye el más firme [medio de] persuasión." (1999: I, 2, 176)

Para Aristóteles, recordémoslo, el ethos se compone de tres aspectos, cuyo significado ha sido objeto de innumerables discusiones e interpretaciones entre los especialistas:

> *"phrónesis* o sensatez, sabiduría, competencia;
> *areté* u honestidad, sinceridad (virtud moral);
> *eúnoia* o benevolencia, bondad."

Los oradores inspiran confianza por tres razones, las únicas más allá de las demostraciones (*apódeixis*) que determinan nuestra creencia: la sensatez (*phrónesis*), la virtud (*areté*) y la bondad (*eúnoia*). Si los oradores alteran la verdad hablando o aconsejando sobre algún asunto, es por todas esas razones juntas, o por alguna de ellas: o bien su opinión es errónea por falta de prudencia; o bien, aun razonando adecuadamente, silencian su pensamiento por malevolencia; o, aunque prudentes y honestos (*epieikés*), no son bondadosos, razón por la que, incluso conociendo la mejor opción, pueden no aconsejarla (Aristóteles, 1999: II, 1, 309).

Ekkehard Eggs (1999:41) profundiza un poco más en la traducción y destaca: "los oradores inspiran confianza, (a) si sus argumentos y sus consejos son *competentes, razonables* y *deliberados,* (b) si son *sinceros, honestos* y *equitativos* y (c) si muestran *solidaridad, gentileza* y *amabilidad* hacia sus oyentes". Aunque la cuestión de la moralidad es importante, no es la única cualidad que se requiere del orador. A ella se agrega, en igual grado de importancia, la *phrónesis,* cuya traducción por el término "prudencia" (parecer templado) excluye injustamente, hay que decirlo, las dimensiones cognitivas. La prudencia remite, de hecho, a las elecciones deliberadas que realizamos para resolver un problema. En este punto, Eggs retoma, al igual que Woerther (2007:225) en su obra sobre el ethos aristotélico, una explicación que figura en otro pasaje de la *Retórica*:

> "La sensatez es la virtud propia de la inteligencia por la que se adquiere la facultad de deliberar adecuadamente acerca de los bienes y de los males, de los que ya se ha hablado en relación con la felicidad." (1999: I, 9, 244)

Este pasaje concuerda, como lo subrayan nuestros dos autores, con una reflexión sobre la prudencia desplegada en Ética a Nicómaco: "parece propio del hombre prudente el ser capaz de deliberar rectamente sobre lo que es bueno y conveniente para sí mismo [...] Así un hombre que delibera rectamente puede ser prudente en términos generales" (Aristóteles, 1988: VI, 5, 1140b).

Es desde esta perspectiva que la *phrónesis* puede considerarse como una disposición intelectual traducible por "sabiduría" o "competencia", más que por "prudencia". Puede decirse, agrega Eggs, "que el orador muestra la *phrónesis* si logra encontrar argumentos y consejos *razonables*, es decir, apropiados para una problemática concreta y en principio única" (1999:37-38). En otros términos, para ejercer una influencia no alcanza con manifestar su moralidad, también hay que mostrarse competente, capaz de pensar y de razonar correctamente[2].

Pero además es necesario manifestar benevolencia, es decir, exhibir una cualidad que se define en relación con otro. Es la naturaleza de la interrelación con el oyente lo que se privilegia en este caso. Este debe reconocer que el orador tiene sentimientos positivos con respecto a él y que le desea el bien. Solo en esas condiciones puede dejarse influir por aquel que le habla y tomar el camino que se le sugiere. Aquí es la cuestión de la confianza, más que la de la credibilidad, lo que está en juego. Porque, como deja entender Aristóteles, el orador puede tener la capacidad de encontrar las mejores soluciones pero no preocuparse por comunicarlas. Más que cualquier otra virtud, la benevolencia se define desde una perspectiva interaccional: podemos decir que en una situación de intercambio la relación con el otro es constitutiva.

Si retomamos los tres paradigmas que definen para Aristóteles un buen ethos es posible notar, no obstante, que los tres ponen en evidencia la necesidad no de ser sino de *mostrarse* de tal o cual modo. En el prontuario de retórica antigua publicado en la revista *Communications* en 1970, Roland Barthes define al ethos como

> "los rasgos de carácter que el orador debe mostrar al auditorio (no importa mucho su sinceridad) para causar una buena impresión: son sus *aires*. [...] el orador enuncia una información y *al mismo tiempo* dice: yo soy este, no soy aquel." (Barthes, 2009:143)

El arte de la fórmula de Barthes permite evidenciar varios datos esenciales. En principio, el hecho de que es la misma toma de la palabra la que permite al orador proyectar una imagen de su persona y mostrar una cara favorable. El ethos no se construye a través de lo que este dice de sí mismo, sino de lo que enuncia por fuera: "el orador enuncia una información y *al*

---

[2] En cuanto a la virtud, ver Meyer (2013:170): "Presentarse como persona moral es algo que siempre genera convicción, en tanto que nada tiene de persuasivo invocar fines precisos o pasiones que dominan el deseo al punto de volverlo excluyente".

mismo tiempo dice: yo soy este, no soy aquel". Así, por ejemplo, el hecho de proveer información precisa, o incluso cifrada, le permite al periodista que escribe un artículo sobre política internacional proyectar una imagen de competencia y seriedad que le otorga fiabilidad a sus palabras. El orador político o el abogado en los tribunales no hablan sobre su propia persona, sino sobre el proyecto que presentan a la ciudadanía o sobre la inocencia del acusado que defienden: es mediante esas palabras que consiguen credibilidad y muestran una determinada imagen. No son los contenidos enunciados los que modelan el ethos, sino la forma particular que tiene el locutor de dar cuenta de ellos. En este punto estamos plenamente situados en la perspectiva aristotélica, según la cual la imagen de sí se construye eminentemente en las modalidades de la enunciación.

El segundo aspecto ha sido objeto de múltiples comentarios a lo largo de los siglos. Se trata del hecho de que el ethos remite al parecer, tal como lo indican las formulaciones "son sus aires" y "dar buena impresión", de acuerdo con los usos que el propio Aristóteles hace de los términos *parecer* y *ser* (Woerther, 2007:208). En efecto, lo determinante es la impresión que produce el orador, y su objetivo es, necesariamente, velar por que esa impresión sea buena. Volvemos a encontrar, por la vía de la oposición entre ser y parecer, la cuestión del vínculo que liga al discurso con la persona real del orador. "La afirmación de ese estatus discursivo del Èthos marca una importante ruptura en el campo de la retórica tradicional, nota Woerther, puesto que tanto Isócrates como el autor de la *Retórica a Alejandro* subrayan el valor referencial del carácter del orador" (2007:206). Los sucesores de Aristóteles a menudo han vacilado con respecto al estatus otorgado a las apariencias construidas en el discurso en detrimento de las virtudes inherentes a la persona del orador. Es por esa razón que en los manuales de retórica de la Edad Clásica el ethos es denominado "costumbres oratorias", en oposición a las "costumbres reales":

> "Distingo las costumbres oratorias de las costumbres reales. Y esto es fácil, porque el ser efectivamente hombre de bien, tener piedad, religión, modestia, justicia, agrado con las gentes o, por el contrario, ser vicioso [...] esto es lo que llamo *costumbres reales*. Pero que el hombre se muestre *tal* o *tal* en un discurso, es lo que llamo *costumbres oratorias*, sea o no sea tal como se muestra. Porque puede muy bien mostrarse tal, qual en realidad no es; o ser tal, qual no se muestra; porque esto depende del modo con que habla." (Gibert, 1792:134)

La retórica de la Edad Clásica reintroduce, de ese modo, una distinción ajena a la concepción aristotélica, que se deriva de una preocupación moral por la autenticidad y la transparencia. El orador puede construir en su discurso la imagen de una persona valiente aunque sea cobarde, sincera aunque mienta, competente en un determinado dominio aunque no conozca ni sus reglas generales. El arte de persuadir podría limitarse a una técnica que autoriza a los más hábiles a manipular a su auditorio. Porque una cosa es adquirir las competencias necesarias para poner en valor las propias capacidades reales, y otra cosa es utilizar el arte oratorio para atribuirse cualidades que no se poseen. A menos que creamos –cosa que la tradición retórica no pretende– que las cualidades de una persona se reflejan naturalmente en su discurso (la suavidad o la energía de una persona se transparentarían espontáneamente cada vez que toma la palabra), siempre podrá sospecharse que la presentación de sí del orador es un artificio, y en esa medida, podrá ser desacreditada. Este problema, que concierne a la eterna cuestión de la manipulación retórica, pero también a la de la dualidad entre ser y parecer, no toca a Aristóteles. Según Woerther (2007:211), en Aristóteles la cuestión de la ética funciona en otro plano, el de la elección preferencial. Esta, que combina el "deseo recto" y el "razonamiento verdadero", hace depender la moralidad de la intención que preside el discurso. La definición del ethos sería entonces, en sí misma, puramente técnica; la consideración moral solo intervendría en el empleo que se hace de él. "En el funcionamiento [del ethos] en un contexto particular" es la elección preferencial, el objetivo al servicio del cual se emplea un medio en sí mismo neutral, lo que determina su valor ético. En otros términos, no se trata de saber si la apariencia corresponde a una realidad preexistente o si el orador se inviste de una identidad ficticia, sino de observar si lo que muestra de sí mismo en su discurso está al servicio de un objetivo moral.

Un último punto relevante: la tradición retórica establece una tripartición de géneros, el jurídico, el deliberativo y el epidíctico, que no carece de incidencia en la definición del ethos. En efecto, no se logra la confianza de la misma forma estando delante de un juez en un tribunal, en la plaza pública arengando a las masas o en una sala oficial pronunciando un discurso de pompa, como una oración fúnebre o un panegírico. Si el ethos retórico debe comportar ciertas cualidades de orden intelectual y moral aptas para generar confianza y lograr la adhesión, esas cualidades generales deben, sin embargo, ser completadas mediante rasgos adecuados al propósito de persuasión perseguido por el orador y, por lo tanto, al género institucional en el que se inscribe su discurso. Esto es lo que Eggs denomina "aspecto procedimental" del ethos aristotélico. De esto resulta que la dimensión moral (la honestidad, la benevolencia) destacada en la *Retórica* no alcanza en sí misma: hace falta que el ethos se adecue a la circunstancia y al marco comunicativo en el que el discurso se despliega[3]. Desde esta perspectiva, el buen ethos –el ethos eficaz– no puede definirse en forma absoluta, como podrían sugerir inicialmente las tres cualidades enumeradas por Aristóteles.

Estas son, pues, las primeras conceptualizaciones que se han perpetuado en la tradición retórica y han sido, en gran parte, retomadas por la reflexión contemporánea. El ethos es la imagen que el orador construye de sí mismo en su discurso a fin de volverse creíble. Fundado en lo que este muestra de su persona a través de las modalidades de su enunciación, debe garantizar la eficacia de su palabra y su capacidad de lograr la adhesión del público. En este marco, el ethos forma parte de una empresa de persuasión deliberada, en la que este es movilizado en la misma medida que el pathos y el logos. Fruto de una competencia, reenvía necesariamente a un sujeto intencional que programa su presentación de sí en función de sus propios objetivos. Aparece entonces como la actividad deliberada de un individuo que está obligado a administrar la impresión que debe producir en una situación dada: es el resultado de un proyecto consciente, incluso de un arte controlado. Así, podemos ver cómo la interpretación aristotélica del ethos reenvía a una teoría del sujeto y de la agentividad, así como a una concepción del lenguaje. Al mismo tiempo, esta se construye sobre universales. En efecto, aunque pone en valor el aspecto procedimental del ethos, insiste principalmente en las cualidades que se le exigen al orador en todo tiempo y lugar. Sean cuales fueren los caminos tomados para manifestar dichas cualidades, los rasgos que garantizan una imagen de sí creíble y eficaz son siempre la sabiduría/prudencia, la virtud y la benevolencia.

La "presentación de sí": Ervin Goffman y el orden de la interacción

En los márgenes de la tradición retórica, a la que no hace ninguna referencia, el sociólogo norteamericano Erving Goffman vuelve a recuperar, con varios siglos de distancia, la noción de ethos, que en su reflexión denomina "presentación de sí". Para Goffman, el modo en que nos presentamos frente a los otros en las interacciones cotidianas constituye una práctica de la que depende no solo la eficacia de nuestra acción en sociedad sino, también, la vida social en tanto tal. Pero ya no se trata de un arte de la persuasión, mucho menos de una técnica enseñada por expertos. *La presentación de la persona en la vida cotidiana* (1981) propone una teoría sociológica según la cual en

---

[3] Woerther (2007:231), por su parte, insiste en el hecho de que para Aristóteles el orador debe construir su ethos adaptándose a su auditorio en función del régimen político del que forma parte: su carácter público manifiesta la necesaria variabilidad que garantiza su eficacia en un marco dado.

todas las circunstancias de la vida cada uno de nosotros efectúa necesariamente una presentación de sí, voluntaria o involuntaria, adecuada al objetivo de la interacción en la que nos embarcamos. Así, el médico que recibe a un paciente en su consultorio, el gerente de una empresa que habla con sus subordinados, el ama de casa que atiende a sus invitados, el camarero que sirve a los clientes efectúan, todos ellos, una puesta en escena de su propia persona que permite el buen desarrollo de la interacción y garantiza el éxito de su actuación. Esta noción de presentación de sí, como puede verse, es llamativamente cercana a la noción aristotélica de ethos; se trata de la construcción de una imagen que se realiza en un intercambio social determinado, y que contribuye en gran medida a regular.

Ahora bien, es necesario remarcar que Goffman no se ocupa de la palabra. Lejos de abocarse a la práctica oratoria, estudia la totalidad del comportamiento social en un contexto dado, tal como se traduce en las vestimentas, los gestos, las mímicas, y todo aquello que remite a la puesta en escena de nuestra propia persona por fuera del lenguaje. Son esos elementos extra-verbales los que, para él, construyen una imagen particular de sí mismo en la interacción. A pesar de eso, la noción de presentación de sí no solo ha nutrido los trabajos de sociólogos y psicólogos sino que ha alimentado a las ciencias del lenguaje, que la hicieron extensiva a los intercambios verbales. Sin introducirnos en múltiples citas de una obra excepcionalmente estimulante ni pretender desarrollar todos sus pormenores, nos conformaremos con examinar la manera en que la "presentación de sí" para Goffman se toca con la noción retórica de "ethos" y permite reorientarla, confiriéndole así nueva actualidad.

Dejando de lado los aspectos retóricos, la perspectiva microsociológica recentra la reflexión sobre la imagen de sí en torno a la interacción social y a la construcción de identidad. La interacción social es definida como "la influencia recíproca de un individuo sobre las acciones de otro cuando se encuentran ambos en presencia física inmediata" (Goffman, 1981:27). No se trata, entonces, de la comunicación en el sentido amplio del término ni de la acción que un orador ejerce sobre su auditorio. El análisis se aboca al cara-a-cara, y lo que está en el centro del interés es la manera en que se despliega la acción recíproca de los sujetos en una determinada situación. En este marco, Goffman percibe la identidad no como un dato preexistente que se manifiesta o se disimula en la actuación frente a otro, sino como algo que se construye en la interacción misma. De allí que la identidad aparezca más como un proceso dinámico que se realiza en situación que como un conjunto fijo de atributos que caracterizarían a una persona (Prevos, 2006:2). No se trata de lo que el sujeto *es* —es decir, del modo en que se percibe a sí mismo (su identidad individual) o en que es categorizado por la sociedad (identidad social)– sino de la imagen que proyecta en una situación precisa, sea de forma espontánea o intencionada. Sin duda, esta construcción de imagen guarda relación con el modo en que el sujeto se ve y con el modo en que es categorizado; pero es, por definición, cambiante y múltiple, por lo que forma un caleidoscopio que presenta toda identidad como plural e incesantemente negociable, en los marcos, por supuesto, de las restricciones propias de la situación, que definen aquello que es posible para una determinada experiencia individual.

Tal como es formulada en *La presentación de la persona en la vida cotidiana*, la teoría de Goffman se apoya en la idea de una dramaturgia[4], tomada en un sentido metafórico, a modo de analogía que permite comprender mejor la naturaleza de la interacción social. Cada uno de nosotros es como un actor que debe manifestar quién es y qué propósito tiene en una actuación de tipo teatral. Goffman habla de *actuación* [*performance*]: se trata de "la actividad total de un participante dado en una ocasión dada que sirve para influir de algún modo sobre los otros participantes" (1981:27). También habla de *rol* [en inglés, *part*; en francés, *rôle*]. Cada uno representa un rol para dar a los otros la impresión que convenga a las circunstancias y produzca el efecto deseado. Esta presentación se deriva, según la perspectiva no verbal de Goffman, del comportamiento de la persona, que incluye su modo de vestir, de moverse, sus expresiones faciales… Sin duda, los roles no son nuevos ni se inventan permanentemente: estos forman parte de una *rutina*, definida como "la pauta de acción preestablecida que se desarrolla durante una actuación y que puede ser presentada o actuada en otras ocasiones" (1981:27). Se trata, entonces, de modelos de comportamiento. Este es el caso del rol que juega el vendedor en un supermercado, el fiscal en un tribunal, la madre o el padre en una reunión de padres. Las situaciones sociales consideradas pueden ser tanto oficiales, institucionales como privadas o íntimas.

Para que la actuación pueda llevarse a cabo, hace falta lo que Goffman llama una "fachada" [*front*]: es aquella parte de la actuación individual que funciona siempre de la misma manera, es decir, que queda fija, con el fin de definir la situación con respecto a los observadores. La *fachada* estandariza, en cierto modo, la presentación de sí del individuo en base a rasgos que tienen significaciones fijas y estables. Incluye el medio [*setting*], la apariencia [*appearence*] y los modales [*manners*]. El medio designa el marco en el que debe realizarse la actuación: es todo lo que forma parte de la escena y de los objetos que la habitan, fuera de los cuales, en general, el papel no podría representarse adecuadamente. Podemos mencionar, a modo de ejemplo, el

---

[4] Recuérdese que la traducción francesa del libro de Goffman se titula *La mise en scène de la vie quotidienne*. N. de T.

consultorio del médico y lo que este implica para el médico, o incluso el aula, su mobiliario y los objetos típicos para el profesor. El medio o *setting* constituye entonces el aspecto escénico del *front*. A esto se agrega el aspecto personal, que incluye las insignias que indican rango, la vestimenta, el sexo, la edad, las características étnicas, las posturas, los modos de hablar, las expresiones del rostro, los movimientos, etc. Podemos dividirlos entre apariencia y modales: mientras el primer término refiere a todo aquello que denota el estatus social y que marca si el actor se involucra en una actividad formal o informal, los modales dan cuenta del rol que el actor cree representar en la interacción: por ejemplo, los modales altaneros o agresivos indican que el actor quiere tener un rol dominante en la interacción.

Esto no implica, en lo más mínimo, que la persona sea consciente de representar un rol, y mucho menos que la presentación de sí sea un puro artificio: esta funciona conforme a reglas de interacción social, por las que cada uno forma parte de la vida social. Poco importa, en este sentido, que un profesor individual no sea consciente de presentarse, frente a su curso y en su interacción con los estudiantes, como un conferencista o como un profesor, lo que permite el buen funcionamiento colectivo de la práctica (un curso universitario, por caso). Esta presentación de sí se lleva a cabo incluso aunque, preocupado por su deseo de ser claro y de seguir el hilo de su discurso, él no piense en ella. Al mismo tiempo, ciertas consideraciones son tomadas en cuenta en una planificación general. Para poder representar su rol de forma apropiada, el profesor requiere de una sala en un lugar institucional que pertenezca a la universidad. Difícilmente podría involucrarse en la misma interacción estando en un bar o en una la cocina de su departamento privado. También están los objetos que lo rodean: papeles, libros, eventualmente anteojos o una computadora (la presentación en Power Point podría contribuir a proyectar la imagen de un profesor moderno). Todo esto forma parte del medio. Están luego las vestimentas elegidas para un rol que no exige uniforme, pero que comporta sin embargo ciertas reglas tácitas que no conviene infringir. Lo mismo sucede con el tono de voz –que puede variar según se trate de una conferencia plenaria o de un seminario con una pequeña cantidad de participantes. En las interacciones sociales, lo que importa es que cada uno logre dominar su presentación de sí en la medida de lo posible (y esto, insisto, incluso cuando no se piensa en ello, como en una conversación improvisada con un vecino o en una discusión con un policía que intenta cobrarnos una multa). Es lo que Goffman designa con el término "impression management", la *gestión de las impresiones* que producimos en nuestros intercambios con otros.

El carácter en cierto sentido obligatorio de la presentación de sí en toda interacción no implica de ninguna manera que todas las puestas en escena del yo se efectúen de manera rutinaria más allá de la clara conciencia del individuo. Algunas de ellas comportan una plena conciencia de las reglas sociales y tienen como fin la eficacia. Así, Goffman menciona que las jóvenes universitarias norteamericanas evitaban, cuando se encontraban en compañía de varones, hacer alarde de su inteligencia y capacidad para tomar decisiones (1981:50) para proyectar una imagen femenina que confirmara la del "sexo débil" buscada por los hombres. No podríamos decir lo mismo de las jóvenes de hoy, que juegan el juego de la seducción en un contexto bien distinto. Igualmente interesante, desde esta perspectiva, es el ejemplo de los compradores de chatarra, los cuales, para mantener la rentabilidad de su negocio, deben proyectar una imagen de mendigos dignos de compasión que comercializan cosas sin valor (1981:52). En suma, la presentación de sí implica una gestión de las impresiones que puede ser tanto deliberada como irreflexiva y producto de la costumbre.

Si bien Goffman ofrece una definición extra-verbal de la presentación de sí, su exploración en términos de interacción, de gestión de las impresiones y de construcción identitaria se revela particularmente instructiva para el estudio del ethos discursivo. En efecto, los instrumentos de análisis elaborados por el sociólogo permiten retomar la noción de ethos desde una nueva perspectiva. En primer lugar, como vimos, ethos e identidad se vinculan en la dinámica del intercambio en situación: la identidad se construye en la puesta en escena que el individuo realiza sobre su persona en un marco interaccional. En la medida en que no se trata de reflejar fielmente una identidad preexistente sino de construirla en una interacción concreta, la oposición entre las "costumbres oratorias" y las "costumbres reales", en sí misma fundada en la dicotomía entre ser y parecer, pierde su pertinencia e interés. Indudablemente, la presentación de sí puede ser confrontada a las imágenes previas que el sujeto ha proyectado sobre su persona o a las representaciones que circulan sobre él; puede ser puesta en perspectiva en función de su reputación o de lo que se espera de él de acuerdo a su estatus o a sus funciones[5]. Pero no puede ser evaluada con la vara de una verdad preestablecida sobre su persona, verdad que la imagen proyectada debería expresar o, por el contrario, disimular o traicionar. En cierto sentido, la insistencia de Goffman en la actuación en interacción se vincula con las preocupaciones aristotélicas, aunque se sitúe en un marco conceptual bien diferente. La retórica de Aristóteles insiste, en efecto, en aquello que el orador muestra sobre sí mismo en el intercambio verbal. Se ocupa de aquello que este construye discursivamente cuando se dirige a otros en el tribunal, en el ágora o en el marco de una

---

ceremonia pública, y no de la capacidad de la palabra para reflejar el ser real del sujeto hablante.

Un segundo punto que surge de la microsociología de Goffman implica una reelaboración importante de la noción tradicional de ethos: es la idea de que, en toda interacción, hasta la más cotidiana e informal, el individuo realiza una presentación de sí al servicio del objetivo buscado en el intercambio. La construcción de una imagen de sí ya no es, por lo tanto, solo un privilegio del orador que se propone convencer a un auditorio. Es un hecho de todos y cada uno de los individuos y forma parte de todo intercambio social, del que constituye una dimensión intrínseca. Proyectar una imagen adecuada a la situación contribuye no poco al éxito de la interacción, sea cual fuere. Así, el ethos es una noción que remite a todo tipo de intercambio y forma parte del buen funcionamiento de toda situación.

Tomemos el caso de una consulta con un especialista, como en la siguiente anécdota. La paciente, una persona mayor que sufre de hipertensión, consultó a dos médicos de gran reputación, de los que espera obtener ayuda. Ambos proyectan desde el principio la imagen de competencia y seriedad acorde a su reputación (y a los honorarios que cobran por una consulta privada). El primero, no obstante, proyecta una imagen de especialista experimentado e indiferente, adopta gestos altivos que en los hechos se traducen en que se dirige a la persona que acompaña a la paciente, no se toma en serio lo que esta relata y le hace saber que la encuentra en buen estado para su edad y que, por lo tanto, no tiene por qué quejarse. Le indica que no se tome la presión diariamente y que se conforme con hacerlo solo una vez por semana, y le explica las razones de ese consejo. La paciente rechaza totalmente el discurso del especialista, que califica de cínico, y no sigue sus indicaciones. Unos meses más tarde, va a consultar a otro. Este la escucha con atención y gentileza, toma nota de todo lo que ella le cuenta, aparenta compartir con la paciente el saber sobre todo lo referente a sus problemas de salud, tal como estos son vividos y observados en el día a día, y no duda en reconocer los límites de la ciencia médica en ese dominio. Le aconseja, a su vez, no tomarse la presión todos los días. Esta vez, la paciente acata con la mejor voluntad. No es la verdadera competencia de los dos especialistas lo que se pone en duda aquí (¿cómo podría la enferma evaluar esa competencia?) sino más bien la presentación de sí que ellos realizan en el cara-a-cara: es esto lo que determina el buen desarrollo y el buen resultado del encuentro. No son solo los diplomas del médico ni su estatus lo que le confieren legitimidad e influencia, también es la "puesta en escena", en el sentido goffmaniano del término, lo que lo hace creíble al otorgar a su palabra el peso necesario.

Que la presentación de sí forma parte de los intercambios cotidianos e incluso de las interacciones privadas más informales y espontáneas no carece de efecto sobre la noción de ethos. Los sucesores de Goffman insisten mucho sobre este punto: la gestión de las impresiones no remite solo a la programación consciente del efecto que se busca producir para ganar una causa o para lograr sus objetivos. "Todos los individuos controlan, en mayor o menor medida, por la vía del hábito o con un plan consciente, las formas en que se muestran a los ojos de otros y a sus propios ojos", señala Schlenker (1980:7). Para este autor, la gestión de las impresiones opera habitualmente de forma no reflexiva y no necesariamente supone una intención consciente, menos aún un cálculo o un artilugio. Así, define la gestión de las impresiones como "el intento consciente o inconsciente de controlar las imágenes proyectadas en interacciones sociales reales e imaginarias. Cuando esas imágenes remiten al yo, el comportamiento se denomina *presentación de sí*" (*ibid.*). Se trata entonces de la forma en que los individuos intentan influir sobre la forma en que los otros perciben sus propios rasgos de carácter, sus capacidades, sus actitudes, sus intenciones y todo lo que hace a sus diversas características psicológicas, físicas y sociales.

Nos encontramos plenamente en la perspectiva de Goffman, para quien la presentación de sí, eje de toda interacción social (hasta la más trivial e íntima), no precisa ser consciente y programada. Lo planee o no, el sujeto construye una imagen de sí que contribuye al funcionamiento de la interacción. En la medida en que su presentación de sí está modelada por roles y rutinas, es decir, por esquemas sociales preestablecidos, está sometida a una regulación socio-cultural. De allí que también exceda ampliamente la intencionalidad del sujeto actuante. De ese modo, a partir de una concepción contemporánea de la identidad como co-construida en el intercambio social y del sujeto como parcialmente condicionado por fuerzas que lo atraviesan sin que se percate de ello, es posible repensar la noción retórica de ethos, ahora extendida al conjunto de las interacciones sociales. Al desbordar por todos lados el análisis argumentativo de discursos delimitados por los grandes géneros de la retórica clásica, la "presentación de sí" según Goffman invita a vérselas con intercambios de lo más diversos, incluyendo aquellos en los que el sujeto se encuentra a un largo trecho de efectuar una puesta en escena programada de su persona.

Imágenes de sí en el discurso: los aportes del análisis del discurso

La tradición surgida de Aristóteles y los trabajos inspirados en Goffman han dado lugar, en el ámbito académico contemporáneo, a numerosas y diversas investigaciones. En el campo de las ciencias sociales, la noción de presentación de sí se integró en una importante corriente de investigaciones

sobre la gestión de las impresiones. En este caso, es la forma en que la puesta
en escena del yo modela los comportamientos y las relaciones interpersonales
lo que atrajo la atención de sociólogos y psicólogos[6]. Las ciencias del lenguaje, por el contrario, se han interrogado por el modo en que el sujeto hablante
construye una imagen de sí en su discurso. Inicialmente, los lingüistas se vol-
caron más hacia la retórica, que se ocupa del lenguaje en situación, que hacia
la microsociología, centrada en los comportamientos extra-verbales.

Se atribuye a menudo a Oswald Ducrot el hecho de haber introducido la
noción de ethos en las ciencias del lenguaje. Indudablemente, esa atribución
de paternidad es, en parte, resultado de un malentendido. De hecho, si Ducrot recuperó la noción aristotélica de ethos (por medio, dicho sea de paso,
de un artículo fundacional de Michel Le Guern sobre la retórica de 1977) fue
principalmente para ilustrar otro punto. Su estudio se ocupa de la polifonía
y no de las vías verbales de la presentación de sí. Ducrot se propone distinguir el ser empírico extra-lingüístico (exterior al lenguaje) de la instancias
internas al discurso, en cuyo interior diferencia a L, el locutor como ficción discursiva, de λ (*lambda*) como ser-del-mundo, aquel del que se habla.
Ducrot se apoya en la retórica clásica con el fin exclusivo de clarificar esa
distinción, en un pasaje muy citado que reproduzco a continuación:

> "Otra ilustración de la distinción ʎ-L, esta vez tomada de la retórica y para
> la cual me basaré en Le Guern (1981). Uno de los secretos de la persuasión tal
> como es analizada desde Aristóteles es, para el orador, dar una imagen favo-
> rable de sí mismo, la cual seducirá al auditorio y ganará su favor. Esta imagen
> del orador designada como ethos o "garante" es todavía llamada, a veces, – la
> expresión es rara, pero significativa– "costumbres oratorias". Hay que entender
> por ello las costumbres que el orador se atribuye a sí mismo por la forma en que
> ejerce su actividad oratoria. No se trata de afirmaciones halagüeñas que pueda
> hacer sobre su propia persona en el contenido de su discurso, afirmaciones que,
> por el contrario, corren el riesgo de molestar al auditorio, sino de la apariencia
> que le confieren la cadencia, la entonación, cálida o severa, la elección de las
> palabras, de los argumentos (el hecho de elegir o de desechar tal argumento
> puede resultar sintomático de tal cualidad o de tal falta moral). En mi termi-
> nología, diré que el ethos atañe a L, el locutor en tanto tal: es en tanto fuente
> de la enunciación que este se ve investido de determinadas características que,
> en consecuencia, vuelven a esa enunciación aceptable o rechazable." (Ducrot,
> 1984:201)

---

[6] Puede encontrarse un buen recorrido en la síntesis de Mark R. Leary y Robin M. Kowalski
(1990). Ver también, entro otros, Tedeschi (1981) y Baumeister (1982).

El préstamo de Aristóteles vía Le Guern viene entonces a ejemplificar una perspectiva en sí misma fecunda, que cuestiona la falsa unicidad del locutor. De este modo, Ducrot insiste sobre un aspecto que Barthes ya había puesto en evidencia en su prontuario sobre retórica, y que está, por otro lado, en el centro de la reflexión sobre la gestión de las impresiones. El locutor construye su imagen mediante su estilo –esto es, en la enunciación, en el decir, mucho más que en lo dicho (en aquello que puede formular sobre sí mismo). En este contexto, es interesante observar que Ducrot insiste en el hecho de que el modo de argumentar, la elección y el empleo de los argumentos (el logos) contribuyen a modelar la imagen del orador. Sin embargo, no avanza más allá de la reflexión sobre la imagen de sí en el discurso que le permite ilustrar una parte de su teoría de la enunciación.

En realidad, es en la obra de Dominique Maingueneau donde se encuentra expuesta por primera vez en un marco propiamente lingüístico la noción retórica de ethos, y es en su teoría sobre el análisis del discurso que esta noción comienza a ser desarrollada[7]. Vale la pena destacar que los desarrollos que se encuentran en L'*Analyse du discours* de 1991 aparecían ya, de un modo menos explícito, en un libro de 1984, *Genèses du discours* (95-102). La insistencia recae, una vez más, sobre la distinción entre el ethos "dicho" y el ethos "mostrado": "Aquello que el orador pretende *ser*, lo deja oír y ver: no *dice* que es simple y honesto, lo *muestra* a través de su manera de expresarse. El ethos está, de este modo, atado al ejercicio de la palabra, al rol que le corresponde a su discurso" (Maingueneau, 1993:138). Lejos de quedarse allí, el analista del discurso se propone teorizar el ethos y para ello realiza dos desplazamientos sustantivos con respecto a la retórica antigua, desplazamientos que modifican el sentido y el alcance de la noción. Desde entonces, esta noción ya no se encuentra intrínsecamente ligada a la oralidad y, sobre todo (en el linaje del pensamiento goffmaniano), ya no se limita al campo de la argumentación.

En un primer momento, Maingueneau se niega a confinar al ethos al arte oratorio. Cuando la palabra viva se dirigía a un auditorio físicamente presente, la voz, los gestos, las expresiones faciales, la apariencia externa del orador eran decisivos. Las cosas cambian cuando la imagen de sí es trasladada al discurso escrito. No es solo que allí no hay cara-a-cara –por lo que la comunicación se encuentra diferida– sino que incluso todo aquello que se construye concretamente en la oralidad desaparece. Para Maingueneau, eso no significa que el "tono" y la corporalidad no jueguen ningún papel en el discurso escrito, al contrario. Es interesante observar cómo el autor mantiene esa dimensión tan cara a la retórica trasladándola al discurso escrito, en una época en la que la reflexión contemporánea, con Jacques Derrida a la cabeza,

---

[7] Puede encontrarse una buena síntesis de este enfoque en Maingueneau (2002).

ha cuestionado radicalmente la primacía y la centralidad de la oralidad, repensando sus vínculos con la escritura. El analista del discurso busca situarse en otro plano, al subrayar que no se trata de volver a "los presupuestos de la retórica antigua" y considerar "lo escrito como la huella, el pálido reflejo de una oralidad primera" (1993:139) sino, por el contrario, "de admitir [...] que en el discurso hay una vocalidad, una forma de colocar la voz, al punto de que a través de sus enunciados el discurso produce un espacio en el que se despliega una 'voz' que le es propia" (1984:98). Todos hemos tenido la experiencia de sentir un tono de voz desprendiéndose de un texto. Maingueneau pone como ejemplo el discurso cartesiano, que "no es solamente una cadena de argumentos, es también esa voz monocorde y obstinada que metódicamente toma posesión de la página" (1984:101). Entre dos periódicos diferentes como *Le Figaro* o *Libération* hay algo más que divergencias de opinión: hay divergencias de tono, cuyo impacto sobre el lector es considerable (1991:184).

El tono se apoya en un carácter, un conjunto de disposiciones mentales, que en sí mismo es inseparable de una corporalidad. De ese modo, en el humanismo devoto de tono *suave* que Maingueneau toma como ejemplo en varias oportunidades, el locutor (al que llama "garante", en el sentido de que asume la responsabilidad sobre la verdad del enunciado) aparece como medido y cálido. Ese carácter tiene relación con una imagen corporal que se le asigna a aquel del que emana el discurso. ¿Cuántas veces habremos dicho, al conocer a un escritor o al ver al autor de un artículo que hemos leído: "No lo imaginaba así"? no obstante, es importante observar que cuando lo escrito predomina sobre lo oral las características físicas y psicológicas no se muestran inmediatamente y, por ese motivo, deben ser reconstruidas por el lector. A través del nivel de lenguaje, de la elección de las palabras, del uso de las locuciones y proverbios, del ritmo, del humor, etc., el lector va a imaginar la voz y el cuerpo del que la está hablando, sin verlo ni escucharlo físicamente.

El análisis del discurso no se conforma, sin embargo, con oír al ethos en ese intercambio diferido que constituye lo propio de la escritura: lo generaliza también a todos los géneros del discurso. Fiel, en este punto, a la perspectiva goffmaniana que concibe la presentación de sí como un elemento constitutivo de todo intercambio, el análisis del discurso considera que el locutor construye una imagen de sí en cada toma de palabra, remita o no al arte de persuadir. El análisis del discurso se ocupa ahora tanto de discursos con fin persuasivo como de "textos que no presentan ninguna secuencialidad de tipo argumentativo [...] y que ni siquiera se inscriben necesariamente en situaciones de argumentación" (Maingueneau, 1999:75-76). En síntesis, no es necesario lanzarse en una empresa persuasiva en la que hay que parecer creíble para construir un ethos: este es indisociable de la utilización del lenguaje por el sujeto hablante. De allí resulta no solo que el ethos atraviesa el discurso de punta a punta y aparece en situaciones de comunicación de lo más diversas, sino que, además, no es necesariamente consciente o programado. Volvemos a encontrar en Maingueneau, trasladado a la escritura, el principio que guía el análisis de las interacciones cara a cara en Goffman.

El análisis del discurso también retoma de Goffman, aunque en un plano discursivo e institucional, la importancia de los marcos sociales que modelan las imágenes de sí. De hecho, plantea que su producción se relaciona siempre con una actividad verbal regulada. "Gran parte de la escena de enunciación" está sometida a sus imposiciones (1991:82). Esta escena se subdivide, según Maingueneau, en una "escena englobante" y una "escena genérica". Para ilustrar la primera categoría, podemos mencionar el discurso político, religioso, o incluso filosófico, literario o publicitario. Es claro que estos marcos imponen modelos específicos de presentación de sí. El político no proyectará la misma imagen de su persona que el novelista, y la imagen del filósofo no será evaluada con la misma vara que la de un obispo. Tributaria de esta escena englobante de tipo general, la "escena genérica" está ligada al contrato endosado al género como institución discursiva. Podemos pensar en el sermón en el registro del religioso, en la editorial en el espacio del periódico, en los discursos de campaña en el campo político. El mismo Jefe de Estado modelará de manera distinta su imagen según hable en un Consejo de ministros, en una alocución televisada de Año Nuevo o en un discurso dirigido a los militantes en víspera de elecciones. En otras palabras, la imagen de sí está condicionada por marcos sociales e institucionales preexistentes, en cuya lógica se inscribe. Estos le imponen una distribución previa de roles y determinan sus posibilidades.

En cuanto a la libre elección del locutor, esta se traduce (y parece reducirse) para Maingueneau como la adopción de una "escenografía". Él entiende por esto un escenario que el locutor selecciona dentro de un marco provisto por el género y que le permite modelar su imagen. Así, el Jefe de Estado que se dirige al conjunto de los ciudadanos en su alocución televisada de Año Nuevo puede elegir, entre muchos otros, el escenario del padre de familia prudente y bondadoso que habla a sus hijos. La escenografía muestra el trabajo de legitimación que se realiza a través suyo mediante un movimiento circular: la imagen legitimada por el marco discursivo lo legitima a su vez. Así, Maingueneau observa que "cuando un hombre de ciencia exhibe sus cualidades en televisión, se muestra a través de su enunciación como reflexivo, medido, imparcial, etc., tanto en su ethos como en el contenido de sus palabras: al hacerlo, define a cambio lo que es el verdadero hombre de ciencia y se opone al anti-ethos correspondiente" (2002: 15). Asimismo, cuando un representante de la extrema derecha se muestra como "hombre-del-pueblo-que-dice-la-verdad-desnuda" y denuncia la hipocresía de los demás, define por ello mismo las normas del discurso político legítimo. En síntesis, la imagen de sí participaría de una reflexividad del discurso que contribuiría a un trabajo de legitimación.

Es necesario subrayar que los roles que asume deliberadamente el locutor en el escenario que elige forman parte de un arsenal preexistente. Responden a modelos culturales extendidos (el *pater familias*, el hombre de pueblo que dice la verdad desnuda) y remiten a las representaciones colectivas del grupo. Es decir que la imagen de sí está doblemente determinada, a la vez por las reglas de la institución discursiva y por un imaginario social. En la medida en que ella se elabora en marcos restrictivos en función de modelos culturales validados, atestigua la fuerza de la institución y de la ideología circundante. El ethos en el AD está, por lo tanto, lejos de manifestar, como en la retórica de la cual es tomada la noción, una eficacia discursiva que le permite al sujeto constituirse libremente. Por el contrario, muestra la forma en que el sujeto hablante construye su identidad integrándose en un espacio estructurado que le asigna su lugar y su rol. Con solo estudiar las condiciones sociales e institucionales en las cuales el ethos discursivo puede constituirse y producir su efecto, el análisis del discurso intenta poner al descubierto la lógica de las relaciones que el sujeto hablante entabla en el ámbito social.

Podemos, no obstante, preguntarnos qué funciones cumple el ethos en la comunicación verbal a partir del momento en que deja de estar al servicio de una intención persuasiva. Según Maingueneau, el ethos arrancado de sus determinaciones retóricas no convoca menos a una "adhesión". Sin embargo, esta última toma un sentido totalmente diferente de aquel que le confieren la retórica y las teorías contemporáneas de la argumentación que de ella provienen. Así, por ejemplo, la nueva retórica de Perelman (1997), que se presenta como heredera de Aristóteles, aborda el conjunto de medios verbales que permiten suscitar la adhesión de los espíritus a una tesis. Para el orador es cuestión de conseguir convicción mediante el uso del logos, que es a la vez palabra y razón, asociándolo al ethos y al pathos. Es decir que la adhesión demandada es indisociable de la racionalidad, por sí sola capaz de asegurar en los asuntos humanos un acuerdo entre los hombres sobre todos los temas controversiales. Desde la perspectiva de Maingueneau[8], en cambio, la adhesión no pasa por un asentimiento sobre lo que parece plausible y razonable para un grupo dado. Está condicionada por el lugar que ocupan los interlocutores en un espacio socio-institucional y en una configuración ideológica. Es, en efecto, "más allá de la persuasión mediante argumentos" que "la noción

---

[8] Como también desde la perspectiva de Viala (1999) inspirada en la sociología de los campos de Bourdieu. Retomaremos esto en el tercer capítulo.

de ethos permite [...] reflejar en el proceso más general de la adhesión de los sujetos una determinada posición discursiva" (1999:76).

Es así como el locutor llama a un movimiento de identificación que no tiene nada de elección deliberada y racional: tiene que "movilizar [al co-enunciador] para hacerle adherir 'físicamente' a un determinado universo de sentido" (1999:80). Lo logra a través de la vocalidad y la corporalidad en las que se sostiene su ethos tal como es transpuesto a lo escrito. El lector, como hemos visto, es invitado a reconstruir a partir de diversos indicios textuales un carácter y un cuerpo que le asigna a la fuente enunciativa. Pero no se conforma con dar así una presencia física al garante. También "incorpora" esquemas "que corresponden a una manera específica de relacionarse con el mundo habitando su propio cuerpo". Este movimiento constituye a su vez un cuerpo social, el de todos los que adhieren a ese discurso. Esta concepción de la incorporación tiene como efecto evidente el eludir la argumentación y el intercambio razonado de la palabra, sustituyéndolos por una adhesión de tipo espontáneo que pasa por el cuerpo y se presenta como la asimilación automática e irracional de una relación con el mundo. La eficacia discursiva se expresa en una "regulación eufórica" entre el "sujeto que sostiene [el discurso]" y "el lector que él pretende tener" (1991:100). Estamos lejos de la adhesión de la nueva retórica y de la concepción de libertad del sujeto o de la racionalidad que ella postula. La noción de incorporación, como el condicionamiento social del lector, es reveladora de una concepción del sujeto hablante y de su relación con el mundo que está en ruptura total con la de la retórica clásica. Por lo tanto, no debe asombrarnos que Maingueneau declare querer tomar sus distancias con respecto a la retórica –según él, sus formas son "solidarias con configuraciones del saber y prácticas irremediablemente extintas"; "el análisis del discurso implica un 'orden del discurso' irreducible al dispositivo retórico" (Maingueneau, 2005a:65).

En resumen, podemos decir que la posición del análisis del discurso ejemplificada por Maingueneau une la insistencia en el carácter discursivo de la imagen de sí y su centralidad más allá de las interacciones cara a cara, por un lado, y una concepción contemporánea del sujeto en la lengua, de la construcción verbal de la identidad y de la primacía de los marcos sociales e institucionales, por el otro. Al hacerlo, retoma de la retórica la noción de ethos, pero lo hace remodelándola profundamente merced a una transformación del principio básico según el cual el discurso es emitido por un sujeto intencional con el objetivo de persuadir a un auditorio.

El *ethos* en la óptica de la argumentación en el discurso: aperturas

A simple vista, las tensiones que surgen de estos tres enfoques no parecen fáciles de eliminar. La retórica, la microsociología y el análisis del discurso ofrecen concepciones divergentes del ethos que descansan en formas diferentes, si no contradictorias, de pensar el rol de la razón y de la identificación pasional, la naturaleza de la identidad, el estatus del sujeto, la importancia de la planificación o el peso de la responsabilidad individual. ¿La presentación de sí está necesariamente vinculada con una empresa de persuasión basada en un intercambio del logos, o evita la palabra razonada para conducir al público por otros medios? La retórica se opone aquí a las corrientes contemporáneas: propone una concepción de la adhesión que el análisis del discurso de Maingueneau y los avances contemporáneos de la sociología reformulan de una manera radicalmente diferente. A esta interrogación se le añade la que se relaciona con una concepción de la subjetividad: ¿el ethos es fruto de una estrategia conscientemente establecida por el locutor para persuadir al otro, o es el resultado de coerciones que pesan sobre todo enunciador en marcos socio-discursivos dados? En otras palabras, ¿el sujeto hablante es libre de elaborar una imagen de sí que corresponde a las intenciones de su elección o asume, a menudo sin saberlo, aquella que le imponen las reglas y los ritos del intercambio social? Esta pregunta está en sí misma ligada a las cuestiones de la agentividad y la responsabilidad: ¿el locutor proyecta su imagen de sí, como sostiene la retórica, como verdadero agente que actúa y toma responsabilidades en los asuntos humanos o, como lo sugieren la microsociología y el análisis del discurso, como sujeto modelado por los modelos y las rutinas de su comunidad? Está, finalmente, la cuestión de la identidad que ponen en juego las diferentes concepciones de la construcción del ethos: ¿el intercambio es el espacio donde la presentación de sí construye identidades individuales y sociales en el seno de prácticas sociodiscursivas, o es más bien aquel donde una identidad estable se expresa (o se distorsiona) mediante la fabricación de una imagen de sí en busca de eficacia?

Todas estas preguntas serán examinadas en las páginas que siguen, en el transcurso de las reflexiones reunidas en torno a ejemplos y estudios de caso. Se afirman aquí, no obstante, desde el principio, múltiples posturas que proporcionan un marco tanto al cuestionamiento como al análisis concreto. La primera descansa en el principio de argumentación en el discurso (Amossy, 2000) según el cual todo enunciado tiene una dimensión argumentativa: aun si no pretende expresamente persuadir, influye en las formas de ver y de pensar. En otras palabras, la argumentatividad atraviesa de lado a lado los discursos. Resulta que toda presentación de sí orienta, nos guste o no, la forma en que el destinatario percibe la persona del locutor y, como corolario, el tenor de su discurso. Aun si este no da cuenta de una empresa retórica concreta, actúa sobre el otro, y a través suyo, sobre la realidad. En este sentido, el ethos discursivo (que se construye en el discurso) es por definición un ethos retórico (que apunta a tener un impacto sobre el otro).

Al mismo tiempo, la presentación de sí permite al locutor construir una o varias identidades en el dinamismo de la interacción. Esto nos lleva a nuestra segunda postura, que consiste en asimilar totalmente la noción de ethos a la de presentación de sí ampliada, más allá de las interacciones reales cara a cara, al conjunto de los intercambios verbales. La presentación de sí es un fenómeno no solamente característico de lo deliberativo, de lo judicial o de lo epidíctico —de los que se ocupa la retórica clásica— sino también de toda enunciación. A esto se agrega la hipótesis del lazo estrecho que vincula la construcción de imagen con la construcción identitaria. En otras palabras, es necesario apartarse de la concepción clásica de una identidad fija y estable parecida a una entidad preexistente que solamente conseguiría manifestarse o distorsionarse en el discurso. El intercambio verbal es un dinamismo en el cual se ponen en juego identidades sociales —ligadas a las pertenencias de grupo— e identidades individuales —ligadas a una diferenciación con respecto a las colectividades.

Una tercera postura, indisociable de las dos anteriores, pide considerar la puesta en escena que el locutor realiza de su propia persona en su discurso como fenómeno unificado del cual hay que captar las modalidades y los desafíos tanto en su similitud como en su diversidad. Partimos de la hipótesis de que el ethos, como la enunciación, el dialogismo o la argumentatividad, es una dimensión constitutiva del discurso. En cuanto tal, está en relación dinámica con las otras dimensiones constitutivas: está anclado en la enunciación, es intrínsecamente dialógico y está necesariamente dotado de una dimensión, si no de una intención, argumentativa. Partimos también del principio, ya validado, de que el fenómeno de la presentación de sí (o de la construcción discursiva del ethos) consigue diferenciarse en función de géneros y situaciones de discursos. Por lo tanto, adoptaremos aquí una perspectiva decididamente sociodiscursiva: la presentación de sí es sin duda un fenómeno universal, pero no por ello deja de realizarse en marcos sociales e institucionales que exigen sus propias modalidades.

Estos principios pueden ser considerados como auténticas hipótesis de trabajo que ofrecen a la investigación su marco conceptual y serán puestos a prueba en el corpus. Intentaremos primero elaborar algunos aspectos generales de la presentación de sí y, en particular, su ajuste a un imaginario social y su relación con el poder.

Segundo Capítulo

LOS MODELOS CULTURALES DE
LA PRESENTACIÓN DE SÍ
IMAGINARIO SOCIAL Y ESTEREOTIPACIÓN

Sea individual o colectiva, la construcción de una imagen de sí es siempre tributaria de un imaginario social. Y ello, por muchas razones evidentes. La idea que yo me hago de mi persona y que intento transmitir al otro, la forma en que me comporto en mi relación con el otro, es necesariamente el efecto de una socialización. Que luzca y actúe como madre, como profesora universitaria, como diputada socialista, no depende solamente de mi manera particular de encarnar esos roles. Puedo ciertamente tener mi versión personal, pero es siempre sobre la base de representaciones sociales que circulan en la sociedad de la cual soy miembro. Más aún, en términos de identidad social se impone una presentación más o menos ajustada de mi persona como madre o como docente. Es en la interacción, y por lo tanto en función de normas compartidas, que construyo una identidad para mis interlocutores. Fuera de todo modelo, el comportamiento individual se muestra incoherente, la puesta en escena del yo queda opaca y sin efecto. Apropiarse de la imagen estereotipada de una categoría social es, entonces, indispensable tanto en términos de construcción de identidad como en términos de comunicación eficaz. Sin duda, una representación social puede ser más o menos rígida y contener variantes, modulaciones, incluso transformaciones. Pero fuera de toda figura arraigada en el imaginario social la presentación de sí no puede ser sino aberrante. con todas las crisis de identidad y perturbaciones que acarrearía semejante irregularidad.

Intentaremos aquí dar un sustento teórico a este aspecto de la presentación de sí y examinar los diferentes interrogantes que despierta el ajuste del ethos a un bagaje de imágenes preexistentes. Partiremos de las representaciones colectivas cristalizadas para ver cómo ellas nutren al ethos individual y le confieren su peso dentro de géneros de discurso codificados, en los que se impone una distribución convencional de roles. Luego abordaremos diversos casos problemáticos: aquellos intercambios verbales en los que la originalidad y la singularidad están estructurados, pero también aquellos donde el locutor se enfrenta a la ausencia de un modelo cultural unificado capaz de guiar su proyecto. Este análisis será ampliado con un breve examen de los efectos que produce una interpretación que se desvía del plan inicial del locutor. El alocutario, cuando utiliza otro patrón de lectura, ya sea porque este descansa en valores y jerarquías diferentes o porque activa otros modelos culturales, puede condenar al fracaso la presentación de sí del sujeto hablante.

Pero también será necesario interrogarse acerca del vínculo que mantiene la estereotipación[1] del ethos con la reivindicación identitaria, e incluso con su repliegue. De hecho, a través de la adaptación de la presentación de sí a un modelo cultural preexistente, los interlocutores se relacionan entre ellos y se diferencian de los demás. Construyen así una identidad de grupo que da lugar a una distinción interpretada de formas diversas según provenga del exterior o del interior de la comunidad. Aquella puede delimitar el espacio de un cierre del grupo sobre sí mismo, por no decir una reclusión en un gueto identitario. Puede también ser la afirmación de un elitismo y el arma de un poder.

Estereotipo y estereotipación

En los albores de esta reflexión, se imponen algunos preliminares sobre la estereotipación[2]. El estereotipo se define como una representación colectiva cristalizada, un modelo cultural que circula en los discursos y en los textos. Favorece la cognición en la medida en que recorta y categoriza una realidad que, de otra forma, permanecería confusa e inmanejable. El sujeto no puede conocer el mundo sin categorías preestablecidas, no puede actuar en la vida cotidiana si no le es posible trasladar la situación nueva a un esquema ya conocido. Al mismo tiempo, el estereotipo ha sido estigmatizado a causa de su poder de simplificación excesiva y de su carácter fijo. Presenta la realidad bajo una forma esquemática e inmutable, cuando no la deforma lisa y llanamente haciendo circular imágenes prefabricadas a través de las cuales interpretamos (a menudo de forma incorrecta) el mundo circundante. El estereotipo revela

---

[1] El francés *stéréotypage* no tiene correspondiente en castellano, por lo cual tomamos el término "estereotipación" de la traducción de Lelia Gándara, en Amossy, R. y Herschberg Pierrot, A. (2007) *Estereotipos y clichés*. Buenos Aires: Eudeba. N. de T.

[2] Para más referencias, se puede consultar Amossy (1991) y Amossy y Herschberg Pierrot (2001).

sus efectos nocivos, sobre todo, cuando se aplica a la imagen de grupos sociales y lleva a juzgar a un individuo reduciéndolo a la imagen simplificada, si no distorsionada, del grupo del que forma parte. Cuando esos juicios son negativos, ponen de manifiesto el prejuicio y conducen a la discriminación. Los daños son especialmente importantes porque el estereotipo resulta difícil de erradicar y porque los esquemas colectivos fijos son poco propensos al cambio. Estas son las posturas más decisivas de los psicólogos sociales que se ocupan del fenómeno del estereotipo desde la primera mitad del siglo XX proporcionando múltiples estudios sobre el área.

Cabe señalar que la esquematización y la categorización del otro, que despiertan tantas inquietudes, son indisociables de la construcción identitaria del sujeto, la cual también atraviesa un proceso de estereotipación. Un grupo social necesariamente se hace una idea determinada de sí mismo, que construye contrastándola con aquella que posee de otros grupos. Hemos insistido a menudo en el hecho de que esa diferenciación servía en muchos casos para elevar la imagen del *in-group* (el endogrupo) desvalorizando o minimizando el valor del grupo exterior (*out-group* o exogrupo). En cualquier caso, la representación que el individuo se hace de sí mismo en tanto miembro de una nación, de una clase, de una profesión, de una comunidad, se manifiesta en la forma en que se presenta en las interacciones sociales. Él ajusta inconsciente o deliberadamente su ethos discursivo a un modelo cultural validado, construyendo así una identidad que lo define. A veces, intenta explícitamente reivindicar su pertenencia a esos grupos. A menudo, adopta y reproduce un rol que interiorizó y que se volvió automático. Este proceso de estereotipación que se produce en la presentación de sí aparece, entonces, como una pieza central de la comunicación intersubjetiva y un elemento intrínseco del juego de influencia que la caracteriza. Presentándose como hombre de ciencias, como parisino, como alto ciudadano, como padre de familia, el locutor manifiesta su legitimidad para intervenir en un dominio determinado y, a la vez, su autoridad; convoca a su alocutario a respetar las reglas del juego o a identificarse con él (en tanto semejante).

Por supuesto, la estereotipación no implica una adecuación sin fallas. Hay que tener en cuenta que el estereotipo, que está compuesto de un núcleo temático (el negro, el artista, el neoyorquino, el patrón), es acompañado de una serie de atributos que podríamos llamar obligados, pero que no son todos activados en cada una de sus ocurrencias. Uno o dos rasgos típicos permiten, en general, reconstruir el conjunto y vincular la representación nueva con un modelo almacenado en la memoria cultural. Es decir que el estereotipo, definido como una imagen fija, permite variantes en su actualización. Así, el judío alemán, que los israelíes han apodado "Yecke", se puede mostrar minucioso, puntual, organizado, erudito y formal sin mostrar la falta total de sentido del humor que la imagen estereotipada le atribuye; no será menos reconocible para sus conciudadanos. Pero los modelos son más imprecisos que los estereotipos étnicos o nacionales y permiten variaciones bastante considerables. Sin duda, hay diferentes maneras de actualizar el jefe de empresa o el padre de familia, seleccionando una de las versiones disponibles en una cultura dada, activando determinados atributos en lugar de otros o combinándolos de una forma particular en función de la situación de discurso y de los efectos esperados. Del mismo modo, es posible subvertir el modelo: pero también en ese caso la imagen nueva solamente puede cobrar sentido en base al estereotipo que rechaza. Así, el padre que se presenta a sus hijos como amigo, rechazando todas las insignias de la autoridad y los modelos patriarcales, se define por oposición a estos –y, mediante la repetición y la multiplicación de esa presentación de sí, termina produciendo un nuevo estereotipo de padre moderno y descontracturado. Por ello, la dinámica de la estereotipación es decisiva en la construcción del ethos. La reproducción pura y simple de una representación cristalizada es poco habitual y generalmente produce un efecto caricaturesco.

Lo esencial, en este caso, es que el ethos se construye a partir de una representación preexistente que forma parte de un imaginario colectivo. Podemos retomar aquí la noción de "imaginario sociodiscursivo" desarrollada por Charaudeau (2007:85), que plantea que "los imaginarios son engendrados por los discursos que circulan en los grupos sociales, se organizan en sistemas de pensamiento coherentes creadores de valores, cumplen el rol de justificación de la acción social y se depositan en la memoria colectiva". Anclados en las representaciones sociales, los imaginarios sociodiscursivos varían según la naturaleza del grupo. Charaudeau da como ejemplo de dos imaginarios diferentes dentro de la sociedad francesa dos leyes que fueron defendidas en el Parlamento francés, una (la ley Taubira) que se propone condenar la esclavitud como crimen contra la humanidad y otra (la ley Gayssot) que pide reconocer los beneficios de la colonización francesa. Al imaginario de la soberanía popular basado en la igualdad se opone aquí un imaginario basado en el elitismo cultural que justifica la educación de las masas. En este sentido, es claro que las representaciones colectivas que circulan en un imaginario sociodiscursivo determinado responden a una *doxa*: un conjunto de opiniones, de creencias, de representaciones propias de una comunidad y que tienen a sus ojos valor de evidencia y fuerza de universalidad. Notemos que los partidarios de las causas opuestas que evoca Charaudeau se presentan ambos como ciudadanos comprometidos con los asuntos públicos que intervienen de manera íntegra en la edificación de la memoria cultural de la nación. Desde este punto de vista, participan de una misma *doxa*, esa que valora el compromiso personal en la gestión de asuntos públicos y da un gran peso a la representación oficial de la historia nacional. Detrás de este frente común, ellos presentan, sin embargo, divergencias notables: son las que separan al ciudadano imbuido de valores republicanos heredados de la Revolución que adopta el papel de defensor de los derechos del hombre del francés apegado a la superioridad de su cultura y a la memoria de sus logros, el conservador que sostiene el elitismo occidental. Así, toda construcción de ethos se apoya en los valores y las opiniones de la comunidad, que esta, a su vez, refuerza.

La distribución de roles en los géneros codificados

El grado de estereotipación y la libertad concedida al locutor con respecto a los modelos dominantes varían en función de los géneros de discurso que él moviliza. Cada género discursivo conlleva, lo hemos dicho, su propia distribución de roles. Esta disposición impone restricciones más o menos fuertes sobre la presentación de sí del locutor. Para asegurar el buen desenvolvimiento de la interacción, él debe plegarse a determinadas reglas y aceptar jugar el rol que le ha sido impartido. Como en el teatro, este rol puede ser interpretado de forma más o menos libre. Se puede efectuar variantes sobre el modelo del médico en su consultorio, del profesor en una clase de colegio, de la cajera en un supermercado. Se puede modificar de diversas formas la imagen del orador en una ceremonia de conmemoración, del periodista en un artículo, del cliente en una carta de reclamo. De cualquier modo, el comportamiento verbal del locutor se pliega a los imperativos del género y su ethos pasa necesariamente por un proceso de estereotipación que garantiza el buen funcionamiento del intercambio.

Tomemos, por ejemplo, las cartas de reclamo que Séverine Hutin analizó en un estudio realizado sobre un corpus de correspondencias dirigidas a Telecom-Francia y a EDF[3]. En los escritos destinados a una empresa de servicio público donde los interlocutores se vinculan por una relación de servicio, "el escritor es [...] sometido a la imagen de los clientes que ya han estado antes que él en posición de reclamantes" (2003:304). En otros términos, la imagen que guía su presentación de sí frente a la empresa es aquella del grupo de clientes reclamantes de la cual el destinatario, por su profesión, se hace necesariamente una idea previa. En particular, se arriesga a verse revestido de una imagen de "gruñón" y debe deshacerla para llevar adelante su proyecto de forma adecuada. Hutin identifica los atributos que supuestamente proyectan un ethos de credibilidad capaz de favorecer una reacción positiva

---

[3] Energie De France (EDF) es una empresa francesa productora y proveedora de energía. N. de T.

a la demanda del escritor. Así, este se declara no solo cliente sino también buen cliente: en este caso, es buen pagador respetuoso de los plazos, utiliza frecuentemente los servicios de la empresa a la cual se mantiene fiel, admite eventualmente sus errores y está preocupado por solucionar sus problemas con la empresa. Al mismo tiempo, la apertura de la carta lo suele mostrar atormentado por una sensación de disgusto o de sorpresa. Crear estas condiciones le permite construir a continuación un ethos de "cliente-escritor que manifiesta sus exigencias", por lo tanto "poseedor de derechos", esto subrayado generalmente por el estilo imperativo que manifiesta una posición de fuerza frente a la empresa a la que se le imputan deberes. El análisis de Hutin se ocupa detalladamente de la manera en que una enunciación que utiliza el "yo" y el "nosotros", y que es rica en fórmulas fijas, construye este ethos. Al mismo tiempo, ella considera que en algunos aspectos, como la emoción o la evocación de situaciones privadas, el escritor "sale de su rol social para inscribir la marca de un ser en el mundo. [...] La relación comercial se implica así en una relación interpersonal" (*ibid.*:361). Esta es, sin embargo, mínima en la medida en que participa de un rito de interacción dotado de una regulación que si bien es tácita no deja de ser obligatoria. La presentación de sí de un cliente que escribe una carta de reclamo se encuentra entonces regulada por un modelo preexistente que guía, deliberadamente o no (¡no hay un manual del perfecto reclamante!), una puesta en escena del yo en función de su objetivo –recibir compensación de la empresa. En este género epistolario, como en todos los géneros fuertemente codificados, la estereotipación es rigurosa.

Un proceso similar caracteriza a los géneros en que la distribución de roles es más espectacular, en particular aquellos que recuperan la puesta en escena pública, como el debate televisivo. En este marco, un análisis de Marcel Burger introduce una distinción interesante entre el ethos "tipificado" y el ethos "emergente", que corresponde a la distinción establecida aquí entre el modelo cultural validado y su actualización por un agente particular. En efecto, el ethos tipificado "constituye una identidad previsible en virtud del género de actividad en la cual los participantes intervienen. Los ethè tipificados representan, en este sentido, agentes tipos ideales en el nivel global de la comunicación" (Burger, 2009:390). Burger los entiende como roles ligados al formato del debate –por ejemplo, "contendiente" o "moderador"– que son interiorizados por los participantes. Sin embargo, esos ethè deben ser realizados (concretizados y actuados) en la emisión para que esta pueda alcanzar sus objetivos con respecto a los otros participantes del debate y, más aún, frente a sus espectadores. Cabe señalar que la estereotipación de los participantes se produce no solo en función de la distribución de roles prevista por el género, sino también según los imperativos del tipo de debate televisado en cuestión. Burger distingue principalmente entre los debates ciudadanos, donde la credibilidad es una condición de la argumentación, y los debates "testimoniales", que son signados por el entretenimiento y alientan la expresión de sentimientos. Los integrantes del debate participan en diferentes tipos de interacción según se trate de convencer o de entretener. Del mismo modo, el moderador adopta un personaje diferente según participe de una u otra categoría de emisión. Si bien Burger no precisa la naturaleza de los ethè tipificados del moderador o del contendiente, se trata claramente de roles genéricos, y por lo tanto fuertemente estereotipados, a los cuales los actores deben adaptarse. Los ethè emergentes, que designan los comportamientos verbales de actores reales, permiten variantes pero deben, a fin de cuentas, concretar de una u otra forma el llamado ethos tipificado (el modelo). En otras palabras, el comportamiento verbal permite a cada uno producir, en el transcurso de la interacción, la identidad de moderador o de contendiente que está en el fundamento del género.

Estos casos muestran que el locutor, que se presenta con la ayuda de un modelo que responde a la distribución previa de roles inherente al género, lo hace de forma más o menos consciente e interiorizada. Sin duda, aquel que escribe una carta de reclamo busca una estrategia que pueda proporcionarle una respuesta favorable de la empresa y planifica su puesta en escena con ese objetivo. Pero no tiene consciencia de adaptarse a la imagen preexistente de un grupo y tampoco, la mayor parte del tiempo, de pertenecer al grupo de los reclamantes. Esta categoría, que es clara y nítida para el lector profesional de la empresa, generalmente no es pensada como tal por aquel que se propone hacer una demanda individual de la cual espera un beneficio concreto. En muchos casos, el locutor que elige un género de discurso concerniente a una práctica de la vida cotidiana obedece a normas tácitas. Adopta un comportamiento verbal producto de un aprendizaje de vida, cuyo carácter colectivo y restrictivo se le escapa, al menos en parte. La construcción de un ethos discursivo expone un *habitus* en el sentido de Bourdieu –un conjunto de disposiciones adquiridas que constituyen una suerte de "inconsciente cultural". Es el analista quien identifica la regulación de una presentación de sí cuyo carácter esterotipado escapa al agente responsable de la performance.

Por el contrario, en el caso del moderador de un debate televisivo ciudadano o de una emisión de entretenimiento, la estereotipación señala una competencia profesional que es necesariamente más consciente. La persona que cumple ese rol conoce las reglas del juego y sabe a qué modelo se debe adaptar para asegurar el éxito de la emisión y garantizar su propio triunfo. No se trata simplemente de habitus, sino de la puesta en práctica de un conocimiento adquirido y de la consciencia profesional del rol a encarnar. De hecho, este rol suele ser objeto de enseñanza en capacitaciones o manuales escritos a ese efecto. Pensemos no solamente en el periodista que debe seguir una determinada deontología sino también en el discurso diplomático que, desde el siglo XVI, es objeto de innumerables estudios y tratados que prescriben a los diplomáticos líneas de conducta y les suministran un modelo ideal a realizar en los diversos escenarios genéricos en que se desenvuelven. Podemos también pensar en las pasantías y cursos que las empresas proveen hoy en día a sus empleados y ejecutivos para que aprendan a proyectar frente a su auditorio una imagen conveniente a sus funciones y a su objetivo perseguido.

La estereotipación paradojal de la unicidad: de la autobiografía de celebridades al panfleto

La estereotipación recupera entonces, en un primer momento, rutinas de interacción en las que los participantes se adaptan a un modelo cultural preestablecido en función de un habitus que gobierna sus comportamientos verbales. Ella preside también toda presentación de sí que debe exhibir, de forma más o menos planificada, una competencia profesional. En todos los casos, el locutor construye en su relación con el otro una identidad habilitada por las representaciones sociales de su colectividad. Paradójicamente, este proceso de estereotipación interviene también en los géneros en que el locutor supuestamente se presenta en su singularidad.

Esto es lo que ocurre en la autobiografía de las estrellas hollywoodenses que estudié en una obra ya antigua, *Les idées reçues* (1991). El interés por la estereotipación proviene aquí del hecho de que la autobiografía se presenta como el origen auténtico del retrato. Incluso cuando el libro está redactado por un escritor fantasma, el narrador en primera persona dice revelar su historia de vida en sus propias palabras, con el fin de mantener la promesa del género —en este caso, permitir al lector conocer a la persona real, el ser de carne y hueso de naturaleza singular que se oculta detrás de la máscara. Se trata de una doble imagen colectiva fija: la de la estrella hollywoodense como categoría de seres destinados al ocio, al consumo y al amor; y la de la categoría particular en la cual la vedette de cine se dispone en función de una verdadera fabricación manejada por la industria cinematográfica. Cada uno debe encajar en un molde prefabricado: el adolescente rebelde (James Dean), el seductor latino (Rudolph Valentino), la *femme fatale* (Marilyn Monroe), la villana (Bette Davis)... En la autobiografía, la presentación de sí del narrador o de la narradora puede intentar denunciar o deconstruir el estereotipo (el yo como *femme fatal* o como villana), pero no puede en ningún caso eludirlo. En efecto, lo que el público quiere percibir en sus escritos íntimos es la relación de la estrella con la representación glamorosa de su persona; lo que quiere descubrir es la forma en que ella ha vivido como vedette y como *femme fatale*.

Si le interesa conocer la verdad de Norma Jean, es únicamente porque ella devino Marilyn Monroe.

Ahora bien, esta confrontación con el yo estereotipado obedece a una estrategia global constitutiva del género. Se trata de una regla tácita que plantea que el esquema fijo debe ser a la vez denunciado y reafirmado. Es necesario, en última instancia, que el lector encuentre en el libro la imagen que ha amado en la pantalla y después en publicidades y revistas. Esta estrategia se desprende claramente de las inscripciones promocionales de la contratapa. Así, en la autobiografía de Lana Turner se lee: "Lana: su imagen era la de una diosa de la pantalla; su vida ha sido el papel más excitante que ella haya interpretado". Esta estrategia apunta, en última instancia, a reforzar la magia de Hollywood y la imagen consagrada de la estrella que la autobiografía simula desmitificar. Diferentes puestas en escena del yo conducen a este efecto, que sería demasiado largo para repasar aquí (una descripción detallada se encuentra en Amossy 1991). Para ilustrar estas observaciones bastará un solo ejemplo tomado de la misma biografía de Lana Turner, en el momento en que ella descubre por primera vez su imagen sexy en la pantalla. Dirigiéndose al joven hombre del estudio que la acompaña: "'Escuche, le dije. Dígame. En verdad, yo no soy así...' Él me interrumpió con una ligera sonrisa. 'Afortunadamente, sí', dijo".

Si la estereotipación parece ir a la par de la industria hollywoodense, no ocurre lo mismo con el poeta romántico que quiere mostrar su corazón al desnudo. Sin embargo, no deja de ser un proceso de estereotipación muy claro el que atraviesa la figura del poeta moribundo cuya génesis y análisis aborda José-Luis Diaz en una bella obra acerca de las escenografías autorales del siglo XIX. Él la encuentra en un conjunto poético compuesto de elegías, de estrofas, de odas, de las cuales se desprenden motivos obligados y elementos codificados. El sujeto se pone en escena como "joven poeta desafortunado y enfermo, representado sobre su lecho de agonía, que entona su último canto, diciendo adiós a sus allegados y a su 'lira fiel'" (Diaz, 2007:298). Diaz releva las fórmulas recurrentes que señalan al poeta ("un noble amante de la Musa y de las Artes") y hacen alusión a su enfermedad (un "mal abrasador") así como a su muerte, siempre evocada por medio de eufemismos y clichés. Un escenario fúnebre aparece así de forma recurrente, aunque podemos encontrar variantes en la escena del yo que efectúan los diversos poemas elegíacos. El autor releva de una pléyade de poetas muy diversos, desde los más célebres como Lamartine hasta los más oscuros como Chênedollé o Millevoye, la imagen del hombre muy joven, del solitario que escribe en el aislamiento y sin desear reconocimiento social, de la víctima expiatoria. El poeta renuncia a los placeres del mundo y busca el anonimato. Perfila así una nueva imagen del escribiente que se opone a aquella del hombre de letras del pasado. Diaz lee en ese estereotipo el efecto de una situación histórica que supera la oposición de la nueva generación a la figura dominante con que ella compite y a la que se esfuerza por reemplazar –en este caso, la del gran hombre desafortunado destinado al Panteón. La tendencia a presentarse como poeta moribundo respondería, según la crítica, a la necesidad del artista de mostrarse oblicuamente como aristócrata frente al burgués triunfante. "Representa, a su manera, escribe Diaz, esa clase aristocrática que se vive como decadente, pero que desea una salida por lo alto, tomando el camino del cielo" (*ibid.*:313).

Un ejemplo muy diferente es aquel del panfletario cuyo retrato trazó Marc Angenot en una obra ya clásica, *La Parole pamphlétaire* (1982), y que se muestra como un ser marginal y solitario que no pertenece a ninguna comunidad. Angenot muestra que, en realidad, una postura recurrente está en el fundamento del género como tal. La presentación de sí no obedece a ninguna regla declarada, no responde a normas a las cuales el escritor debería adaptarse, no se proyecta en un modelo conocido. Y sin embargo, esboza una figura reconocible entre todas, la del panfletario, en la cual se reencuentran y reagrupan autores tan diversos como Bloy, Bernanos, Céline, Nizan o Péguy. Una representación colectiva tanto más paradojal cuanto que los panfletarios rechazan a menudo declararse como tales ("Esto no es un panfleto") y cuanto que el paradigma que se desprende de sus textos es el del locutor que pone en evidencia su diferencia y su marginalidad.

Según Angenot, el discurso panfletario, habitado por una conciencia singular que expresa fuertemente sus posiciones, se declara producido por un locutor incompetente que rechaza el saber (percibido como una forma de poder). Es un autor marginal y solitario (siempre desplazado por el grupo al que pertenece), en posesión de una verdad única y trascendente que él se auto-exige revelar y que calla por una potente voluntad interior. Voz que grita en el desierto, él elige el camino del pathos proclamando en modo hiperbólico su indignación, su cólera, sus sentimientos viscerales. Sin esperanzas de ser entendido, lanza de todos modos una botella al mar, proyectando una imagen pesimista del intercambio verbal en el cual se involucra a pesar de todo, al igual que un "Jeremías moderno que ve a todo el mundo taparse los oídos ante sus imprecaciones" (1982:78). Esta imagen de solitario en posesión de la Verdad y animado por sentimientos de una gran violencia pregonados en el vacío es la que hace al panfletario. Cada autor la reconstruye a su manera en un discurso donde se presenta en su singularidad –la superposición de todos los locutores "únicos" termina por crear un modelo colectivo que aparece como uno de los rasgos distintivos del género.

Puede observarse que la emergencia de ese rol genérico que produce e impone un esquema colectivo fijo está claramente ligada a los estereotipos reinantes, algunos ancestrales pero todavía vivos como la imagen del profeta gritando en el desierto o el arquetipo cristiano que reúne verdad, soledad y persecución (el panfletario sacrifica todo a su pensamiento autónomo y a los valores que defiende frente a los demás) (*ibid.*:339). Estas representaciones colectivas son movilizadas para legitimar una crítica virulenta de la sociedad contemporánea fundada en una visión "crepuscular" del mundo y que denuncia una sociedad privada de valores, que vive en la farsa y corre hacia al abismo (*ibid.*:99).

¿Es posible una estereotipación sin modelo?

Si la estereotipación aparece como un proceso inevitable para toda construcción de identidad y, más aún, necesario para el buen desenvolvimiento de la comunicación, ¿qué ocurre si el locutor debe presentarse en una situación en que no se le proporciona ningún modelo prefabricado? Podríamos pensar que se trata de una misión imposible. Sin embargo, percibimos que los recursos de la estereotipación pueden ser aprovechados incluso ante la ausencia de un modelo unificado al que el locutor pueda amoldarse. Veamos en este caso un ejemplo tomado del ámbito político, el del discurso de campaña proferido en un mitin. El 11 de febrero de 2007, en Villepinte, al norte de París, Ségolène Royal se dirige a un auditorio compuesto por 10000 seguidores para presentar su programa presidencial. La presentación de sí se construye en una escena genérica en la que participa de la intención argumentativa del discurso electoral y es objeto de una programación cuidada. Si bien la candidata monopoliza la palabra, su ethos es objeto de una negociación implícita en tanto la imagen de sí es construida en función de las expectativas y la doxa del público, por lo que debe instaurarse un equilibrio delicado entre el objetivo de auto-promoción de la locutora (su ambición de ser electa presidente de la República) y los criterios de aceptabilidad del auditorio (su capacidad de imaginar a una mujer en esas funciones). Esta dificultad se deja ver también en el eslogan de la candidata: "Francia presidenta", donde el femenino de "presidente", que existe gramaticalmente pero que permanece ausente del imaginario social, es hábilmente transferido hacia Francia más que hacia la persona de Royal. En el fragmento que sigue podemos encontrar determinadas estrategias discursivas capaces de paliar la falta de una representación colectiva validada de la mujer presidenta:

> "Yo no quiero un proyecto donde la juventud es infantilizada, considerada una carga, incluso una amenaza o un peligro. Porque una sociedad que tiene miedo de su juventud es una sociedad que no tiene más confianza en ella y que falta a su deber de hospitalidad con respecto a la generación siguiente.

> Yo quiero una sociedad que se fía de los jóvenes. Yo pienso que no es justo un orden que considera a los hijos de la República desiguales en derechos y les impone los mismos deberes.
>
> Yo creo que un país está enfermo cuando, resucitando el fantasma del siglo XIX de las famosas "clases peligrosas", se vuelve sordo ante el grito del sufrimiento que emerge, lo queramos o no, de algunos barrios difíciles o sensibles.
>
> Y no puedo aceptar ese sufrimiento.
>
> Y no puedo imaginar que haya que enviar tropas de policía o de gendarmería.
>
> [...]
>
> Yo sé que lograré encontrar soluciones e impedir nuevas explosiones. Porque en lo más profundo de mí, si yo soy presidenta de la República, voy a hacer por cada hijo nacido aquí lo que he querido para mis propios hijos.
>
> Yo quiero un nuevo pacto con todos los jóvenes de Francia."

Encontramos aquí fuertes marcas de subjetividad con una puesta en relieve del yo: el "yo" se ubica como sujeto gramatical de verbos como querer y poder ("yo no puedo" no en el sentido de un imposibilidad, sino de un rechazo: "yo no puedo aceptar", "yo no puedo imaginar"). Acompaña también pensar, creer, saber y lograr en afirmaciones fuertes. En conjunto, el discurso proyecta la imagen de un ser asertivo y voluntario dotado de sólidas convicciones. Semejante presentación de sí parece doblemente necesaria para la estrategia de Royal: en primer lugar, porque es una mujer y, para compensar la imagen del sexo débil, debe afirmar la fuerza de su personalidad; y después, porque necesita ofrecer una imagen capaz de rivalizar con la personalidad voluntarista y autoritaria de su rival, Sarkozy. Ante la ausencia de un modelo preexistente de mujer presidenta, Royal inviste un estereotipo de autoridad masculino que se ajusta a la representación de su opositor. Realiza así una estereotipación deliberada que la proyecta en una imagen presidencial validada. Al mismo tiempo, imprime sus propias huellas al denunciar la manera que tiene Sarkozy de encarnar la Ley paternal bajo su forma más coercitiva. Aunque no mencione nombres, es clara la acusación contra aquel que intentó reprimir los disturbios en los suburbios ejerciendo la violencia armada hacia los "hijos" de los barrios marginales[4]. Al modelo del Padre represivo y violento se opone, entonces, el estereotipo de la madre comprensiva y sensible, aquella que se preocupa por todos los jóvenes, incluidos los nacidos de la inmigración, como si fueran sus propios hijos (el auditorio sabe que Ségolène tiene muchos). Este ethos resalta tanto los propósitos de la candidata como la

---

[4] Se refiere al otoño de 2005 francés. Entre el 27 de octubre y el 7 de noviembre de ese año se sucedieron hechos de violencia en más de 300 barrios periféricos del país (también llamados "barrios sensibles"), a raíz de la muerte de dos jóvenes inmigrantes que escapaban de una persecución policial. Revueltas y represión caracterizaron a este acontecimiento de gran magnitud. En ese momento, Sarkozy era Ministro del Interior. N. de T.

emoción que impregna su discurso, donde el vocabulario y el ritmo contribuyen a producir un efecto pathémico. La representación de la madre que "no puede aceptar el sufrimiento" de los hijos y que está dispuesta a hacer todo para ayudarlos –la figura emblemática, por lo tanto, de la madre que transforma la intensidad de sus sentimientos en fuerza de acción– permite a Ségolène producir un contraste entre su ethos y el de Nicolas Sarkozy, en el seno de una misma imagen de autoridad, de voluntarismo y de energía.

Esa oposición estereotipada se inscribe en la dicotomía entre la política represiva de la derecha y la política altruista de la izquierda fundada en la igualdad de derechos y de deberes, los valores de la hospitalidad y la confianza, la escucha a los desfavorecidos y más particularmente a los jóvenes provenientes de la inmigración. Dicotomía que, según Royal, coincide a su vez con la diferencia entre una ideología caduca heredada del siglo XIX, que ve en las clases trabajadoras (o desfavorecidas) a las clases peligrosas, y una perspectiva política fundada en la empatía y la solidaridad. Frente a los votantes carentes de un modelo francés de presidenta, Royal negocia, de este modo, su ethos femenino integrando en una misma imagen la autoridad y la sensibilidad social, y entrecruzando la representación del Padre atado a la Ley y la de la Madre atada al corazón. La oposición tradicional entre la derecha y la izquierda se vale, por lo tanto, de la dicotomía estereotipada de lo masculino y lo femenino en la modulación particular que le imprime el discurso electoral.

Vemos, entonces, cómo la ausencia de modelo que parecería bloquear la estereotipación es compensada por la adopción de otros estereotipos validados y por su tratamiento particular. Notamos que el ethos es aquí perceptible a partir de elementos lingüísticos como las marcas de enunciación, los trazos de subjetividad (las axiologías, los afectivos), el juego de repeticiones y el ritmo, pero también el contenido global del enunciado: la temática y las afirmaciones de la locutora sobre sí misma. Desde esta perspectiva, es interesante notar que el modelo masculino de la autoridad no es tematizado –se desprende de marcas de enunciación y permanece implícito. El de la madre, inscrito temáticamente, es, por el contrario, reivindicado por la locutora. La candidata a las presidenciales, preocupada por no confrontar, puede enunciarse más directamente como figura maternal que como símbolo de la ley. En cuanto al retrato de la socialista ejemplar, no lo reivindica explícitamente. Sin embargo, puede observarse extrayendo de los enunciados un conjunto de rasgos (preocupación por los barrios desfavorecidos, empatía con los problemas de quienes no son tenidos en cuenta por la sociedad, etc.) que pueden condensarse en la identidad política pública de la candidata. Además de identificarse implícitamente con una imagen de socialista fundada en un paradigma preexistente, Royal contribuye a recordar y a reforzar esa imagen.

En términos generales, el manejo de los estereotipos permite, por lo tanto, ver cómo, en concordancia con las reglas del género electoral, la locutora intenta elaborar una imagen de mujer presidenciable que no se inscribe en el imaginario francés. Si bien confirma el peso de las representaciones sociales, el discurso de campaña revela, al mismo tiempo, el dinamismo de un proceso que moviliza y atraviesa los esquemas colectivos fijos en función de las necesidades de una situación específica. De este modo, muestra los recursos y la eventual complejidad de la estereotipación.

Conflicto de interpretaciones y problemas de comunicación en situación intercultural

Hemos visto cómo la ausencia de un estereotipo de "francesa presidenta" puede ser paliado mediante la adopción de otras representaciones compartidas. ¿Esto quiere decir que la presentación de sí no puede efectuarse de forma eficaz si no es dentro de un marco cultural común donde circulan las mismas representaciones sociales y donde estas son evaluadas con la misma vara? No hay que olvidar que el estereotipo es por definición una construcción de lectura (Amossy, 1991): solo existe a condición de que el alocutario detecte sus constituyentes y los reúna en un esquema familiar. Por lo tanto, toda discordancia entre el proceso de estereotipación y la interpretación puede provocar problemas de comunicación. Conlleva atribuciones de identidad indeseables y hasta puede proporcionar una presentación de sí incongruente.

El fénomeno es habitual cuando la construcción del ethos aparece en textos del pasado que descansan en representaciones sociales valoradas que el lector contemporáneo no comparte. Así, la imagen del patriota plenamente comprometido con servir a su país proyectada por una enfermera de la Primera Guerra Mundial puede ser detectada e interpretada eficientemente; pero en lugar del efecto favorable apuntado, no suscita hoy en día más que una condescendencia un poco irónica. ¿Qué pensar, si no, del ethos construido en el siguiente comentario: "Helos aquí tendidos; duerman, pequeños hijos de Francia, los ángeles blancos velan por su sueño"?[5] La representación de la enfermera como "ángel blanco" dejó de circular hace mucho tiempo y resulta caricaturesca y trillada[6]. En cuanto los valores dejan de ser compartidos y el esquema colectivo fijo deja de formar parte del stock habitual de imágenes

---

[5] En *Notes de guerre et d'ambulance*, de Thérèse Soulacroix (1916: 76).

[6] En francés, "image d'Épinal". Se trata de figuras que se hacían en la localidad de Epinal y que representaban tanto sucesos históricos, batallas e historias de vida como situaciones fantasiosas y acertijos. Algunas aparecían en libros para chicos, otras en revistas, otras sueltas como figuritas coleccionables. Se caracterizan por ser muy coloridas y por expresar ideas muy naifs. En sentido figurado, la expresión se usa para designar una idea muy repetida. N. de T.

que une una comunidad, la representación revela su carácter altamente estereotipado, en el sentido peyorativo del término. La locutora aparece aquí como sumisa, sin distancia alguna con respecto a las ideas comunes [*idées reçues*] de su tiempo; la estereotipación que ella pretendía legitimante se vuelve contra ella. Sin duda, es un efecto inevitable de la naturaleza diferida de la lectura: aquel que se interesa por los escritos del pasado debe conocer el contexto y sumergirse en el imaginario social de la época para percibir el efecto originalmente buscado por la presentación de sí y deducir la intención que pudo presidir esa particular puesta en escena.

Pero la divergencia entre la imagen que intenta proyectar el locutor y aquella que el público interpreta no es necesariamente un efecto de la distancia temporal. También puede nacer de una diferencias de opiniones en el presente. Dado que la presentación de sí se efectúa frente a un auditorio que se nutre de representaciones, normas y valores diferentes, su efecto puede ser profundamente variado. El caso de la guerra de 1914 nos proveerá una vez más un ejemplo de incomprensión, pero esta vez entre ciudadanos del mismo país que viven en la misma época. Todos recordamos la protesta suscitada por el artículo de Romain Rolland intitulado *Más allá de la contienda*, publicado al inicio de la guerra. Cuando el célebre autor de *Juan Cristóbal* se proyectaba como pacifista bien intencionado, sus lectores infirieron de su proclama una imagen antipatriota. Cuando él se presenta como hombre imparcial que, desde Suiza, donde le permiten conservar su libertad de pensamiento, defiende los valores de Occidente, sus adversarios ven en él un desertor que se aleja de sus compatriotas. La figura del humanista es así interpretada en términos de antipatriotismo, la del mediador deviene la del germanófilo principalmente deshonroso en tiempos de conflicto armado. Así, en la atmósfera patriótica de la época, la presentación de sí de Romain Rolland es rechazada tanto por sus enemigos de derecha –es Henri Massis el que lanza el ataque– como por sus amigos de izquierda –*Le Bonnet rouge*[7] abre sus páginas con ataques en los que la violencia no tiene nada que envidiar a los del bando opuesto. Sin duda, los lectores de todas las tendencias reconocen eficazmente la imagen de sí que Rolland construye en su discurso; pero la rechazan y la vuelven contra él.[8]

En otros casos, si el alocutario construye en su discurso un estereotipo que entra en conflicto con aquel que intenta proyectar el locutor, no es debido a una voluntad crítica sino por una incapacidad para efectuar una

---

[7] En castellano, "El gorro rojo". Periódico anarquista francés que se emitió desde 1913 a 1922. N. de T.

[8] Para una presentación más detallada, consultar Amossy, R. (2001). "La France contre Romain Rolland. Des usages de l'argument ad hominen". En Dumasy, L. (Ed.), *Pamphlet, Utopie, Manifeste* (pp. 167-184). París: L'Harmattan.

interpretación apropiada. Este es, por cierto, uno de los mayores obstáculos que debe superar el analista si quiere estudiar un ethos concerniente a una cultura extranjera. Yo misma he renunciado a examinar de cerca los discursos políticos de Jesse Jackson, en particular durante su candidatura como demócrata para las presidenciales de 1984 y 1988 en Estados Unidos. Candidato negro conocido como defensor de los derechos civiles y ministro del culto bautista, Jackson pertenece no solamente a una tradición política particular, sino también a una cultura afro-americana cuyas representaciones colectivas y tradiciones oratorias desconozco. Poco familiarizada con esa cultura, no me sentía autorizada a abordar el tema. Me interesé todavía más al ver, leyendo críticas especializadas, que el ethos del candidato no había producido su efecto en Estados Unidos debido a un malentendido cultural interno. La incapacidad de una parte del auditorio para recuperar la imagen que Jackson proyectaba efectivamente provenía del desconocimiento, en el mismo país, de los modelos culturales de los que se nutría el discurso del pastor negro.

En efecto, su estilo comunicacional descansa en una tradición oral, o al menos en una tentativa de recuperarla, que pone el acento en el ritmo, en el carácter dinámico y en el poder mágico del verbo, en la maleabilidad de los recitados (donde los hechos pueden ser adaptados a la situación de discurso) y en el anclaje en la experiencia vivida. Los análisis de esa retórica afro-americana arraigada en la oralidad dejan ver una figura de orador plenamente comprometido, espontáneo y pasional, tomado por el ritmo de un discurso plagado de escansiones, repeticiones y fórmulas destinadas a transportar al público y a despertarle entusiasmo, como lo hace también el predicador en los sitios de culto negros. De este modo, en el discurso de Chicago, encontramos el siguiente pasaje: "I am, *somebody*/I may be black/But I am, *somebody*/I may be poor/But I am, *somebody*/I may be unemployed/But I am, *somebody*...". Esa figura de predicador y de orador proveniente de una cultura de la oralidad no fue reconocida como tal, y Jesse Jackson fue acusado de ser exageradamente emocional, poco preciso y fabulador. Todos los rasgos característicos de su ethos, los mismos que le conferían sus poderes sobre su auditorio afro-americano inmediato, fueron reinterpretados en función de las normas dominantes y se le volvieron en contra. Y esto no tanto debido a un rechazo del modelo como tal, sino a causa de una incapacidad del auditorio blanco para reconocerlo. Para el público avezado en la retórica presidencial americana y habituado a un ethos normativo, la figura de Jesse Jackson era literalmente ilegible –opaca y sin referente, señal de una desviación o de una ruptura incomprensible.

Los efectos sociales de la estereotipación del ethos: reivindicaciones identitarias y juegos de poder

Más allá de los problemas que ocasiona la estereotipación del ethos en la producción y la interpretación de una imagen de sí, es necesario insistir en sus funciones sociales y políticas. En efecto, la adecuada presentación de sí, que confiere autoridad al locutor, le permite también entablar vínculos estrechos con sus semejantes e integrarse a un grupo de pares –funcionando, por esto mismo, como signo distintivo que lo separa de los otros, los miembros de grupos opositores a los cuales no pertenece y con los que no se identifica. Estos efectos de reagrupamiento estimulan algunas veces la complicidad, otras la reivindicación o el repliegue identitario. La estereotipación que lo preside puede ser tanto involuntaria como deliberada; puede ser evidente como puede permanecer oculta. En todos los casos, tiene efectos sociales y políticos que se traducen a menudo en juegos de poder y problemas de dominación.

Veamos, en primer lugar, los efectos de connivencia y de reagrupamiento. Generalmente es de forma involuntaria como el locutor se adapta en su discurso a un modelo preexistente y se adecua a un "etiquetado" del que no es consciente. De hecho, la estereotipación a menudo se manifiesta en la interacción sin que el locutor tenga la menor intención de exhibir la identidad que ella señala. Son sus formas de decir las que proyectan, a sus espaldas, una imagen de sureño, de joven de los suburbios, de miembro de la gran burguesía, etc. Esas etiquetas le son adjudicadas a través de la interpretación de modalidades de enunciación que él no controla –a veces con efectos de identificación y de connivencia gratificantes, otras veces para su perjuicio y a pesar de sus protestas.

En la primera categoría, Deborah Tannen muestra cómo en Estados Unidos, en una conversación amistosa durante una cena de Acción de Gracias entre seis participantes provenientes de regiones diversas, los comensales proyectan una imagen de sí mismos mediante su forma de generar la interacción, dividiéndose finalmente en dos grupos distintos. Ella describe la diferencia en términos de estilo comunicacional –unos se muestran más involucrados (*high involvement*), otros se distinguen por una dosis más alta de consideración hacia los demás (*high considerateness*). El primer grupo, aquel que se involucra fuertemente y casi no mantiene distancia, prefiere temas personales, realiza cambios abruptos de tema, introduciendo sin dudar los temas nuevos y retomando algunos sin discreción. Así como los turnos de habla son muy rápidos, las pausas largas son evitadas y los solapamientos cooperativos, tolerados. A esto corresponde un uso marcado de la voz y de las tonalidades, una fonología expresiva de la que Tannen, como buena analista de la conversación, estudia el detalle. Este estilo ha demostrado ser el de los tres comensales de origen neoyorkino, entre quienes la comunicación se establece más fácilmente que con los otros porque tienen sus formas singulares de comunicar y sus criterios acerca de lo que es o no apropiado en una conversación alrededor de una mesa. A través de un comportamiento verbal detectado por los otros como típico de los neoyorquinos, las personas originarias de esa ciudad se reconocen espontáneamente sin por ello tomar consciencia del modelo que reproducen. En el intercambio verbal, entablaron entre sí un lazo privilegiado. Así, eso que los analistas de la conversación llaman "estilo" conversacional proyecta un ethos y determina la capacidad de los locutores para interactuar reconociendo espontáneamente ya sea sus afinidades, ya sea la diferencia identitaria que los separa.

Un segundo ejemplo de la forma en que la estereotipación espontánea habilita una categorización de los locutores aparece en las tan discutidas comunidades virtuales que se crean en Internet. En los foros en línea, los internautas escriben con un seudónimo y, por lo tanto, solo pueden ser clasificados a partir de sus intervenciones escritas. No obstante, las categorías sociales y las sensibilidades políticas surgen claramente. Es el proceso de estereotipación el que permite atribuir una identidad al locutor enmascarado y relacionarlo con un grupo social o con una sensibilidad política. Para probarlo bastarán algunos ejemplos tomados de foros de discusión del diario *Libé*. En un post enviado por lemandrin el 22 de marzo de 2009, a continuación del artículo "Protesta de la derecha contra los bonos"[9], se lee: "¡Ah!... Comienzan a temblar ante el descontento popular... Hummm... Qué bueno![10]". El perfil del internauta aparece aquí como el de una persona de izquierda perteneciente a un ambiente educado, tal como señalan la corrección de la escritura y el empleo de la expresión "descontento popular". La estereotipación del ethos se efectúa por la inscripción de rasgos sociales y políticos en los contenidos del mensaje así como por la expresión formal y el nivel de lenguaje. El internauta proyecta un ethos no solamente de ciudadano comprometido sino también de opositor indignado por los excesos del capitalismo. El perfil de anticapitalista de izquierda es aquí complementado por un toque de francesidad. Esta se configura en el conocido imaginario de los pequeños contra los grandes y, más aún, en la alusión oblicua a la Revolución francesa que proviene del deleite experimentado al ver a los poderosos temblando ante la cólera creciente del pueblo. Esa actitud que denuncia el francés reaparece en numerosos posts. Así, a continuación del artículo "Es momento de que

---

[9] Fronde à droite contre les primes. N. de T.

[10] En francés, "C'est ci bon!". Esta expresión es también el nombre de una clásica canción francesa muy popular. N. de T.

Sociedad General rime con interés general"[11], el 22 de marzo de 2009, se lee: "Y como los árboles no llegan hasta el cielo (*sic* refrán financiero), pues bien, llega un momento en que hay que hacer pagar la cuenta de este capitalismo desatado… a la gente del pueblo. Pero un día… Ah todo irá mejor… irá mejor… irá mejor![12]".

Los posts que se enfrentan o se responden en *Libé* movilizan, de este modo, un debate ciudadano en que los participantes del foro de discusión pueden no solo discutir sino también reunirse a través de un perfil común de hombre de izquierda nutrido de un imaginario revolucionario, opuesto a los abusos de las altas finanzas y que pregona su indignación ante la injusta distribución de la riqueza. El reconocimiento mutuo puede hacerse más allá de las diferencias de clase y de estatus, como lo muestra el post de Pomalo. Comentando la distribución de las stock-options entre los dirigentes del Société Générale, banco que acaba de recibir un apoyo del Estado, ese internauta escribe: "Ustedes quieren saber lo que pienso es que la avidez es un horrible mal de esta sociedad y aquí estos inutiles no son capaces de regulacion no hay más que dejarles reventar con sus maquinas de dinero y si deben suicidarse mejor porque los parasitos casi no los necesitamos" (*Libé*, 21/02/09). El estilo del mensaje, las numerosas faltas de ortografía y el carácter somero de la argumentación trazan un perfil de hombre proveniente de una clase social que no fue beneficiada con una buena educación, perteneciente aparentemente a un estrato desfavorecido de la población. La estereotipación involuntaria se realiza aquí en términos de pertenencia a un sector socioeconómico. Este perfil, si bien contrasta con el de los internautas cuyos posts articulados y bien escritos atestiguan un estatus superior, construye en el contenido de su mensaje una identidad de antiliberal y de censurador moral de los excesos de las altas finanzas que lo asocia a la imagen de los participantes más letrados. El efecto de la pertenencia a un ambiente social más o menos elevado e instruido no es necesariamente excluyente, aunque pueda influenciar el curso de la interacción.

Al mismo tiempo que refuerza un grupo social que se reconoce en las mismas representaciones, la estereotipación sirve también para marcar la diferencia entre el yo y el otro. En el foro de *Libé*, un locutor que defiende el escudo fiscal se ubica *ipso facto*, a los ojos de los otros internautas, en la categoría de los defensores del liberalismo y de los simpatizantes de la derecha en el poder. Descubierto, el hombre de derecha es atacado y eventualmente

---

[11] En francés, *Il est temps que Société générale rime avec intérêt général*. El titular juega con el doble sentido de "sociedad general" que es, a su vez, nombre de uno de los principales bancos de Francia: Societé Générale. N. de T.

[12] En francés, "Ça Ira!". Se trata de una canción emblemática de la Revolución francesa cuya letra repite varias veces el verso "Ah! ça ira, ça ira, ça ira". N. de T.

desplazado de la comunidad virtual. Así, rock-moule (en el foro que sigue al artículo "Protesta de la derecha contra los bonos") el 23 de marzo de 2009 sufre los ataques de Marcuz, que escribe: "Bien, vení, decinos cuál es tu plan … ¿quién sos? porque para defender el escudo fiscal hoy en día realmente hay que ser amigo de los medios de desinformación del Eliseo o ser un idiota". A esto el hombre de derecha responde con cortesía redefiniendo positivamente la categoría en la cual se ubica: "No tengo ningún plan, simplemente expongo mi punto de vista liberal. Liberal comienza como liberación, ¿no?". En la medida en que su imagen es vinculada con una categoría a la cual el locutor no considera pertenecer –la de los militantes de derecha y los propagandistas del régimen establecido–, la corrige: se reconoce liberal, pero se ocupa de redefinir el término y revalorizarlo.

El liberal en el campo de la izquierda: ¿imagen inicialmente espontánea que surge de una toma de posición personal o, por el contrario, proyección deliberada de un ethos provocador para reactualizar el debate sobre la economía? La frontera es, a menudo, difícil de trazar. Lo esencial aquí es subrayar que la estereotipación hace de la presentación de sí una herramienta particularmente eficaz de construcción identitaria en la que se consolidan las diferencias entre el endogrupo y el exogrupo. Los neoyorkinos se reconocen espontáneamente entre ellos y forman un equipo en el transcurso de una conversación amistosa, sin saberlo. No se dan cuenta de la distancia que crean entre ellos y los otros comensales, quienes son perfectamente conscientes de esto. Los opositores de izquierda al gran capitalismo y a las altas finanzas se reúnen en una misma línea de críticas posteando mensajes en Internet. Forman una comunidad virtual que entra en conflicto con los que mantienen un discurso demasiado diferente de los suyos y que defienden otra causa. El ataque contra el otro aparece como corolario del proceso de reagrupamiento. Vemos entonces cómo la exhibición más o menos programada de una identidad funciona como señal de adhesión para todos los que se identifican con una misma representación familiar y, para ellos, gratificante. El fenómeno puede eventualmente revertir las aspectos comunitarios, incluso sectarios, cuando el locutor manifiesta una identidad que lo lleva a separarse del grupo hacia el cual manifiesta su pertenencia. Contrariamente al caso de la conversación alrededor de una mesa o los foros de discusión en la web donde la comunicación continúa aunque sea dificultosa o polémica, la búsqueda de una estrecha connivencia puede acarrear una consideración negativa con respecto a todos los que no forman parte del grupo.

Tal es el caso de la presentación de sí realizada hoy en día por los jóvenes de los suburbios en aquello que se denomina "el habla joven de los suburbios". El uso de esta lengua no es, como ya lo ha mostrado Labov en un célebre estudio sobre el argot de los barrios de Harlem y el Bronx, un uso degradado de la lengua: es, por el contrario, como bien lo señala Jean-François Dortier, "un código interno a un sector destinado a marcar provisoriamente su diferencia"[13]. Aquí, unos ejemplos ofrecidos por el artículo: "Mi jermu, cuando le digo que salgo con los pibes, se pone como loca [*bad-trippe*] sarpado". Traducción: "Mi novia, cuando le digo que salgo con mis amigos, se inquieta mucho". El superlativo "sarpado"[14] puede significar mucho, muy ("Puta madre, me hacés doler la cabeza sarpado!"), pero también puede usarse para señalar a una persona extraña o rara, en lugar de "aparato" [*zarbi*][15] ("Es un zarpado!"). El comentador agrega que la expresión "bad-trippe" significa "alterarse", es decir preocuparse. La sociolingüística urbana ha puesto en evidencia las funciones de ese lenguaje que actúa, en particular, como un código secreto que permite a los miembros del grupo entenderse sin que los demás puedan comprenderlos. Pero lo esencial desde el punto de vista de la presentación de sí es que el lenguaje es un "marcador identitario" que es también una "marca de distinción": "el habla de las ciudades expone entonces un '*we code*', según la fórmula del lingüista John J. Gumperz: tiene por función explícita distinguirse del '*they code*' (el habla legítima)". En resumen, el empleo de una lengua determinada, que debe renovarse sin cesar dada su banalización y su difusión en la práctica corriente del francés, permite construir un ethos de joven y habitante de los suburbios que constituye una fuerte reivindicación identitaria. El grupo se constituye oponiéndose. Eso que es interpretado por los miembros de los sectores acomodados como una degradación y una señal de pobreza cultural funciona como signo de distinción. Algunos analistas insisten también en el hecho de que se trata, en efecto, de una situación de disglosia: los jóvenes que utilizan ese lenguaje lo harían solamente entre ellos y sabrían perfectamente abandonarlo en situaciones en que se encuentran en presencia de miembros de otros grupos: profesores, padres y adultos en general. Esta observación sería confirmada por el hecho de que los adolescentes abandonan ese habla cuando, llegado el momento, alcanzan el mundo de los adultos. Otros, por el contrario, temen un fenómeno de "guetización" que acentuaría la fractura social. En cualquier caso, una determinada forma de expresarse sirve como presentación de sí adecuada y adapta la imagen del locutor a aquella del "joven de

---

[13] Dortier, J.-F. (2005). Recuperado de http://www.scienceshumaines.com/--tu-flippes-ta-race,-batard----sur-le-langage-des-cites_fr_4808.html

[14] En castellano coloquial, "sarparse" es un término de lunfardo, producto de la alteración del orden silábico del verbo "pasarse": "sarparse" es "pasarse" al revés. Se trata de un verbo reflexivo que significa excederse, pero también desubicarse, estar fuera de lugar. (Se diferencia de "zarpar" que refiere al movimiento de una embarcación cuando se va de donde estaba anclada). N. de T.

[15] En francés, "zarbi" corresponde a una variedad de argot que consiste en alterar el orden de las sílabas de las palabras: "zarbi" es "bizarre" al revés. N. de T.

los suburbios", o directamente joven. La estereotipación, entonces, tiene por objetivo y por efecto permitir a los miembros del mismo grupo reconocerse entre sí y formar, para bien y para mal, una comunidad que se diferencia y se aleja de los grupos exteriores.

No debe sorprendernos que, en nuestra modernidad, cuando un mismo modelo es retomado y repetido hasta devenir un esquema colectivo fijo, un comportamiento verbal, por lo demás ligado a formas de hacer, dé lugar a una connivencia y a una reclusión en una comunidad. El hecho de que habilite una distinción, interpretada a veces como un desprestigio social y a veces, por el contrario, como una señal de superioridad, es un fenómeno que también se encuentra en siglos anteriores. Tomo aquí como ejemplo el bello estudio de Alain Viala sobre la galantería, manifestada en Francia en el siglo XVII y definida como un superlativo del hombre honesto. Refiriéndose a las *Conversaciones* de Scudéry, Viala nota que "la figura ejemplar e ideal del hombre honesto se caracteriza por las cualidades del honor, la lealtad, pero también la distinción, la discreción y la cultura" (1999:179); esta contiene, además, un no-sé-qué que la vuelve amable. Su discurso es el de la improvisación; es la conversación fluida de aquel que "no se ofende por nada", no defiende posiciones, no habla de sí mismo y se adapta a su ambiente como un camaleón. Esta forma particular de elocuencia no atañe a la argumentación clásica y a veces incluso puede parecerse al silencio. Sin embargo, aquel que habla de esta forma argumenta a su manera. En efecto, el arte del buen decir supone manifestar la "capacidad de pensar más y mejor", señalando así a los que "poseen la verdad y lo justo y a los que quedan afuera" (*ibid.*:186). Exhibiendo aspectos, estilos y formas de pensar, el locutor construye en su discurso un ethos que manifiesta la pertenencia (o el deseo de pertenencia) al grupo galán. Si la estereotipación revela aquí sus juegos de poder, es porque sirve para circunscribir a una élite. "Por un lado", resume Viala,

> "hay que adquirir un habitus, formas de pensar y de hablar, y una manera de ser –un ethos– que ameriten que el grupo lo reconozca y lo integre. A cambio, el grupo entero se une en el ejercicio de la discriminación, de la exclusión de los otros, de la instauración de valores que aseguren una dominación sobre los demás." (*ibid.*:187)

El autor muestra que la preeminencia del modelo cultural está ligada a propósitos sociopolíticos y, en particular, de política interior en la medida en que la galantería, bajo Luis XIV, es cosa de los nuevos ricos que luchan por la supremacía contra las viejas fuerzas aristocráticas y que se benefician del apoyo del Rey.

Cabe insistir en la importancia de los juegos de poder que esconde la activación de un ethos que se modela sobre una representación social prefabricada y dotada de un valor social. Amoldar el_ethos a un estereotipo extendido no es solamente habilitar interacciones profesionales y sociales, apropiarse de prácticas, consolidar una identidad comunitaria y diferenciarse de otros grupos. Sin duda es todo eso. Pero no hay que olvidar que también es afirmar una distinción que clasifica al locutor y le permite participar en el círculo de aquellos que dictan las reglas, el buen gusto, las maneras válidas de decir y de pensar, estableciendo así una superioridad que los ubica en una posición dominante. Desde esta perspectiva, la cuestión de la estereotipación del ethos es indisociable de las estructuras sociales que producen y consolidan imágenes diversamente valoradas. No es el efecto de una libre elección individual: ligada a cuestiones de posición social, es el resultado complejo de fuerzas que están en juego en una sociedad dada. Más que las fronteras comunitarias, fortalece los efectos de dominación y participa de las luchas de poder que se traducen en la oposición y la rivalidad de modelos activados por unos y por otros.

Desde esta perspectiva, es necesario ahora ocuparse de un aspecto del ethos hasta el momento insuficientemente explorado: su relación con el estatus social y la dimensión institucional que da al locutor autoridad y capacidad para actuar sobre su auditorio.

Tercer Capítulo

Discurso y poder
La reelaboración del ethos previo

El estudio de la estereotipación ha indicado claramente que la presentación de sí descansa en representaciones compartidas. Ahora es necesario explorar más detenidamente la forma global en que los datos previos inciden en ella. En otras palabras, es pertinente interrogarse acerca del poder que su estatus, su reputación o su afiliación confieren al locutor en el momento en que toma la palabra. Nadie ignora que los dichos de un intelectual renombrado o de un experto reconocido tienen más peso que los de un simple *fulano*. Si un periodista es conocido y apreciado por sus capacidades de análisis crítico, las asociaciones ligadas a su nombre aumentarán la fuerza persuasiva de su artículo. El juez, el presidente de partido, el jefe de Estado toman su autoridad de su estatus y de la designación oficial de la cual se benefician. A la inversa, un locutor proveniente de un grupo dominado o de una profesión poco prestigiosa tendrá dificultades para hacerse entender en una sociedad en que ocupa una posición baja. Cabe señalar que incluso un locutor que cuenta con un estatus oficial, si es desacreditado por una razón o por otra, no podrá ejercer la palabra sin que en el intercambio intervenga la imagen negativa que su auditorio se hace de él. Pensemos en Jean-Marie Le Pen en Francia, pero también en la forma en que cierto público violentamente opuesto a Bush en Estados Unidos, a Sarkozy en Francia, a Netanyahou en Israel, recibe sus discursos. Ocurre lo mismo en la esfera privada: en una asamblea general de copropietarios, no se otorga el mismo peso a los argumentos de un individuo conocido por su propensión a quejarse que a los de un hombre que ya ha sugerido soluciones eficaces. En otras palabras, la imagen previa que el auditorio se hace del orador en función de su estatus, de su reputación o de sus dichos anteriores puede tener una influencia decisiva en la eficacia de su presentación de sí.

Aquí, entonces, nos dedicaremos a la cuestión del ethos, examinándolo en sus diferentes facetas. Primero, trataremos de definirlo y de ver bajo qué aspectos se presenta. También habrá que preguntarse cómo es posible observar en el discurso un elemento que supuestamente preexiste a la palabra nueva. Más allá de estas consideraciones analíticas, se presentan dos preguntas de fondo que necesitan respuestas claras. ¿Los datos previos del orador –el estatus del que goza, su afiliación profesional o institucional, su propia reputación– son la fuente esencial de su autoridad? Esto es lo que sostiene Bourdieu, quien niega el poder del verbo y rechaza la pertinencia de los enfoques que creen en la fuerza intrínseca de la palabra. La argumentación en el discurso, como la retórica aristotélica, adopta una posición muy diferente. Sin duda, incorpora la noción de 'campo' como juego de fuerzas en el cual la palabra actúa y reconoce plenamente la importancia del marco socio-institucional. No obstante, se dedica a mostrar el peso conferido a la presentación de sí en todo intercambio verbal. Más aún –y este punto es fundamental– insiste en la *reelaboración del ethos previo* y en las posibilidades que ofrece al locutor. Construir una imagen de sí es siempre involucrarse en un diálogo con aquello que los otros dijeron de nosotros y la idea que ellos se hacen de nuestra persona. Por lo tanto, es también reaccionar a los aspectos negativos del ethos previo: el locutor intenta transformar representaciones que no son adecuadas para los fines perseguidos o que no responden a sus necesidades identitarias. Esta capacidad de reelaborar una imagen previa es esencial. Sin ella, estaríamos privados de toda posibilidad de interactuar de forma eficaz, condenados a la inmovilidad y obligados a dar una respuesta exclusivamente negativa a la espinosa pregunta de Spivak: ¿puede hablar el subalterno?[1]

¿Qué es un ethos previo?

¿En qué consiste, entonces, el ethos previo? En realidad, proviene de diversas fuentes. Inicialmente, reviste la forma de estereotipos profesionales o sociales de los cuales ya nos hemos ocupado: desde esta perspectiva, las preguntas sobre las representaciones sociales y sobre el ethos previo se interrelacionan. Pero también consiste en la imagen de una figura pública o de una personalidad célebre que da que hablar en los medios y en las conversaciones. Es, entonces, la reputación personal del sujeto hablante (la de Berlusconi, por ejemplo, o la de Martine Aubry o la de Juliette Binoche) la que orienta *a priori* la forma en que él será percibido. También puede tratarse de alguien cuyos textos hemos leído o cuyos discursos hemos escuchado: un

---

[1] La pregunta sobre el ethos en el ensayo de G.-C. Spivak, "Can the subaltern speak" es comentada en Davis y Gross (1994).

publicista, un escritor, un erudito o un conferencista. O incluso un locutor que no tiene imagen pública, pero con quien he tenido contactos previos y del cual me hago una cierta idea antes de interactuar nuevamente con él –mi vecino, el almacenero de la esquina, un estudiante que participa en mi clase. En los dos últimos casos, lo que regula la escucha y la interpretación es el conocimiento de textos anteriores o la historia conversacional. *Last but not least*[2], hay que reconocer el peso considerable del estatus social. La posición del locutor es determinante en la idea que el auditorio puede hacerse de él y en el grado de autoridad que está dispuesto a reconocerle.

El ethos previo, como conjunto de datos que poseemos sobre el locutor en el momento de su presentación de sí, se compone, entonces, de múltiples aspectos. Comprende la representación social que categoriza al locutor, su reputación individual, la imagen de su persona derivada de una historia conversacional o textual, su estatus institucional y social.

A grandes rasgos, regresamos aquí a la distinción establecida por la retórica clásica entre la reputación de un hombre (su posición social, el apellido y el prestigio de su familia, la reputación que pudo alcanzar personalmente en el transcurso de los años) y el ethos que construye en su discurso. Aristóteles, como sabemos, privilegiaba la segunda opción, poniendo así el acento en las capacidades del discurso para ganar convicción al margen de los títulos de los que podía presumir el orador y de la opinión que había dado de sí a raíz de su conducta. Se diferenciaba por eso de algunos de sus predecesores, como Isócrates, para quien el ejemplo de la vida pasada daba más credibilidad que el discurso más bello. Para los romanos, que se inscribían más bien en la línea de Isócrates, la autoridad moral se une al peso decisivo de la posición social para dar a la palabra su fuerza de persuasión. George Kennedy (1963:42) observa al respecto que la preponderancia concedida por los romanos a la persona del orador pone el acento en la autoridad en detrimento de la fuerza intrínseca de la palabra: una tesis debe ser creída porque un hombre respetado la sostiene. En Grecia, el hecho de ser una personalidad reconocida, como Pericles o Demóstenes, no alcanzaba para erigir un razonamiento en verdad; en Roma, el "equipaje" personal del orador –sus ancestros, su familia, su servicio al Estado, sus virtudes romanas– constituyen todos elementos susceptibles de asegurarle su credibilidad (*ibid.*:100). En síntesis, la reputación que se adjudica a la persona es más importante que el carácter que se desprende de la palabra viva. Un artículo de Enos y Schakenberg (1994) sobre la forma en que Cicerón "latiniza" el ethos helénico insiste en la ampliación que sufre la noción más allá de la situación retórica: en efecto, la autoridad

---

[2] En inglés en el original. N. de T.

adjudicada a la persona del orador está ligada, en Cicerón, al *honor* personal y a la *gloria* pública de un reconocimiento común.

Vemos, pues, que en el transcurso de los siglos la retórica antigua conceptualizó dos tipos de ethos, a los cuales corresponden hoy en día las nociones contemporáneas de ethos previo o prediscursivo y ethos discursivo. Yo utilizaría más bien el término "previo", que he propuesto en *Images de soi dans le discours* (1999). De hecho, el término prediscursivo corre el riesgo de inducir a error: se podría deducir de él que la imagen elaborada en los discursos escritos y orales anteriores a la presentación de sí es extralingüística, lo que no es el caso: ella se forma *en* los discursos que circulan en la comunidad. Más allá de estas consideraciones terminológicas, lo esencial aquí es no disociar las dos entidades. Y esto, porque la construcción de una imagen discursiva rara vez se hace *ex nihilo*. Ella aparece como la reorganización de datos preexistentes, en función de la situación y de los objetivos perseguidos por el discurso. Por lo tanto, no se trata de preguntarse si la reputación previa prevalece o no sobre la presentación de sí que se realiza en la interacción, sino de cómo una se articula sobre la otra. En efecto, hay que tener en cuenta el hecho de que la imagen discursiva nueva necesariamente se relaciona con las representaciones preexistentes que ya circulan en el espacio social. Su autonomía no es más que parcial, como lo es, por cierto, la de todo discurso. En resumen, la imagen de sí se construye necesariamente en su relación constitutiva con el discurso social o interdiscurso.

Desde esta perspectiva dialógica, el ethos discursivo es siempre una reacción al ethos previo –mi auto-presentación se basa siempre en la idea que mi interlocutor ya se hace de mi persona. El locutor se relaciona con la imagen que podemos hacernos de él de forma a veces explícita, a veces tácita. Puede o bien retomarla y reactivarla lisa y llanamente, o bien adaptarla, o incluso tratar de modificarla profundamente. La imagen previa es de buen grado retomada tal como está cuando es globalmente positiva. Si ella le asegura su credibilidad y le confiere la legitimidad y la competencia necesarias a los ojos del auditorio, el locutor la movilizará y la activará con mucho gusto. Si, por el contrario, la imagen que nos hacemos de su persona es negativa o inapropiada para el objetivo buscado, él trabajará para rectificarla, modificarla, corregirla en el sentido deseado. En todos los casos, el ethos discursivo se construye en relación a una o varias representaciones que ya circulan en el discurso del ambiente. En la dinámica de la construcción identitaria, la reelaboración de imágenes preexistentes complementa, por lo tanto, el proceso de estereotipación.

¿El ethos previo deja en el discurso huellas tangibles?

Pero ante una presentación de sí concreta, ¿cómo saber a qué imagen previa de su persona se refiere el locutor? La respuesta a esta pregunta puede parecer una cuestión de sentido común para el receptor que escucha un discurso del Presidente actual o el que lee el reportaje de un periodista famoso. La reputación de quien toma la palabra forma parte de su saber enciclopédico porque está inmerso en la cultura donde ella se elabora y se difunde. Creo saber lo que piensan diferentes sectores de la población francesa acerca de Sarkozy o de Chirac, y conocer las imágenes de su persona que intentan explotar o neutralizar. ¿Pero cómo tener una idea precisa de la imagen que los parlamentarios franceses se hacían de Alfred Naquet cuando él presentó la ley que restableció el divorcio en Francia en 1884? Viviendo en Israel, estoy al tanto de la opinión pública y de lo que se dice en 2010 sobre el actual Ministro de Defensa Ehud Barak o el Primer Ministro Benjamin Netanyahou. ¿Esto vale también para el lector francés o quebequense? ¿Y qué conozco yo del ethos previo, en sus respectivos países, de los presidentes Chavez o Lula? Incluso si me interesa su presentación de sí, ¿cómo puedo saber no solo en qué concuerda con la idea que sus conciudadanos se hacen de su persona sino también a qué normas y a qué modelos culturales se enfrenta su performance? Los problemas resurgen con una particular agudeza en cuanto nos enfrentamos a un pasado lejano o a una cultura diferente. Un auditorio desprevenido puede fácilmente malinterpretar la forma en que el ethos previo interviene en una presentación de sí. El analista de textos del pasado o de una cultura extranjera debe recurrir a investigaciones enciclopédicas para reconstruir una reputación que no le es familiar.

Cabe señalar, no obstante, que aun cuando la imagen pública del orador es conocida genera un problema delicado para quien pretende apoyar su demostración en evidencias. Para mostrar la reelaboración de un ethos previo, precisamente hace falta encontrar en ella marcas tangibles. Ahora bien, ¿cómo se puede afirmar con certeza la existencia de un componente que existiría con antelación a y, en cierto modo, al margen del discurso? ¿Dónde encontrar la imagen del locutor que precede a la puesta en palabras y cómo asegurarse de su veracidad y de su pertinencia para la presentación de sí? Los lingüistas, para quienes la construcción verbal de una imagen de sí no puede hacerse al margen de huellas lingüísticas, comprenden bien que no se puede aislar el ethos del locutor de aquello que se dice y se sabe, o se cree saber, sobre él. Sin embargo, se topan con la dificultad de determinar las modalidades según las cuales se puede abordar una representación que no se ofrece en el discurso bajo una forma inmediatamente aprehensible. D. Maingueneau señala al respecto:

"Se puede, así, poner en duda lo bien fundada de esta distinción entre "pre-discursivo" y "discursivo", argumentando que cada discurso se desarrolla en el tiempo (un hombre que ha hablado al comienzo de una reunión y que retoma la palabra ha adquirido ya una cierta reputación que la continuación de su propósito puede confirmar o no). De todas maneras, parece más razonable pensar que la distinción prediscursivo / discursivo debe tomar en cuenta la diversidad de los géneros del discurso, y que ella no es pertinente, entonces, en términos absolutos." (Maingueneau, 2002: 4)

Se percibe la reticencia del lingüista con respecto a la noción y su tentativa de disolverla algunas veces en la historia conversacional (aquí movilizada no para permitir desprender una imagen anterior sino para señalar su carácter superfluo), otras veces en la diversidad de géneros o de roles genéricos. Enfrentado a la misma dificultad, Jean-Michel Adam intenta proponer, en su *Linguistique textuelle* (1999), una solución basada en la teoría polifónica de Ducrot. Más allá del ethos vinculado al Locutor L (el sujeto de la enunciación), y de *lambda*, el sujeto del enunciado, se sitúa el sujeto empírico "extradiscursivo":

"aquel del "sujeto en el mundo", de la persona provista de un documento de identidad y un estado civil, que posee o no una o varias casas, autos, mascotas, casada o soltera, etc. Esta entidad no lingüística es un elemento del contexto, puede estar dotada de un ethos previo ligado a su función, a lo que B pudo aprender de ella adicionalmente, por otros medios de comunicación." (Adam, 1999:113)

El ethos previo sería, por lo tanto, la imagen contextual del ser real. Esta no se confunde con la realidad de la persona sino que consiste en la esquematización de una realidad preexistente. En cuanto tal, adquiere gran importancia para el discurso. Permite, en efecto, una confrontación de imágenes, la que se conoce del orador y la que él construye en el discurso:

"A partir de la confrontación de una eventual representación psico-social con el ethos discursivamente esquematizado de forma explícita (b1) o insinuado (b2), surge una figura que es la de un sujeto siempre imaginario para aquel que interpreta una esquematización." (Adam, 1999:115)

Aparece entonces la necesidad de una puesta en relación entre la imagen preexistente de la persona real del locutor, vinculada al contexto extralingüístico y designada con la expresión "representación psico-social", y el ethos construido discursivamente por el locutor. El estatus de esa "representación" que remite a un imaginario social permanece, sin embargo, relativamente difuso, y su confrontación con la imagen verbal parece situarse en el plano de la recepción más que del discurso en sí mismo.

Esta tendencia a destinar la cuestión del ethos previo al punto de vista del receptor es más marcada aún en Patrick Charaudeau, para quien la imagen previa es fundamental debido a la centralidad del alocutario:

> "El ethos, en tanto imagen que se centra en quien habla, no es propiedad exclusiva suya; nunca es más que la imagen en la cual lo ubica el interlocutor a partir de lo que dice. El ethos es cuestión de intercambio de miradas: mirada del otro sobre aquel que habla, mirada del que habla sobre la forma en que piensa que el otro lo ve. Ahora bien, este otro, para construir la imagen del sujeto hablante, se apoya a la vez en los datos preexistentes al discurso –aquello que sabe *a priori* del locutor– y en aquellos aportados por el acto de lenguaje en sí mismo." (Charaudeau, 2005:88)

Pero, una vez más, ¿cómo indicar con certeza lo que el alocutario sabe de quien habla, cómo encontrar los datos preexistentes sobre los que se apoya?

En este caso, no se trata de ocasionar una pregunta sibilina reservada a los especialistas del lenguaje exclusivamente preocupados por lo que ocurre en el seno del discurso. El problema es importante para cualquiera a quien le interese la presentación de sí e intente comprender su funcionamiento. Si es verdad que la construcción verbal de una imagen de sí se efectúa y se interpreta sobre la base de un ethos previo, es necesario, so pena de caer en lo arbitrario, poder entender ese ethos con un mínimo de certeza. Pero si la representación preexistente del locutor que influye en la manera en que es construido y reconstruido su ethos discursivo no se deja captar en marcas tangibles, ¿significa que para encontrarla hay que recurrir a métodos empíricos? Habría que pensar, entonces, en una conversación con el sujeto hablante, o con el equipo que programó su presentación de sí –asumiendo que haya sido programada, lo que es el caso de los discursos públicos cuidadosamente elaborados, pero está lejos de ser la regla general. También habría que saber por medio de estudios de campo cuál es la opinión pública dominante concerniente a una u otra personalidad, o más generalmente qué imagen el auditorio se hace de un locutor en el momento en que él toma la palabra. Estas investigaciones de campo parecen desbordar por todos lados los límites del análisis del discurso y exigir competencias extralingüísticas importantes. Movilizan efectivamente sondeos de opinión, encuestas de marketing y están en el centro de los trabajos de psicólogos sobre la formación de impresiones.

Los componentes sociodiscursivos del ethos previo

Ahora bien, el análisis del ethos discursivo en su relación constitutiva con la imagen previa del locutor no debe apelar necesariamente a métodos empíricos. De hecho, se puede considerar el ethos previo movilizado en la presentación de sí a partir de dos tipos de elementos sociodiscursivos: aquellos que están inscritos en la materialidad del discurso, y aquellos que reenvían a la situación del intercambio o a los discursos circundantes de los cuales se nutre el nuevo enunciado. Entonces, por un lado, aquello que es perceptible en el decir y lo dicho, y que puede ser relevado a partir de elementos lingüísticos tangibles; por otro lado, la situación de discurso y el interdiscurso que requieren conocimientos enciclopédicos y no dejan necesariamente huellas inmediatamente perceptibles en el texto aunque son parte integrante de él. En la primera categoría figuran el nombre del locutor y lo que él dice o recupera explícitamente sobre su pasado. En la segunda, figura la imagen de su persona tal como es construida en sus intervenciones anteriores –una historia conversacional o discursiva se puede encontrar en una memoria común o en textos; lo que se dice y se escribe acerca de él (el interdiscurso); las representaciones colectivas que se vinculan a su persona; y, por último, su estatus social e institucional, con lo que esto implica de legitimidad y de autoridad. Estos diferentes datos son sociodiscursivos más que puramente lingüísticos. Entiendo por esto que se apoyan no solo en la trama lingüística sino también en factores institucionales, en una *doxa* compartida, en discursos que circulan en el espacio social.

Algunos ejemplos para materializar rápidamente estas reflexiones. Y para empezar, el nombre del locutor, lo más fácil de señalar dado que se trata de una huella tangible: se inscribe en el texto en forma de firma o se adjudica al locutor en el discurso oral. Sin entrar en las discusiones que se siguen en lingüística acerca del nombre propio en oposición al nombre común, señalaremos que en un discurso en el que designa un referente determinado, el nombre propio recibe un sentido. Evocando a Sócrates, Marc Wilmet da cuenta de la "inestabilidad" de ese sentido discursivo – Sócrates es a veces filósofo (griego), a veces formador o maestro de Platón– y subraya su distribución desigual (para algunos, Sócrates designa un filósofo, para otros un corruptor de la juventud) (Wilmet, 2003). Es decir, un nombre propio hace emerger de la memoria colectiva una imagen que puede ser múltiple e incluso ofrecer facetas contradictorias que serán actualizadas de diversas formas en función de las circunstancias y de los alocutarios (Charaudeau, 1991:25).

Tomemos, por ejemplo, un artículo sobre la primera guerra del Golfo extraído del semanario *National Hebdo* (número 340, 24-30, enero 1991). He aquí un fragmento:

> "Pretender, como los israelitas han pretendido, que ellos no participan, es burlarse del mundo. Su pseudo-discreción, su "perfil bajo" no son más que apariencia y tácticas. En realidad, Israel quiso esta guerra con la esperanza de que le llevaría a la destrucción del Irak de Saddam Hussein."

Sin duda, en el pasaje se construye un ethos discursivo: el periodista se muestra como un espíritu crítico capaz desmitificar las apariencias, como alguien que no se deja engañar y como un acusador implacable del Estado de Israel cuya agenda oculta él revela. Pero hay que tener en cuenta que esta imagen de sí responde a dos nombres: el del firmante, François Brigneau, y el de *National Hebdo*, el semanario que lo publica. Se trata de una conocida publicación del Frente Nacional, con una marcada evolución en sus subtítulos: primero "el diario oficial de Jean-Marie le Pen", devino a comienzos de 1987 "el diario oficial del Frente Nacional" y, en 1989-1990, "un diario para la derecha", mención que desaparece en el nuevo formato lanzado en el número de 15-21 de noviembre de 1990. Casi todos los colaboradores de la revista son miembros oficiales del FN y los boletines del Frente recomiendan por entonces *National Hebdo*, que es vendido en los mercados por los militantes. Según Camus y Monzat, la orientación "nacional popular" del semanario le permite "reagrupar un ala dura del FN" al tiempo que asume el legado de la colaboración e intenta reunir a las clases populares (1992:472). François Brigneau, que en aquella época escribe también en la publicación mensual *Le Choc du mois*[3], dirige en *National Hebdo* la sección "El diario de un hombre libre". Cabe señalar que el nombre de Brigneau es, en realidad, seudónimo de Emmanuel Allot, elegido por él en el momento en que comienza la actividad de periodista. Este allegado al FN, del que es cofundador, es un antiguo colaborador que se ofreció como voluntario en la Milicia en los años 1940, de lo cual está orgulloso, y que estuvo en múltiples ocasiones condenado por la virulencia de sus dichos antisemitas (principalmente en 1979 y 1989, por lo tanto antes de la guerra del Golfo).

Estos datos relativos a los nombres están inscritos en una memoria discursiva más o menos compartida. Por lo tanto, el seudónimo que el columnista eligió y el nombre del semanario en que escribe movilizan espontáneamente en el espíritu del lector entendido una serie de imágenes cuya influencia en el impacto del texto es decisiva. En primer lugar, ellas interfieren en el ethos discursivo para radicalizar lo que él deja sin resolver en su protesta contra la guerra de Irak: este antiguo colaborador, quien además se jacta de ello, no puede ser un inocente defensor de la paz. Más que un espíritu crítico,

---

[3] Revista mensual de extrema derecha fundada por François Brigneau, Marc Dem y Bruno Larebière. Fue publicada entre 1987 y 1993, y en una nueva serie a partir de 2006. N. de T.

representa un hombre de extrema derecha y un antisemita que aprovecha la ocasión para reiterar sus ataques contra los judíos. La representación colectiva de "colabo"[4] y de fascista es aquí dominante. Por consiguiente, la evaluación del locutor y de sus palabras depende de las afinidades o de la oposición que el lector siente con respecto a esta imagen: positiva para el lector de *National Hebdo* que sigue atentamente la sección de Brigneau, el público meta del artículo, no puede ser más que fuertemente negativa para todos los que rechazan las ideas del FN y condenan el antisemitismo. Interpretada en términos de una confrontación con lo que acarrea el nombre de Brigneau y el del semanario en que él escribe, la presentación de sí del periodista y sus efectos no pueden ser disociados de la imagen previa en la cual se apoyan.

Si el ethos previo es localizable en la memoria cultural que un nombre permite desplegar, también se manifiesta en el ethos dicho –el que el locutor recupera expresamente de sus hechos y dichos anteriores, de su reputación y de la imagen que debería circular de su persona. Una carta abierta de Romain Rolland a Gerhart Hauptmann, célebre escritor alemán al cual aquel eligió dirigirse en 1914 durante la invasión de Bélgica y la destrucción de Lovania por los ejércitos alemanes, proporciona un caso de manual:

> "Yo no soy, Gerhart Hauptmann, de esos franceses que tratan a Alemania de bárbara. Conozco la grandeza intelectual y moral de su poderosa raza. Sé todo lo que debo a los pensadores de la vieja Alemania; y aún en este momento, recuerdo las palabras de nuestro Goethe [...] repudiando todo odio nacional. [...] Trabajé toda mi vida para acercar los espíritus de nuestras dos naciones..."

El nombre de Romain Rolland reenvía aquí a una reputación de escritor ya asentada en ese entonces. El autor de *Jean-Christophe*, publicado entre 1904 y 1912 (y que recibiría el premio Nobel en 1915), no se conforma, sin embargo, con su firma. Recuerda explícitamente su reputación de escritor y de pensador no solo carente de todo prejuicio hacia el enemigo ancestral sino también su carácter de germanófilo –persuadido de la "grandeza intelectual y moral" de Alemania y gran admirador de Goethe. Menciona la tarea emprendida en particular en el fresco novelesco donde relata en varios volúmenes la historia de un músico alemán, antología que en la entreguerra de 1870-1914 expresa claramente el deseo de hacer conocer en Francia el mundo cultural alemán y acercar las dos naciones. Sus lectores pasados (como el lector presente) pueden encontrar esta imagen del escritor tanto en su ciclo novelesco como en los textos críticos que le consagró la prensa cotidiana y erudita. De

---

[4] En francés, "collabo": diminutivo de "colaborador". N. de T.

hecho, el libro de Rolland había tenido una repercusión considerable no solo en Francia sino también en Alemania, donde había merecido una gran admiración a quien, se decía, había comprendido realmente el espíritu alemán. Lo que sugieren el nombre y las declaraciones del locutor sobre sus acciones pasadas encuentra así una brillante confirmación en una historia textual y en el interdiscurso de la época, ambos verificables. A una memoria discursiva fresca se agrega el estatus institucional del escritor y su posición en el campo intelectual de la época (del que se encontrarán detalles en Haddad 1999), posición en sí misma anclada en la extensión de una representación colectiva, la del intelectual comprometido. Es sobre esta base que el locutor busca legitimar su intento de permitirse emprender un proyecto arriesgado e improbable: un diálogo entre enemigos nacionales en una situación de conflagración.

Se observará que en este caso preciso el ethos previo movilizado por el locutor no alcanza para asegurar la eficacia de su discurso. Puede incluso jugarle en contra: los franceses de 1914, se vio en el capítulo anterior, ven en el germanófilo de ayer el traidor de hoy y esperan del intelectual comprometido que contribuya al sacrificio de la guerra. También puede resultar insuficiente para asegurar su autoridad: los alemanes ven en quien critica con virulencia sus actos militares un falso amigo enceguecido por los prejuicios de su nación. Se hace crucial entonces examinar más de cerca la relación que se establece, en términos de autoridad y de poder, entre el bagaje que el locutor lleva consigo y su presentación de sí.

Trataremos la cuestión en dos etapas: nos preguntaremos primero qué poder se deriva del estatus social e institucional; a continuación, nos interrogaremos acerca de las posibilidades ofrecidas al locutor para reelaborar su imagen previa. La primera pregunta aborda la importancia relativa de la posición de poder ocupada por el locutor y las capacidades de la palabra para actuar sobre el otro. La segunda estudia las modalidades según las cuales el locutor puede modificar la imagen que nos hacemos de él por medio del lenguaje. En los dos casos, se trata de ver en qué medida el discurso puede realizar cambios efectivos capaces de favorecer reivindicaciones identitarias y de conferir al locutor poderes que no derivan de su estatus inicial.

Qué significa hablar

En lo que concierne al problema del estatus, recuperamos una discusión ya antigua entre el padre de la sociología de los campos, Pierre Bourdieu, y la filosofía analítica representada por la teoría de los actos de habla de Austin (que he examinado en Amossy 1999). La reflexión sobre esto último en *Qué significa hablar* (1985) despierta la pregunta sobre si la fuerza ilocutoria es interna al discurso, si deriva de actos de habla o si, por el contrario, es determinada desde el exterior por los marcos institucionales y las relaciones de fuerza que ellos instauran. En otras palabras, ¿la acción ejercida por el locutor sobre su alocutario es exclusivamente retórica o exclusivamente social? Para Bourdieu, como se recordará, el principio de la eficacia del discurso no está en su "sustancia propiamente lingüística": el poder de las palabras reside en "las condiciones institucionales de su producción y de su recepción", es decir, en la adecuación entre la función social del locutor y su discurso, en el seno de un ritual debidamente regulado. Un discurso no puede tener autoridad si no es pronunciado por la persona legitimada para pronunciarlo en una situación legítima, por tanto frente a receptores legítimos, y si no es enunciado en las formas legítimas. Según Bourdieu, entonces, la fuerza del enunciado cabe completamente en el *skeptron* (extendido en Homero al orador que va a tomar la palabra), en la autoridad de la que goza el locutor en función de la posición que ocupa en el campo. Desde esta perspectiva, el *logos* es despojado de su poder. En última instancia, la eficacia de la palabra no depende de aquello que enuncia sino de aquel que la enuncia y del poder del que es investido ante su público (1985:15).

Esta posición, tal como es radicalizada en *Qué significa hablar,* se opone diametralmente a la de la retórica clásica, que defiende la capacidad de la palabra para actuar sobre los otros y, a través de ellos, sobre lo real –aun cuando todo discurso debe ser considerado en su marco institucional y social. Sin duda, un ethos de profesional permite esencialmente conferir autoridad al locutor en el rito de interacción en el que participa, ya se trate de una consulta médica, de un discurso profesoral en una clase o de una transacción comercial. Seguramente el estatus concedido a un hombre político o a un sacerdote le otorga la posibilidad de influenciar a su auditorio en los entornos apropiados. También es cierto que la posición social juega un rol esencial. Los miembros de las etnias consideradas inferiores alcanzan una autoridad menor, las mujeres carecen de derecho a la palabra en múltiples terrenos. ¿Esto significa que el uso de la palabra está desprovisto de toda eficacia más allá de la que le confieren las posiciones socio-institucionales?

Una primera respuesta a la pregunta puede darse en el espacio conceptual heredado del mismo Bourdieu en términos de posicionamiento y de postura. Sabemos que según el sociólogo de los campos, las posiciones que configuran un campo (político, jurídico, literario…) son constelaciones cambiantes y que corresponden en cada etapa a un estado determinado del campo, él mismo originado en luchas de poder que se libran entre dominantes y dominados. Esto implica, por parte de los agentes, estrategias de posicionamiento que sostienen sus elecciones y orientan sus discursos. De este modo, en la presentación de sí se establece una relación entre la posición y el posicionamiento:

la primera es un dato de entrada, el segundo es una dinámica. De esto se desprende que, por un lado, el locutor debe tener en cuenta su ethos previo, en este caso, todo aquello que le confiere autoridad en un sector preciso. Aquello que legitima su toma de la palabra y le permite ser comprendido. Por otro lado, y al mismo tiempo, el locutor trabaja para ganarse un lugar en un espacio ya estructurado y jerarquizado donde intenta consolidar o mejorar su posición, incluso crearse una. Para ello, elabora modalidades discursivas que le permiten proyectar un ethos distintivo –ya se trate de una imagen individual o de una imagen de grupo.

Un ejemplo interesante puede ser tomado de los trabajos de Christian Le Bart sobre el discurso político, fuertemente inspirados en la sociología de los campos. Según él, "todo ejercicio_de la palabra en el campo político puede comprenderse [...] como variación alrededor de algunos enunciados fundamentales", pero "cada locutor tiene su manera particular de ejecutar esa partitura común a todos" (2003:103). Para Le Bart, el estilo personal importa menos "que la posición objetiva ocupada por el locutor en el campo político y la estructura singular de intereses (políticos) que esa posición condiciona" (*ibid.*). Desde esta perspectiva, la presentación de sí está condicionada por las posibilidades del rol: el discurso del presidente de partido, del ministro, del presidente de la República está sometido a un "subconjunto relativamente rígido de prescripciones que enmarcan precisamente los usos de la palabra" (*ibid.*). Asimismo, se impone una distribución de roles según la orientación de gobernantes y opositores –estos últimos se erigen en críticos de la manera en que los dirigentes ocupan su rol (sin atacar por ello al rol en sí) y en denunciantes de la incapacidad o del perjuicio de sus adversarios en el poder. En este marco, las estrategias de posicionamiento sin duda existen, pero están fuertemente limitadas y no permiten a la presentación de sí más que una débil maniobra, anclada en lo que Le Bart denomina de forma un poco vaga el "estilo individual".

Sin embargo, el análisis concreto que Le Bart realiza acerca de las estrategias de proximidad de los dos principales candidatos a las presidenciales de 2007, Nicolas Sarkozy y Ségolène Royal, dice mucho acerca de la presentación de sí en su relación con el posicionamiento. El artículo se propone observar cómo la valorización de la proximidad influye en el rol de presidenciable y, subsiguientemente, de presidente de la República, tradicionalmente basado en la simbología "de la grandeza, de la altura y de la superación" (Le Bart, 2009:39). En este caso, la proximidad caracteriza a una personalidad política acorde, que dialoga y está en contacto con la gente común, que negocia la acción pública y pone el énfasis en su persona individual, en contraste con una personalidad que habla desde lugares de poder, frecuenta a los ricos y poderosos y solo se presenta en sus funciones públicas. En el contexto de las funciones presidenciales, donde una retórica que no guarda las distancias parece problemática, las estrategias de presentación de sí de Ségolène Royal (aquí contrastadas con las de Nicolas Sarkozy) son particularmente interesantes. De hecho, en su campaña electoral ella apostó a la proximidad para imponer una imagen un tanto desplazada del presidenciable –antes de volver progresivamente a una postura de aplomo. Le Bart insiste en el hecho de que esa elección de la proximidad no era en absoluto obligatoria en la medida en que la candidata podía confiar en un ethos previo de *graduada*[5] y en su posición en el campo político. Ahora bien, "ella prefirió jugar la carta de la femineidad y de la democracia participativa, cuando no la de la fragilidad" (*ibid.*:46). Apostando por la democracia participativa, se presenta como candidata "que no sabe, o no todavía, que escucha, que se mantiene alejada" (*ibid.*:47). Le Bart estudia esta estrategia de posicionamiento sumando a los avatares de la proximidad el retorno hacia una relativa superación e identificando las múltiples críticas que esta le ha valido a Royal. Más allá de las consideraciones sobre el cambio de las representaciones contemporáneas de la personalidad política, muestra a través de los discursos, pero también de la puesta en escena realizada por el equipo de campaña o la planificación de los viajes al extranjero, cómo la candidata de PS[6] intenta posicionarse en el campo político mediante una presentación de sí singular.

Cabe subrayar que la cuestión del ethos en su relación con el posicionamiento y con la postura ya había sido conceptualizada en trabajos sobre sociología de la literatura. Así, Bourdieu (1995) había tratado de mostrar que Flaubert se había posicionado en el campo literario encontrando un nicho novedoso en comparación con las corrientes dominantes de su época. Estudiando el ethos de Le Clézio tal como se desprende de una antología, *La Ronda y otras notas rojas* (bastante anterior a la obtención del premio Nobel), Alain Viala extrae de su escritura narrativa una imagen de escritor que no es ni un hombre de la información (según el modelo periodístico) ni un "expositor de ideas", sino un hombre sensible "solidario con los culpables-víctimas" y abierto a "lo fantástico de lo cotidiano" (Viala y Molinié, 1993:281). Esta imagen discursiva propone una figura alternativa de escritor al margen de los modelos dominantes –"ni escritor realista que reporta realidades sociales, ni intelectual comprometido, ni novelista de la objetividad exterior (versión 'Nouveau Roman'), Le Clézio aparece ofreciendo [...] una imagen que no tiene antecedentes históricos señalados en el texto, la del escritor solidario" (*ibid.*). Retomando, a partir de ahí, la trayectoria del

---

[5] En francés, "énarque": así se denomina a los graduados de la École Nationale d'Administration (ENA). Es una institución francesa exclusiva y de gran prestigio, en la que se forma la mayoría de los políticos y funcionarios públicos de Francia. N. de T.
[6] Parti Socialiste. N. de T.

novelista y sus comportamientos en la escena literaria, el sociólogo de la literatura señala que en el nivel de su comportamiento es un escritor discreto alejado del centro parisino, que huye de los medios y las instituciones literarias, distinto, por ende, de las "bestias del Goncourt[7]" así como de los intelectuales, sin por ello confundirse con los defensores del arte por el arte. Se trata definitivamente de una estrategia de posicionamiento que habría que precisar mediante un estudio más minucioso del campo literario de 1982, fecha de publicación de *La Ronde* por Gallimard.

En este análisis del proceso escritural gracias al cual Le Clézio logra proyectar una imagen de sí que no responde a las representaciones dominantes y se gana así un lugar especial, Viala adelanta la noción de "postura" entendida como "la manera de ocupar una posición" (*ibid.*:216). Esta noción, utilizada también por Le Bart en el campo político, fue retomada, modificada y desarrollada por Jérôme Meizoz (2007). Para Meizoz, que trabaja, como Viala, de sociólogo de la literatura, la postura se define "como la presentación de sí de un escritor, tanto en la gestión de su discurso como en sus conductas literarias públicas" (2009). Estudia ejemplos precisos, entre ellos Jean-Jacques Rousseau y Céline. La noción le permite articular el ethos construido en los textos de los escritores con los estilos de vida, vinculando así "el discurso de los actores y sus tomas de posición en el campo" (*ibid.*). Sobre todo, señala el dinamismo inherente al posicionamiento y lo entiende como el conjunto de las presentaciones de sí que componen la imagen de un autor: porque, según Meizoz, "una determinada presentación de sí se elabora a largo plazo y de manera en cierto modo acumulativa" (*ibid.*).

El aporte esencial de esta perspectiva consiste en el hecho de que la imagen construida por un discurso dado está situada en un espacio social e institucional que esclarece su génesis y sus funciones. Por la noción de posición en el campo y por la insistencia dada al estatus y a los procedimientos de legitimación, esta aproximación sociológica proveniente de Bourdieu muestra que la presentación de sí no es solamente cuestión de negociación en la interacción inmediata: es también tributaria del campo, de sus reglas y de su estructura en el momento del intercambio. Nos vemos así impulsados a situar el ethos de proximidad de Royal, o la figura del escritor solidario con los desheredados de Le Clézio, en el campo en el que surgen, considerando datos exactos de la época. Al mismo tiempo, e incluso en sus determinaciones institucionales, la dinámica del posicionamiento demuestra que la presentación de sí puede producir imágenes nuevas. Aplicando de alguna forma la sociología de los campos contra sí misma, se puede mostrar cómo el locutor

---

[7] Premio literario francés. N. de T.

consigue, mediante su discurso, modificar los datos previos ligados a su estatus, a su reputación y a las representaciones dominantes de su época.

La reelaboración del ethos previo

En este punto preciso es importante volver a la noción de "reelaboración" del ethos previo. Ya sea que se trate de un estereotipo social o de una reputación personal, la reelaboración de la imagen anterior permite dejar atrás cierta inmovilidad, que es también una pasividad social. Ella interviene en el dinamismo del posicionamiento en la medida en que este es siempre la recuperación y la reelaboración de posiciones preexistentes. La palabra viva (sea oral o escrita) tiene la capacidad de modificar lo que sabemos y pensamos del locutor. Si cada uno de nosotros puede apoyarse en el ethos previo, también puede, cuando su reputación o su pertenencia a un grupo le juegan en contra, realizar un ejercicio de ajuste e incluso remodelación de su imagen. Esta reelaboración es ardua, compleja y a veces de largo aliento; debe desbaratar múltiples trampas y sus resultados aún están lejos de ser decisivos. Pero no es imposible, como lo prueban muchísimos ejemplos de los campos más diversos.

Abordemos primero nuestros ejemplos del discurso político. Cuando Jacques Chirac pronuncia un discurso televisado, el 12 de marzo de 2007, para anunciar que no se volverá a presentar en las elecciones presidenciales, construye para su auditorio una imagen pública halagadora que no corresponde necesariamente con lo que los franceses piensan de él al término de su doble mandato. Lo que está en juego no es solamente el prestigio: el presidente saliente anuncia su voluntad de continuar con sus actividades políticas. En este caso, sus funciones presidenciales otorgan al orador legitimidad para dirigirse solemnemente a la nación. Las circunstancias de la partida voluntaria lo autorizan además a evocar su carrera pasada y a adoptar el género epidíctico pertinente para una ceremonia de despedida –por no mencionar que siempre es adecuado, para un hombre político en el poder, recordar sus logros. No obstante, Chirac no puede ignorar las múltiples críticas dirigidas contra él tanto al nivel de su política como a nivel personal: la burla apunta a un verbo vacío que sustituye a la acción, incluso a un verdadero pensamiento político y recuerdan las acusaciones de fraude lanzadas contra el ex-alcalde de París. Chirac también quiere destacar un ethos de hombre de Estado íntegro, profundamente comprometido y consagrado a sus compatriotas:

> "A Francia, mis queridos compatriotas, la amo apasionadamente. He puesto todo mi corazón, toda mi energía, toda mi fuerza, a su servicio, a vuestro servicio. Servir a Francia, servir a la paz, ese es el compromiso de toda mi vida."

Se presenta además como un luchador y un defensor de los grandes valores de la República:

> "De una manera diferente, pero con un entusiasmo intacto y la misma pasión de actuar para ustedes, seguiré llevando a cabo los combates que son nuestros, los combates de toda mi vida, por la justicia, por el progreso, por la paz, por la grandeza de Francia."

Chirac, como vemos, no deja al auditorio la iniciativa de relacionarse con la idea que se hace de él, sino que le ofrece, incluso le impone, una representación supuestamente consensual de su persona. Se empeña en establecer una imagen gratificante que debe sustituir toda otra representación que los franceses pueden hacerse de él en el momento del anuncio oficial de su próxima partida. También se presenta como presidente que ha sabido resolver sus problemas y actuar de forma beneficiosa para su país –como excelente hombre de Estado que ha triunfado plenamente en sus funciones. Por supuesto, no puede afirmarlo crudamente, por miedo a incumplir un necesario ethos de modestia. Asimismo encuentra vías indirectas –en particular una recuperación de la noción de 'orgullo', aplicada primero a Francia, después a sí mismo: "Esta noche, es con el corazón, el amor y el orgullo de Francia que me presento ante ustedes". Chirac utiliza aquí tanto el "nosotros" inclusivo como el "ustedes", asociando estrechamente a todos los integrantes de su auditorio con los éxitos que él enumera. Pero a medida que el discurso se despliega, el calificativo 'orgulloso' se aplica cada vez más al "yo":

> "(1) Pero estoy orgulloso del trabajo que *nosotros* hemos realizado *juntos*. (2) Orgulloso de haber restaurado *con ustedes* los valores republicanos esenciales, como el principio de laicidad. (3) Orgulloso de haber conducido [Chirac solo] reformas importantes, para garantizar *nuestras* jubilaciones o ayudar mejor a las personas mayores dependientes y las personas discapacitadas. (4) Orgulloso de haber combatido [Chirac solo] sin descanso la inseguridad y disminuido la delincuencia. (5) Orgulloso de ver a Francia y a los franceses comprometidos con los caminos de la innovación y del porvenir. (6) Orgulloso sobre todo de haber mostrado [Chirac solo] que el desempleo no era una fatalidad."

En el conjunto de estos enunciados marcados por la repetición de "orgulloso" donde el pathos surge de la repetición y del ritmo, el presidente, al amparo de la acción común realizada con sus compatriotas, erige su propio monumento y proyecta una imagen que debe borrar todo otro ethos previo impuesto desde el exterior. Tal presentación de sí puede impresionar al auditorio en esta circunstancia excepcional en que el Jefe de Estado no duda en hablar de sus sentimientos. Sin embargo, también puede perder su efecto si la imagen de Chirac que se hace el televidente difiere muy ostensiblemente de la que le es ofrecida. Los opositores del presidente electo y del UMP[8] no dejan de atacar esta construcción identitaria confrontándola con otro ethos previo, el mismo que el orador intenta eliminar. Así, Jean-Marie Le Pen exclama: "¡Que Dios lo perdone! Jacques Chirac fue el peor presidente de la República. Deja detrás suyo un gran fracaso. Una vez más, se llena la boca de fórmulas vacías. Es, a los ojos del mundo, el símbolo de la corrupción política. Pierdo a mi peor enemigo". El ethos previo que el presidente del FN moviliza para atacar a su adversario es el del político conocido por su propensión a los discursos vacíos (la imagen del Chirac que habla para no decir nada) en detrimento del hombre de acción y de logros. Más aún, a la imagen digna del gran hombre que sigue los principios de la moral se opone la del hombre público acusado de corrupción (que ha de valerle juicios).

¿En qué consiste el ethos negativo del mismo Jean-Marie Le Pen y la forma en que intenta reelaborarlo? En *Images de soi dans le discours*, analicé brevemente la manera en que, en el momento de la primera crisis del Golfo, él se impone hacer una serie de propuestas destinadas a impedir la guerra (Amossy, 1999: 139-141). En un discurso del 22 de agosto de 1990, reproducido dos días más tarde en el diario *Présent*, el líder del FN, de hecho, hace propuestas destinadas a prevenir la conflagración. Logra, así, construir en su discurso una autoridad de dirigente que no proviene ni del plano nacional ni, menos aún, del plano internacional. Le hace falta para eso no solamente compensar la falta de un estatus institucional, sino también modificar una reputación ampliamente extendida de pendenciero amigo de la violencia, animado por la aversión a los árabes y poco cuidadoso los derechos humanos. Para lograrlo, la baja posición política es transformada en ventaja: el líder de un pequeño partido de extrema derecha carente de poder se presenta como un hombre libre, al margen del tablero político y, por lo tanto, de los compromisos, desvinculado de intereses políticos y de juegos de poder. Desde esta posición, subraya su integridad –puede decir a los aliados la verdad y denunciar la mentira. Le Pen legitima así el rol de mediador que pretende ocupar en la escena internacional sustituyendo a los dirigentes electos. Pero, sobre todo, intenta revertir la imagen de partidario de la violencia y de la xenofobia enemigo de los árabes presentándose como un hombre político medido, opuesto a la violencia bélica, que rechaza atacar a Irak, un defensor de los valores humanitarios dotado de sentido de responsabilidad. Esta reelaboración del ethos previo que podemos seguir en los detalles del discurso no tiene realmente la pretensión de conferir al orador el poder de jugar un rol decisivo en el conflicto con el Irak de Saddam Hussein. Esencialmente

---

[8] Union pour un Mouvement Populaire. N. de T.

100

apunta a modificar la imagen pública que en Francia se hacen de Le Pen para otorgarle una respetabilidad y una credibilidad de la cual él se sabe desprovisto, y permitirle posicionarse más ventajosamente en el campo político.

Tomaré otro ejemplo de la presentación de sí que realiza, en spots electorales, un pequeño partido religioso en Israel, Yahadout Ha-torah o el Judaísmo de la Biblia (Amossy, 2005:233-235). Se trata de un género promocional copiado del discurso publicitario tal como es movilizado por un partido ortodoxo compuesto de religiosos vestidos de negro, antisionistas y eximidos del servicio militar, que quiere conseguir el mayor número posible de votos en la fecha de las elecciones del 22 de enero de 2003, en un contexto en el que compiten varios partidos religiosos. Para ampliar su electorado (sus propios miembros no miran televisión), el partido se presenta como el portavoz de un judaísmo abierto a todas las tendencias que se preocupa, ante todo y por todos, por proteger el carácter judío del Estado de Israel. Los spots muestran a jóvenes repartiendo comida a los necesitados, dichosos y felices, con sentido del humor e incluso dedicados a trabajos agrícolas (lo que un periódico relevó no sin ironía). Construyen así un ethos de partido que ha de sustituir la imagen austera de los ortodoxos vestidos de negro completamente consagrados al estudio de los textos sagrados, que no participan ni del mundo del trabajo ni de la defensa del país. Esta imagen risueña, joven y distendida del militante de Yahadout Ha-torah pretende provocar la identificación de los electores devotos que no participan de una ortodoxia tan marcada, pero que se preocupan por una sociedad que está perdiendo sus valores y se vuelcan hacia los principios morales más que hacia las inquietudes políticas.

Ethos y reivindicación de un poder

La reelaboración del ethos puede entonces ejercerse tanto sobre una imagen colectiva como sobre una imagen individual. Está siempre ligada a cuestiones de lucha por la legitimidad y a una tentativa de ubicarse en una posición dominante o de conquistar una forma de poder. Esto es cierto no solo para el discurso político, donde las luchas de poder son manifiestas y son una regla, sino también para otros múltiples dominios en que la relación entre discurso y poder es menos evidente. Proporcionaré tres ejemplos ilustrativos: el primero trata sobre la politización del discurso femenino intentada por Olympe de Gouges en la víspera de la Revolución, tal como es analizada por Jürgen Siess (2005); el segundo se mantiene en la problemática del poder femenino y se basa en mis propios análisis de los relatos de enfermeras de la Gran Guerra (Amossy, 2004, 2007); el último es tomado de los trabajos de Eithan Orkibi (2008a, 2008b, 2010) sobre el pasaje al compromiso político de estudiantes franceses a través de la UNEF[9]. Pasamos así de la reelaboración de una imagen individual de autora a la elaboración de un ethos colectivo (del cual volveremos a hablar en el capítulo VI). No obstante, en todos los casos un locutor o una locutora, hablando en nombre propio o en el del grupo al que representa o que contribuye a fundar, realiza una presentación de sí que se supone le otorga un estatus y un poder que le hacen falta en la esfera pública.

Siess estudia la *Lettre au peuple. Projet d'une caisse patriotique*, destinada a presentar un plan de intervención cívica para el bien común, que Olympe de Gouges publica en el año 1788 en forma de folleto. Su objetivo es proponer un impuesto voluntario para remediar la situación de miseria en la cual está sumergido el pueblo francés. En esa carta abierta –llamada en esa época 'carta pública'– la locutora debe legitimar una toma de la palabra femenina en el campo de los asuntos públicos del cual su género en principio está excluido. Adoptando el papel de simple particular, Olympe se presenta, sin embargo, como justificada para ejercer la palabra y prodigar consejos a pesar de la frivolidad generalmente asignada a su género. Ella reelabora el ethos del sexo débil que invoca irónicamente ("si en mis reflexiones no hay intensidad, mi género me justifica") señalando que ese género, no obstante, puede tener "ideas ingeniosas". Sobre todo, reemplaza la imagen tradicional de la mujer por aquella, en adelante altamente valorizada, de la patriota que forma parte de los "buenos ciudadanos" y que está completamente dedicada al bien común. Dirigiéndose al pueblo como al rey, se sitúa del lado de la verdad que ella invoca ("Quítame los medios para escribir si alguna vez traiciono mi consciencia alumbrada por tu luz"). Insiste, además, en las cualidades personales que la legitiman para imponerse: "corazón verdadero, alma pura, carácter recto" que corresponden a su imagen de "mujer justa y sensible" (Siess, 2005:11). Siess observa que ella se concede un rol distinguido en la medida en que hace de vínculo entre el rey y el pueblo, solicitando el compromiso de sus dos interlocutores; pero también porque "aquella que inicia un proyecto con miras a comprometer a la nación entera pretende asumir una función que parecía reservada al hombre ubicado en lo más alto: así, a la mujer se le confiere una posición clave" (*ibid.* 13).

Sabemos que la construcción identitaria perseguida por Olympe de Gouges en su tentativa de hacer acceder a las mujeres al espacio público finalmente resultó un fracaso y llevó a la autora de *La Lettre au peuple* y sobre todo de la *Déclaration des droits de la femme et de la citoyenne* (1791) a la pena de muerte. Sin embargo, la carta pública tuvo una recepción favorable en el momento de su publicación y fue aclamada por el *Journal général de France*,

---

[9] L'Union Nationale des Etudiants de France. N. de T.

alentando a las mujeres entusiasmadas por el amor a la patria, que "lo estimularán o lo despertarán por todas partes, si no mediante sus escritos, al menos mediante sus discursos" (citado por Siess, 2005:10). Esta presentación de sí consigue esbozar la posibilidad para la autora, pero también para el conjunto de las mujeres, de modificar su ethos previo y de hacer escuchar su voz en la plaza pública apropiándose del discurso político.

El ejemplo de las enfermeras de la Gran Guerra es muy diferente en la medida en que no representa una iniciativa feminista consciente y deliberada. Un corpus de relatos de enfermeras de 1914-1918, publicado durante e inmediatamente después del período de la Gran Guerra, permite estudiar la forma en que las mujeres individuales, llevadas a contar su experiencia como personal sanitario, trabajaron para modificar la imagen, incluso el estatus, de la mujer de la época. Excluida del rango de los combatientes, la mujer no podía adoptar el papel de testigo de guerra (en su célebre obra de 1929 *Témoins*, Norton Cru no menciona a ninguna mujer, si bien tiene en cuenta a médicos y enfermeros). Un conjunto de trabajos sobre el tema muestra, sin embargo, cómo esa norma tácita es frustrada por el relato que las mujeres hacen de su experiencia hospitalaria. El ascenso a la categoría de testigo de guerra se efectúa a través de la reapropiación y la reelaboración de una imagen previa, en este caso el estereotipo dominante de la enfermera como "ángel blanco". Las condiciones de posibilidad del testimonio de guerra femenino excluyen toda protesta contra la masacre: una adhesión noble al patriotismo circundante, del que además estas mujeres están imbuidas, les da la sola voz y voto. Al mismo tiempo, mediante el ethos inédito de testigo de guerra femenino, los textos en sí mismos muy convencionales de las enfermeras crean una nueva representación de la mujer capaz de asumir responsabilidades en el espacio público, de servir a la nación y de atestiguar la experiencia colectiva de la guerra.

¿Cómo se realiza la operación que permite reelaborar la imagen de la mujer como ser frágil necesariamente excluido de la vida pública y, más aún, del espacio de los combates? Para legitimar su relato, las enfermeras lo ajustan a un género cada vez más en boga, el relato de guerra publicado por muchísimos combatientes entre 1914 y 1919 que pretendían ofrecer al gran público un testimonio en directo del evento por parte de quienes lo habían vivido día a día, los "Peludos"[10]. El alcance de la movilización, la naturaleza de los combates y los progresos de la enseñanza pública, de hecho, habían transformado a un gran número de soldados sin títulos militares particulares en testigos

---

[10] "Poilus" en el original. Se llamaba así a los soldados de infantería francesa durante la primera guerra mundial, en relación con la barba que debían llevar obligatoriamente estos combatientes. En argot, significa "machos". N. de T.

privilegiados. Las mujeres, en general voluntarias provenientes de sectores acomodados que podían permitirse hacer beneficencia y que habían gozado de una buena escolaridad, apelando, a su vez, a su experiencia en publicar testimonios, generalmente se ven alentadas en esa empresa por su entorno. Al difundir su palabra con el modelo masculino del combatiente casi anónimo que sería legitimado en adelante, la mujer retoma la estructura de las escenas de guerra transportándolas al ambiente hospitalario. Se siente tanto más autorizada a hacerlo en cuanto deviene la hagiógrafa del soldado, cuyos sufrimientos y heroico coraje relata. En cierta forma, ella aparece entonces, como lo afirman los historiadores, al servicio del hombre, subordinando su propia experiencia personal a la gloria de aquel. Por otro lado, el relato le permite realizar una presentación de sí que modifica su imagen tradicional.

Esta reelaboración del ethos previo se hace de manera discreta y se arraiga en los valores y en el imaginario de la colectividad. La narradora se presenta de forma despersonalizada, como un miembro entre otros del equipo sanitario –el "nosotros" predomina, y los datos personales son muy escasos. Esta despersonalización deliberada de quien cumple anónimamente su deber en un esfuerzo de movilización colectiva contrasta con la representación legitimada de la mujer, en particular en la burguesía a la cual pertenecen las voluntarias que toman la pluma. Confinada a la esfera privada, la burguesía aparece en sus dimensiones exclusivamente individuales, a lo sumo familiares, y es a menudo objeto de críticas por su trivialidad. Más aún, las enfermeras se enfrentan a un trabajo duro que demanda medirse ante las terribles heridas de los combatientes, formar parte de operaciones desafiantes, encontrarse a veces en zonas peligrosas donde retumban los cañones. A las virtudes de la disciplina y de la sumisión a un trabajo difícil se agregan las del coraje y la sangre fría que exige la situación. Estamos lejos de la femineidad delicada, de la población indefensa que la armada debe proteger y que no puede participar en el esfuerzo de la defensa nacional.

La imagen nueva no impacta, sin embargo, en la medida en que la pareja de la enfermera y el soldado devino un tema de la propaganda de guerra que circula en los afiches e ilustraciones de la época. La identidad de grupo inusitada para una mujer resulta facilitada por el estereotipo en boga de la enfermera dedicada, compasiva y maternal al mismo tiempo que disciplinada, patriótica, llena de abnegación, incluso angelical –y siempre activa, alegre y amable. El estereotipo de la dama blanca o del ángel blanco logra afianzarse en la imagen que nos hacemos de la femineidad: las cualidades puestas en relieve se dan como una pura emanación de la dedicación y de la dulzura atribuidas a las mujeres. La figura prototípica de la madre se impone una vez más. Las narradoras testigos se apropian voluntariamente de esa identidad y se presentan a su público bajo rasgos que le son familiares y que ofrecen una imagen de sí estimable y poco provocadora.

Vemos cómo una tensión surge de la presentación de sí de las enfermeras. Por un lado, la mujer renuncia a su individualidad propia para pertenecer a una categoría definida por el ejercicio de sus funciones; es un miembro del personal sanitario y participa con valentía del esfuerzo de guerra que se persigue en el espacio hospitalario. Por otro lado, en tanto figura maternal y hermana de caridad, encarna lo eterno femenino y no representa un grupo profesional o una combatiente. Si participa en el mundo de la defensa nacional y del trabajo, parecería que no hiciera de su dura labor más que expresar las cualidades innatas de la mujer y de la madre. Esta tensión constitutiva devela una contradicción irresoluble. Demuestra las presiones que en esa época influyen en los relatos de guerra *a lo femenino*. La reelaboración del ethos previo no puede hacerse más que a costa de una adaptación al discurso dominante y de una apropiación de los estereotipos que están de de moda. Reproduce así la ideología conservadora que subordina la palabra femenina a la de los hombres y deja a las mujeres fuera de los lugares de acción pública y de poder. Al mismo tiempo, la reelaboración del ethos autoriza la puesta en escena de las mujeres como trabajadoras capaces de acatar una disciplina de hierro y de fundirse en una épica, como ciudadanas que participan activa y eficazmente en el esfuerzo patriótico y, en algunos casos, como individuos que comparten con los soldados el peligroso espacio de los combates. Sometiéndose a las reglas tácitas fuera de las cuales no le es permitido tomar la palabra, la mujer de 1914 se concede la posibilidad de decir la guerra y de decirse en la guerra. Ella accede al rango de testigo autorizado y se proyecta, aunque todavía tímidamente, en la plaza pública.

Veamos finalmente un último ejemplo que muestra un acceso a la vida política y a un poder ciudadano nuevo. En un estudio sobre la manera en que los estudiantes franceses lograron poco a poco, durante el período de la guerra de Argelia, modificar su imagen para imponerse como actores en la escena política, se le otorga un rol importante a la reelaboración del ethos previo. Orkibi (2008), de hecho, aborda la reelaboración deliberada y explícita de una imagen colectiva y las estrategias que permitieron llevar a cabo una empresa difícil. En lo que fue denominado la batalla de las publicaciones [*bataille de l'écrit*][11], se realizó una lucha en el seno de la organización representativa de los estudiantes entre los *majos*, fieles a la mirada apolítica del

---

[11] Se trata de una disputa por la publicación de textos favorables a los nacionalistas argelinos –tanto literatura militante y textos políticos como poemas–, muchos censurados en Francia, publicados en periódicos clandestinos y difundidos en otros países europeos. N. de T.

pasado, y los *minos*, a favor de un sindicalismo político[12]. Para hacer triunfar su punto de vista, estos últimos recurrieron a una "retórica de la polarización" que opone las representaciones del estudiante registradas en una larga memoria discursiva a una imagen nueva, capaz de justificar la intervención en los asuntos de la ciudad. Por lo tanto, para los *minos* se trata de crear un ethos de grupo que provoque la adhesión y la identificación y que sea capaz de conducir a tomas de posición, cuando no a la acción. Situando el discurso estudiantil en el seno de las luchas intestinas que desembocaron en la escisión de la UNEF en 1957, el análisis identifica las modalidades según las cuales los *minos*, en adelante portavoces de la UNEF, intentan legitimar la toma de consciencia y el compromiso político que, según ellos, deben encontrarse en el corazón de sus actividades. Examina en particular un libro central escrito por dos estudiantes, Borella y de La Fournière, que se ocupa de trazar un historial de la evolución del estudiantado para presentar la imagen nueva como fruto de una maduración, de un proceso histórico marcado con el sello del progreso. Se pasa así por diversas fases, de la figura folclórica del estudiante burgués de la Belle Époque tal como es caricaturizada por los estereotipos vigentes –el burgués trasnochador y bromista–, al estudiante pobre, dependiente y sin autonomía de la entreguerra, hasta aquel de la Segunda Guerra Mundial que no desempeñó en ella ningún papel –con la excepción de los estudiantes resistentes que ofrecen un modelo extendido en este nuevo período de guerra. Orkibi estudia la forma en que la imagen nueva del estudiante responsable y comprometido se fortalece en el seno de diversas asambleas y manifestaciones vinculadas con la protesta contra la guerra de Argelia, en parte a través de los discursos difundidos por la prensa estudiantil. Es entonces a partir de un marcado contraste con las imágenes del pasado, de un modelo de compromiso particularmente valorizado en el período que sigue a la guerra de 1939-1945 y del establecimiento de una imagen moderna que expresa los valores del progreso, que se construye un nuevo ethos de grupo. Esta construcción permite a la vez movilizar energías en función de un ideal de participación ciudadana y oponerse indirectamente a los adversarios apolíticos, asimilados a un ethos previo anticuado y, por lo tanto, considerados representantes de un período pasado. Identificando las modalidades y los beneficios de una reelaboración explícita del ethos previo basada en una retórica de la polarización, Orkibi aporta un ejemplo de éxito

---

[12] La configuración del mundo estudiantil como actor político importante durante la guerra de Argelia está ligada al rol de la UNEF que, fundada en 1907, fue proclamada oficialmente como sindicato en 1946. La UNEF fue la arena del enfrentamiento entre majos y minos. Los primeros eran partidarios fieles a la aproximación apolítica que caracterizó a la organización en el período de entre-guerras. Los minos adherían al sindicalismo político asociado a la renovación del centro de estudiantes a partir de 1946. N. de T.

convincente que modifica profundamente el estatus y los poderes de un grupo social. Parece que el manejo de la palabra y la presentación de sí fueran capaces de modificar un ethos previo: autorizan una presentación de sí que corresponde a los objetivos de los locutores y les confiere legitimidad para hablar y actuar en la esfera pública.

Segunda parte

LAS MODALIDADES VERBALES DE LA PRESENTACIÓN DE SÍ

Cuarto Capítulo

IMÁGENES DE SÍ, IMÁGENES DEL OTRO
"YO" - "TÚ"

Para los sociólogos que se preguntan por la presentación de sí, la cuestión de la subjetividad en el discurso resulta irrelevante: el individuo se manifiesta en su forma de vestirse y de comportarse, en sus gestos y en sus mímicas. En el intercambio verbal, sin embargo, la construcción de una imagen de sí no puede ser pensada fuera de su anclaje en un "yo" que toma la palabra dirigiéndose a un "tú". Así, Émile Benveniste, quien definía el discurso como "toda enunciación que supone un locutor y un alocutario, donde el primero tiene la intención de influir en el otro de algún modo" (2011:82-91), formuló la noción de "cuadro figurativo". Entendía por ello que la enunciación "plantea dos 'figuras' igualmente necesarias, fuente la una, la otra meta de la enunciación" (*ibid.* 82). El uso del lenguaje por parte de un sujeto hablante implica entonces, ante todo, la puesta en funcionamiento de un dispositivo de enunciación. Es por eso que, en el régimen del discurso, el análisis de las prácticas de presentación de sí debe comenzar por examinar las personas gramaticales. Estas, lejos de caer en una descripción puramente formal, revelan cuestiones de fondo sobre la naturaleza y las funciones del ethos.

Y de hecho, en la interacción verbal, la presentación de sí está necesariamente arraigada en la presencia de un locutor reconocible que inscribe su marca en el discurso. Comprender cómo el locutor construye un ethos es, entonces, interrogarse acerca de dos puntos esenciales. El primero concierne al "yo". Hay que observar cómo el uso de la primera persona del singular autoriza al mismo tiempo la emergencia de la subjetividad y de una imagen de sí que es también una construcción identitaria. El segundo concierne al par "yo"/"tú". El locutor solo puede devenir y perfilarse como sujeto en su relación con el otro. Modelada por la *doxa*, las expectativas y las reacciones del auditorio, toda presentación de sí se da como una negociación de identidad, de cuyo éxito depende en gran parte su funcionalidad y su fuerza de persuasión. Llegamos, así, a los problemas que están en el centro de la presentación de sí como práctica social: la cuestión de la subjetividad y de la identidad, de la capacidad de decir y de decirse para actuar, de la relación recíproca que une indisolublemente al "yo" y el "tú".

Decir y decirse: la cuestión del "sujeto" y del "agente"

Considerada desde su aspecto verbal, la presentación de sí implica ante todo un "yo" definido como sujeto de la enunciación. Sabemos que el acto de producir un enunciado reenvía necesariamente al locutor que moviliza la lengua. Ahora bien, ese acto de utilización es correlativo a la producción de una imagen de sí: en cuanto el "yo" emerge y se afirma como sujeto en el discurso, se dice y se muestra de determinada manera. Si bien los trabajos de Émile Benveniste son demasiado conocidos para que nos detengamos en ellos, no está de más recordar los puntos que hoy permiten pensar la imagen de sí en sus dimensiones discursivas.

El primer punto tiene que ver con una concepción de la subjetividad y de la identidad como construcciones de la lengua, y no como constituidas con anterioridad. Benveniste, como sabemos, se centra en el pronombre "yo" para señalar que este no puede ser definido más que en términos de locución, y no en términos de objeto. Hay tantos "yo" como locutores que se designan por ese pronombre: "Yo" significa "la persona que enuncia la presente instancia de discurso que contiene *yo*" (2011:172), y es "en la instancia de discurso en que *yo* designa al locutor, donde este se enuncia como 'sujeto'. Así, es verdad, al pie de la letra, que el fundamento de la subjetividad está en el ejercicio de la lengua [...] No hay otro testimonio objetivo de la identidad del sujeto que el que así da él mismo sobre sí mismo" (2011:182, 183). A esto se agrega el hecho, ya mencionado, de que "yo" implica automáticamente un "tú": es en esta relación constitutiva donde emerge una subjetividad que señala también una identidad.

Notemos que "identidad" puede entenderse en la cita de Benveniste como posibilidad de singularizar a un individuo, de "identificarlo", pero también como emergencia de la conciencia que el individuo adquiere de sí mismo a través del discurso en que está implicado el par "yo"-"tú". No obstante, es necesario ampliar un poco esta noción de identidad discursiva. Diciendo "yo", el locutor construye en su enunciación una imagen de sí a la vez que se constituye como sujeto. Es a través de esta imagen de sí que él se identifica –que se presenta de una forma que permite situarlo socialmente y distinguirlo individualmente mediante rasgos particulares. Sean cuales fueren los datos preexistentes de que el interlocutor dispone sobre el sujeto hablante, el ejercicio de la lengua los retoma y los reutiliza. Los hace participar en el dinamismo de la interacción donde "lo que yo soy para mí", "lo que yo soy para vos" y, sobre todo, "lo que yo quiero ser para vos" son re-negociados.

Sin embargo, la cuestión sobre "lo que yo soy para vos" y "lo que yo quiero ser para vos" introduce elementos que exceden a los poderes del locutor. Como lo han demostrado los trabajos del sociólogo Pierre Bourdieu analizados en el capítulo anterior, pero también los escritos de Michel Pêcheux (1978) o de François Flahaut (1978) en ciencias del lenguaje, el "yo" está condicionado por la relación de posiciones inscrita en la lengua y por las relaciones de poder que sustentan todo intercambio simbólico. Más aún, las imágenes que proyecta de sí mismo no dependen únicamente de una planificación deliberada: hemos visto[1] que se alimentan de representaciones sociales a través de las cuales cada uno de nosotros se piensa a sí mismo[2]. En términos bajtinianos, la imagen de sí que construye el "yo" es por definición dialógica —está atravesada por la palabra del otro.

La reflexión iniciada por Benveniste se abre aquí hacia otros campos que, más allá de la sociología o de las ciencias del lenguaje, comprenden tanto el psicoanálisis como la reflexión filosófica de Foucault o de Derrida. De aquí deriva una conocida problematización de la noción de sujeto, que nos concierne en la medida en que hace tambalear al ethos de la tradición retórica basado en la intencionalidad, la volición y la acción. Así como en Bourdieu la credibilidad construida en el discurso es sustituida por la legitimidad institucional, en la reconceptualización del "sujeto" el agente retórico capaz de intervenir libremente en el espacio social es sustituido por una instancia condicionada por fuerzas que la superan. Esta alteración es bien sintetizada por Marshall W. Alcorn Jr. en una obra dedicada al ethos, donde escribe que desde estas perspectivas, el "yo" no es un rol libremente asumido:

> "Los "yoes" no son agentes creadores que obran en el corazón del proceso retórico; son más bien efectos de la retórica, una suerte de epifenómenos constituidos por un juego de fuerzas sociales, políticas y lingüísticas; no hay una entidad interna, un yo, que elige su carácter. *El yo refleja más bien el carácter particular de fuerzas sociales más vastas que determinan su naturaleza y su dinámica* (Alcorn, 1994:5; la traducción y el subrayado son míos)."

Al igual que el cuestionamiento al poder de la palabra (Bourdieu), el del ethos retórico en su sentido tradicional no está exento de consecuencias. Por el contrario, problematiza la posibilidad en el discurso, y por lo tanto en la

---

[1] Ver Capítulo 2.

[2] Para una reflexión profunda sobre la relación entre la identidad y las representaciones sociales en psicología social, consultar Deschamps y Molinier (2008).

113

presentación verbal de sí, de un querer-decir que es también un querer-hacer. Impide ver en la figura del locutor un agente capaz de intervenir de manera deliberada y responsable en los asuntos humanos. De hecho, ¿cómo puede el "yo" ser un producto del lenguaje que lo estructura y de las fuerzas sociales que lo modelan, y sin embargo construir una imagen de sí capaz de actuar sobre el otro y, así, sobre el mundo real estableciéndose como agente responsable de sus decisiones?[3] Privado de su capacidad de actuar con un propósito preestablecido, el ethos retórico se ve despojado de su principal virtud.

Sin embargo, esta incompatibilidad entre una noción moderna del sujeto (a veces denominada posmoderna) y el ethos como instrumento de persuasión y de acción en el mundo es solo aparente. En efecto, desaparece en el momento en que se tiene en cuenta que las determinaciones sociodiscursivas y la agentividad no se ubican en el mismo plano. Por un lado, a esta altura hay que reconocer que el sujeto hablante no es amo de las significaciones, sino que está necesariamente condicionado por los códigos de la lengua, por el discurso circundante y por las coerciones ideológicas, institucionales y culturales. Por otro lado, el hecho de que el sujeto sea hablado por los códigos lingüísticos y modelado por el discurso social no significa que no participe plenamente de la dinámica del intercambio. En el interior de esta última, él es una instancia activa. A la vez, en el mismo sentido, lleva a cabo un acto de habla, en el que ejerce su voluntad, aunque condicionado y atravesado por la *doxa* de la época. En el nivel de la interacción en la cual se involucra, el locutor proyecta un ethos que le permite entrar en relación con el otro y compartir sus puntos de vista. Que esa imagen sea tributaria de las representaciones sociales de la comunidad y de los valores comunes no impide en absoluto que él se haga cargo de ella, en el sentido inglés de ser *accountable*[4] −se supone que puede y debe rendir cuentas y, por lo tanto, ser considerado responsable. El locutor se revela, entonces, como un actor que no está en absoluto eximido de sus responsabilidades.

El ejemplo más convincente de este doble estatus del "yo", a la vez actuado y actor, es probablemente el del lenguaje codificado al extremo. Tomemos un ejemplo simple de la vida cotidiana. El enamorado que expresa sus sentimientos en fórmulas ya hechas, para ser sinceros, no es menos "hablado" por un lenguaje prefabricado mediante el cual proyecta una imagen convencional

---

[3] En la misma perspectiva, Dessons (2006:139), quien explora la cuestión de la subjetividad en su relación problemática con la volición y la intención, señala la "connivencia entre una teoría de la enunciación proveniente de los trabajos de Benveniste y una teoría de la enunciación proveniente de los pragmáticos" −tensión que, por lo demás, no estaría ausente en los trabajos del mismo Benveniste.

[4] Semejanzas con el francés del original "qu'il en soit *comptable*", que significa "que sea responsable de". N. de T.

de pretendiente. A pesar de eso, sigue siendo un sujeto activo que, a través de ese autorretrato obligado y a menudo espontáneo, realiza un pedido importante. Su ethos de enamorado es perfectamente apto para producir su efecto, con tal de que la dama se deje conquistar por la imagen-modelo proyectada con ese fin. Así, el locutor construye una identidad en su discurso sumergiéndose en el habla común; y en el mismo movimiento, se plantea como agente que hace y persigue un objetivo preciso.

Ocurre lo mismo en otros ámbitos. El hombre o la mujer políticos están atrapados en una red de determinaciones sociodiscursivas que constriñen fuertemente su palabra, como también lo hace su posición en el campo. En un mitin electoral, él/ella proyecta una imagen de su persona que está condicionada por los códigos del partido y los imperativos de posicionamiento (en particular las relaciones de rivalidad con los otros candidatos). Esta presentación de sí se realiza en un lenguaje político que tiene sus giros y sus fórmulas y que siempre es, en parte, un "lenguaje estereotipado". ¿Y qué decir del hecho de que esa representación es generalmente escrita por otro, un "pluma"[5] al servicio del candidato, cuando no es modelada por una plétora de consejeros en comunicación atentos a las expectativas del auditorio? Sin embargo, a nadie se le ocurriría negar al locutor su capacidad de realizar una presentación de sí que lo compromete, y por la cual él intenta influir en las elecciones en curso. Sería aún más impensable despojarlo de la plena responsabilidad de sus dichos. Desde esta perspectiva, el ethos está fuertemente presionado y, a la vez, es plenamente compatible con las nociones de agentividad y de responsabilidad, en el sentido moral de asumir y aceptar las consecuencias y en el sentido práctico de rendir cuentas.

Inscripción de la subjetividad en el discurso y construcción de una imagen de sí

Cualesquiera que sean sus determinaciones y sus márgenes de libertad, la imagen de sí se desprende, en primer lugar, de los rasgos de presencia que el locutor, deliberadamente o no, deja en su discurso. Es en la materialidad del lenguaje donde se establece la articulación entre la inscripción de la subjetividad y la construcción del ethos. En otras palabras, las marcas concretas de subjetividad perfilan la imagen de aquel que dice "yo". En este punto, una vez más la lingüística de la enunciación procedente de Benveniste permite analizar la presentación de sí en el discurso. De hecho, ni la retórica clásica ni la nueva retórica de Perelman están verdaderamente preocupadas por la forma en que el ethos del locutor se inscribe *de facto* en el discurso. Desde esta

---

[5] En francés, "plume", manera informal de designar a un escribiente por encargo. N. de T.

óptica, es necesario volver a las "personas" gramaticales y sobre todo al "yo", a los pronombres que con él se relacionan y a las marcas discursivas de la subjetividad o "procedimientos lingüísticos (shifters, modalizadores, términos evaluativos, etc.) con los cuales el locutor imprime su marca al enunciado" (Kerbrat-Orecchioni, 1986:43). Se trata de "subjetivemas", o sustantivos, adjetivos, verbos y adverbios que llevan la marca de la subjetividad del "yo". Pueden ser "afectivos" (expresan una reacción emocional), "evaluativos" (reflejan una competencia cultural) y "axiológicos" (transmiten un juicio de valor). Todas estas marcas lingüísticas contribuyen a la construcción de un ethos en la medida en que necesariamente proyectan en el discurso una imagen de la personalidad, las competencias y el sistema de valores del locutor.

Tomemos un ejemplo literario. Cuando el narrador del *El último día de un condenado a muerte* (1829) de Víctor Hugo escribe "El carruaje negro me trajo aquí, a este horrendo Bicêtre», inscribe su subjetividad en el texto al mismo tiempo que proyecta una imagen de sí dirigida a influir en la opinión del lector sobre la pena de muerte. El pronombre "me" indica la pasividad del sujeto sometido, a su pesar, al poder del "carruaje" (que es el sujeto gramatical del verbo de acción). La reificación es, sin embargo, contrarrestada por el empleo de los deícticos "aquí" y "este", que ubican al "yo" en posición de punto de referencia espacial: él no es solamente el sujeto que está en el origen del decir sino también aquel con respecto al cual se organiza el cuadro. Después, y esencialmente, su subjetividad se inscribe en el discurso mediante el sesgo del axiológico "horrendo", que expresa con fuerza la relación del escritor con la prisión. Más que señalar la fealdad extrema del lugar, el término revela la capacidad del condenado a muerte de percibir todo el horror de la siniestra prisión en que es encerrado con los criminales y los locos. "Horrendo" tiene también el sentido abstracto de "ruin" y, así, de moralmente repulsivo. Arrastra consigo al calificativo "negro", que al principio parece una simple nota descriptiva relacionada con el vehículo, pero que en el contexto encuentra sus connotaciones de mal y muerte. Desde esta perspectiva, la elección del axiológico "horrendo", reforzada por "negro", hace más que reflejar la competencia cultural del locutor: permite al criminal invertir la situación. Expresando claramente un punto de vista personal sobre su lugar de detención, de hecho, se coloca implícitamente como la fuente de un juicio de valor y se adjudica el derecho de condenar al aparato institucional que lo aniquila. Es más, el axiológico está aquí ligado al afectivo. Permite adivinar los sentimientos suscitados en el escritor, el horror que invade al prisionero frente a ese espacio de fealdad y abyección. Por lo tanto, muestra su cualidad de persona sensible, su capacidad de ser afectado por el paisaje siniestro en el cual se desplaza.

Vemos así cómo la inscripción de la subjetividad conduce, en el texto, a la construcción de una imagen de sí que permite al locutor presentarse como víctima destrozada por el aparato penitenciario y defender su causa tanto mediante la credibilidad que se concede como a través de la compasión que intenta suscitar. El condenado a muerte de Víctor Hugo deviene un sujeto auténtico en un lenguaje que le permite constituirse, a sus ojos y a los de los demás, como consciencia singular. Si su subjetividad emerge en un relato testimonial que contiene sus reglas y limitaciones, esto no impide al "yo" orientar su discurso con fines persuasivos y reivindicar con fuerza la libertad de cuestionar el sistema que lo envía al patíbulo.

Borramiento de la subjetividad y ethos en el discurso en primera persona

Desde esta perspectiva, no obstante, no debemos creer que la ausencia de marcas de subjetividad y el intento de minimizar la presencia del "yo" bloquean la construcción del ethos. La búsqueda de neutralidad también contribuye a proyectar una imagen de sí. En este sentido, basta recordar el escándalo provocado por el estilo llano y carente de toda emotividad de Meursault cuando, en *El extranjero*, evoca la muerte de su madre. "La des-inscripción de la subjetividad" en el discurso no deja de llamar la atención, e invita a preguntarse por la figura del locutor que comete tal borramiento. En este contexto, el borramiento enunciativo, paradójicamente utilizado en los discursos en "yo", se da también como un componente importante de la construcción del ethos.

Por supuesto, hay que distinguir los géneros en que la discreción del "yo" responde a reglas de la interacción, de aquellos en que esa discreción es poco habitual. Hay algunos escenarios en que el locutor, a la vez que asume su palabra en un discurso ya iniciado, debe reducir en la medida de lo posible las huellas de su presencia efectiva. Es el caso de determinadas interacciones profesionales, como la del camarero con sus clientes. "¿Qué puedo servirle?" seguido de "-Dos cervezas tiradas. -Se las traigo enseguida" es una intervención con un objetivo pragmático perfectamente neutro. ¿Pero le impide al mozo proyectar una imagen de sí? Rápidamente podemos ver que en absoluto: el camarero (pensamos aquí en la célebre descripción de Jean-Paul Sartre retomada por Goffman) se presenta como empleado eficaz que se atiene estrictamente a su rol y no se impone al cliente.

La situación cambia en los marcos en los que el borramiento de la subjetividad no es riguroso. El diario íntimo, por ejemplo, supone que su escritor se exprese con total libertad poniendo énfasis en lo que experimenta en su fuero íntimo. La eliminación de las marcas personales adquiere ahí, por lo tanto, un relieve especial. Podemos ver un ejemplo en los cuadernos inéditos (publicados póstumamente) del historiador Marc Bloch, que adoptan a la vez algo del diario de guerra en que el combatiente de 1914-1918 consigna sucintamente los hechos de la contienda y algo del escrito personal en que el "yo", que no escribe más que para sí mismo, tiene libertad total para expresarse:

> "Nos quedamos en Somme-Yèvre durante la mayor parte del día siguiente. Yo leí una novela negra que había tomado de un rincón y que se llamaba *Les Mystères de l'Inquisition*. Las tropas de todas las armas atravesaban el pueblo, en un flujo constante. Un coronel de caballería pidió a uno de nuestros hombres un pedazo de pan. Alrededor de las cuatro, nuestro regimiento partió. Había cadáveres alemanes en la vera del camino." (1997:128)

El texto vincula el pasado simple[6] a una serie de acciones (quedarse, leer, partir), presentadas sin ninguna marca de evaluación, de juicio o de sentimiento. Esta relación lisa y llanamente factual se enlaza con una serie de descripciones breves en tiempo pretérito imperfecto, también desprovistas de toda marca subjetiva. El acento está puesto en la precisión del lugar, el tiempo, los hechos y los detalles. La sintaxis paratáxica –una simple yuxtaposición de enunciados, sin ningún conector– también obstaculiza la interpretación personal del locutor. El texto procura ser, en la medida de lo posible, transparente y neutro. Obviamente esto no significa que no proyecte un ethos. El "yo" se presenta como auténtico miembro de un regimiento con el que comparte la misma suerte y cuyas indicaciones sigue. No obstante, se muestra como alguien que necesita lecturas –su única acción individual es "yo leí"–, aun cuando se trata de una lectura azarosa, la de la novela popular encontrada de casualidad. La mención de la actividad de lectura, junto al estilo formal y, en particular, controlado del pasado simple, presenta al "yo" singular como intelectual. En este marco, el hecho de atenerse a la observación y de ser también lo más minucioso posible no aparecen como una limitación, sino más bien como una decisión. La ausencia de todo axiológico o afectivo sobre situaciones que generan una fuerte impresión en el lector, en las que se esperaría un comentario subjetivo, marca la voluntad de limitarse a un informe riguroso. De este modo, no se sabe cómo reacciona el "yo" ante el hecho de que "había cadáveres alemanes a la vera del camino" ni qué

---

[6] El *passé simple* o aoristo en francés es el tiempo de la historia. Según Benveniste (1959), se trata de un tiempo verbal que caracteriza aquella enunciación que "excluye toda forma lingüística de la autobiografía". En este modo de enunciación, conformado por los tiempos del pasado aoristo, imperfecto y pluscuamperfecto, el plano de la subjetividad dado por la relación de persona yo-tú es relegado en beneficio de la expresión temporal. La enunciación de la historia se distingue de la del discurso, donde el sistema temporal tiene su eje en el presente y es posible la presencia de todos los tiempos verbales, con excepción del aoristo. N. de T.

piensa del hecho de que el coronel de caballería se vea rebajado a mendigar un pedazo de pan. Más aún, la elección de la pura yuxtaposición que elimina toda interpretación de los hechos narrados señala la voluntad del locutor de presentarse como testigo objetivo que se conforma con relatar el evento tal como lo vivió. Sin duda, la brevedad de las notas puede ser atribuida al género diario de viaje, que Bloch no pudo revisar para su publicación. Pero marca también una construcción de ethos –en este caso, una imagen de sí que el escritor esboza para él mismo, y proyecta ante sus propios ojos. Para él, e implícitamente para los otros, se presenta como un testigo que relata sin interpretar ni juzgar, a saber, como un historiador del presente que se atiene a los hechos e intenta no teñirlos con su propia subjetividad. Esto lo confirma su manera de hablar de sí mismo tal como habla de las cosas y de los hombres, a través de una escritura fría desprovista de todo comentario.

El *ethos* entre el *decir* y lo *dicho*

Lo hemos repetido en varias oportunidades: el "yo" puede decirse enunciando, en las modalidades de su toma de la palabra; pero también puede hacerlo, por supuesto, hablando de sí mismo. Es aquí donde interviene la cuestión ya conocida acerca la doble naturaleza del "yo", como sujeto de la enunciación o sujeto del enunciado (Benveniste, 2011:252). Esta distinción está en el centro de toda reflexión sobre el ethos. De hecho, la imagen de sí puede derivarse de lo *dicho*: lo que el locutor enuncia explícitamente sobre sí mismo volviéndose tema de su propio discurso. Al mismo tiempo, es siempre el resultado del *decir*: el locutor se revela en las modalidades de su palabra, aun cuando no se refiere a sí mismo. Es lo que Maingueneau ha denominado, ya lo hemos mencionado, ethos dicho y ethos mostrado. Hoy en día, solemos insistir en la importancia preponderante de lo que el locutor proyecta de sí mismo en su enunciación (su ethos mostrado). Esta ya era la perspectiva adoptada por Barthes cuando, en sus planteos sobre la retórica clásica (Ver Cap. 1), estipulaba que "el orador enuncia una información y *al mismo tiempo* dice: yo soy este, no soy aquel" (Barthes, 2009:143). Esta es también la perspectiva de Ducrot, para quien la forma en que el orador se presenta mediante "la apariencia que le confieren la cadencia, la entonación, calurosa o severa, la elección de las palabras, de los argumentos" es esencial y generalmente más creíble que las "afirmaciones halagüeñas que pueda hacer sobre su propia persona en el contenido de su discurso" (Ducrot, 1984:201). Para decirse, el "yo" de la enunciación no necesita escenificar un "yo" del enunciado: se muestra aun cuando no habla de su persona.

La insistencia de la lingüística en la enunciación ha sido especialmente importante porque tradicionalmente había una tendencia a privilegiar la

representación explícita que ofrecen del locutor los textos autobiográficos
–confesiones, memorias, declaraciones, relatos personales, en resumen, toda
palabra oral y escrita en que el "yo" se desdobla para hablar de sí mismo. En
este marco, proyectar un ethos está restringido al sentido de hacer comentarios sobre sí, sin considerar el hecho de que el locutor también se expone
en el nivel de la lengua, en sus elecciones léxicas, en su estilo. Cuando Bloch
escribe, "Nos quedamos en Somme-Yèvre durante la mayor parte del día siguiente", proyecta la imagen de un erudito mediante la utilización del aoristo
en un escrito íntimo y mediante la corrección gramatical de la frase. Cuando
leemos en el diario de guerra de Max Deauville: "el tiroteo parece disminuir
y apagarse, y la noche se instala poco a poco en medio del débil resplandor
de las llamas", no solo se impone la imagen del combatiente sino también la
del poeta.

Una palabra sobre el rol de los argumentos en la construcción de una imagen de sí en el nivel de la enunciación. Se recordará que la frase tan citada de
Ducrot insiste en "la elección [...] de los argumentos", según él, una de las
modalidades de enunciación que contribuye a proyectar un ethos. Tomemos,
desde esta perspectiva, el ejemplo de una entrevista publicada en el blog "La
voix des Israéliens francophones", en la cual el rabino Shlomo Aviner responde la pregunta acerca de si no es "preferible entregar algunas partes del Eretz
Israël a cambio de la paz". "La Torah", contesta él, "nos prohíbe abandonar la
menor porción de Israël. Nuestros Sabios enseñan que Eretz Israël se adqui-
rió por medio de sufrimientos y que para poseerlo hay que estar dispuesto a
dar la vida [...] *a priori*"[7]. Esta apelación a la autoridad bíblica y a la sabiduría
de Israel, que apunta a zanjar un dilema sobre la cuestión de la restitución de
los territorios ocupados como consecuencia de la guerra de 1967, proyecta
la imagen de un ser que confía incondicionalmente en las Escrituras. Todo
su razonamiento está basado en el argumento de autoridad, de aquellos que
no pueden ser cuestionados dado que tienen un origen divino. A la alusión a
la Biblia se suma la referencia a los Sabios: la ley de Dios es reforzada por su
enseñanza. Es esa apelación incondicional al argumento de autoridad la que
construye el ethos del locutor. Y también, su voluntad de subordinar a ella los
asuntos humanos, sometiendo el dominio temporal al religioso. Dime cómo
argumentas y te diré quién eres...

¿Pero qué ocurre entonces con lo dicho, con aquello que transporta el
enunciado como producto concluido de la enunciación? Si la lingüística ha
insistido en el rol fundador de la enunciación, es evidente que no ha descar-
tado, por ello, lo que el locutor afirma de sí mismo. Un punto esencial desde
esta perspectiva es la relación que se crea en el discurso entre la imagen

---

[7] http://www.terredisrael.com/wordpress/ ?p=14550

resultante de modos de enunciación y aquella que se desprende de lo que el "yo" dice sobre su propia persona. La importancia determinante de esta relación es intuitivamente aprehendida por los usuarios de la lengua, como lo atestigua el chiste habitual sobre la afirmación de modestia: declarar "yo soy muy modesto" es visto como una contradicción de términos; el acto de atribuirse a sí mismo una cualidad no concuerda con lo que implica la modestia afirmada por el "yo". Así, el ethos obtiene su mayor o menor grado de eficacia a partir de la coincidencia o la no-coincidencia entre el decir y lo dicho.

El locutor puede no ver lo que revela de sí mismo, proyectando una imagen de sí que está a mil kilómetros de distancia de aquello que habría querido sugerir. En *J'étais garde du corps de Hitler* (2006), Rochus Misch, 88 años, declara:

> "Desde la muerte de Otto Günsche, el edecán de Hitler, en octubre de 2004, soy el único sobreviviente de este pequeño círculo que rodeaba cotidianamente al Führer. No siento ningún orgullo. Considero haber hecho mi trabajo de soldado correctamente, ni más ni menos." (2006:14)"

Misch proyecta aquí una imagen de modestia basada en la suposición de que él podría presumir de ser el único sobreviviente de un grupo de privilegiados: renuncia a vanagloriarse de haber sido un allegado al Führer y de haber cumplido una misión junto a él. Por consiguiente, se abre una brecha entre lo que él dice de su propia persona y lo que revela indirectamente la dimensión argumentativa de su discurso. De hecho, el locutor construye su ethos sobre una petición de principio atribuyendo al auditorio valores y creencias que no son necesariamente los suyos. Al hacerlo, devela sus propias convicciones sobre el honor de haber servido al Führer, sin ningún rastro del arrepentimiento o del remordimiento que en los albores del siglo XXI podríamos esperar de un antiguo seguidor de Hitler. La imagen del hombre modesto en lo dicho es sustituida por la del nazi empedernido en el decir. Más adelante, lo que él afirma de su propia persona también es contradicho por lo que muestra en la construcción de su argumentación. Se presenta como hombre recto y concienzudo que respeta la disciplina ante todo y que pone en el deber cumplido su único rasgo de honor: "Considero haber hecho mi trabajo de soldado correctamente, ni más ni menos". El ethos de buen soldado y hombre modesto, respetuoso de los valores de la obediencia, es sin embargo acompañado, en la enunciación, por una imagen totalmente distinta. La apelación ingenua a una fórmula fija que condensa el típico alegato de los criminales nazis denota un ser incapaz de pensamiento crítico y de introspección, reforzando la imagen de enceguecimiento que emanaba de su declaración anterior: "No siento ningún orgullo". El locutor proyecta así de buena fe, y casi caricaturescamente, un ethos de nazi no arrepentido que solo puede repeler al público al que se dirige.

La no-coincidencia, que aquí revela una falta de conocimiento y conduce a un fracaso de la comunicación eficaz, también puede, en otros casos, ser deseada y hábilmente orquestada. Se puede decir algo sobre la propia persona dando a entender cualquier otra cosa. Así, en el siguiente fragmento de un diálogo novelesco, una joven mujer se dirige a su amante, quien intenta hacerle adoptar un comportamiento adecuado a sus ideas convencionales sobre la mujer. Ella proyecta entonces un ethos discursivo que se construye con un doble alcance: "Dices tonterías. / ¡Soy mujer, tengo derecho! / Oh, pero no tienes derecho a abusar [...] / ¿Y cómo sabría yo, una pobre chica, cuándo abuso?" (*Les Stances à Sophie*, 1963:23). Claramente, la imagen que la narradora de Christiane Rochefort adopta en sus respuestas es la que el hombre quiere imponerle: en tanto mujer, ella dice que no tiene cerbero y que es incapaz de decir cosas sensatas; no es más que una pobre chica sin juicio. La literalidad de lo dicho contrasta con aquello que dan a entender el tratamiento displicente de la réplica y la seguridad de la argumentación razonada. La joven mujer es capaz de adueñarse de las representaciones desvalorizantes atribuidas a su género para burlarse de ellas. Sostiene un razonamiento que parodia burlonamente el del otro y lo vuelve contra él, mostrando así que ella es capaz de dominar tanto la argumentación como el humor y que está perfectamente dotada de la facultad de pensar y de decidir por sí misma. En resumen, el "yo" se describe como mujer frágil sin capacidades intelectuales únicamente para hacer alarde de esas mismas capacidades en su presentación de sí, invirtiendo así en la enunciación la imagen ofrecida en el enunciado.

Observemos al respecto el efecto provocado por la interacción en el relato. De hecho, la mujer habla a su amante lleno de prejuicios, y él toma sus declaraciones en sentido literal. Así, cuando responde "Oh, pero no tienes derecho a abusar" está, según la narradora, encantado con la imagen que ella proyecta de sí de mujer tonta. Y cuando ella le dice "¿Y cómo sabría yo, una pobre chica, cuándo abuso?", su interlocutor la toma también literalmente, respondiendo sin dudar "Cuando yo te lo diga". El ethos construido por el "yo" juega así en un doble plano tanto más irónico para el lector cuanto que el interlocutor de la conversación íntima no percibe la antífrasis y disfruta de la imagen estereotipada que la mujer construye de sí misma para él.

Los juegos especulares de "yo" y "tú": marcos conceptuales

Este ejemplo demuestra que la presentación de sí debe ser pensada en un marco conceptual en que la relación del sujeto con el otro sea constitutiva. Toda imagen de sí es necesariamente tributaria de la relación "yo"-"tú", aun cuando, como en el caso de Marc Bloch, se trate de un diario de viaje. "Los escritos más íntimos", observa Bajtín, "son también ellos dialógicos de un extremo al otro: están atravesados por las evaluaciones de un oyente virtual, de un oyente potencial, incluso si la representación de tal auditorio no aparece de forma clara en la mente del locutor" (Bajtín, 1981:294). Para comprender mejor cómo el ethos se construye en el discurso, es necesario, entonces, explorar la manera en que el "yo" se muestra ante un "tú" o un "ustedes", presente o ausente, en función de sus supuestas expectativas. Es evidente que el dirigente del partido socialista no proyectará el mismo ethos frente los miembros de su partido, en una sesión parlamentaria o ante un público fiel a las ideas de sus adversarios. En cada caso, ajustará su imagen en función de la que él se hace de sus interlocutores. Del mismo modo, en una conversación privada, o en una carta, un individuo realizará una nueva presentación de sí según la persona con la que interactúe: su cónyuge, sus hijos, un colega, un comerciante.

En su *Tratado de la Argumentación. La Nueva Retórica* (1997), Chaim Perelman y Lucie Olbrechts-Tyteca han sabido destacar la centralidad del auditorio, definido como "el conjunto de aquellos sobre los cuales el orador quiere influir por medio de su argumentación" (1997:25). Han señalado la necesidad del orador de adaptarse a su público o, más precisamente, a la idea que se hace de él. Esta visión implica una construcción en espejo de la imagen de los interlocutores, punto en que la nueva retórica paradójicamente se cruza con los trabajos de Michel Pêcheux (1978). Recordemos que, para este último, el emisor y el receptor, en los dos extremos de la cadena de comunicación, se hacen una imagen respectiva uno del otro. El emisor (o locutor) A se hace una imagen de sí mismo y de su interlocutor B. Recíprocamente el receptor B se hace una imagen del emisor A y de sí mismo, y es en esta interdependencia que se elabora la presentación de sí. No sabría exponer más claramente el juego especular que funda el cuadro figurativo.

La construcción del ethos en la destinación directa

Tomemos un caso concreto de construcción del ethos en su relación con el "tú": la carta privada. Elegiré aquí un fragmento de una carta de Alfred Dreyfus a su mujer Lucie, luego publicada en *Les lettres d'un innocent* (1898):

"[…] se trata del honor de un nombre, de la vida de nuestros hijos. Y yo no quiero, prestame atención, que nuestros hijos jamás tengan que bajar la cabeza. Es necesario que se eche luz plenamente sobre esta trágica historia. Nada debe, entonces, ni desanimarte ni agotarte. Todas las puertas se abren, todos los corazones laten ante una madre que no pide más que la verdad para que sus hijos puedan vivir." (Alfred Dreyfus, Islas de la Salvación, 15 de julio de 1985, en *Alfred et Lucie Dreyfus*, 2005:250)

Encontramos aquí un "yo" que se dirige a un "tú" en una relación íntima y que construye una imagen de su persona en estrecha interrelación con la que proyecta de su compañera. Se trata, en efecto, de un discurso dirigido a una destinataria única, en una situación en la que los dos esposos están separados a raíz de la detención del capitán Dreyfus, acusado de traición, en la Isla del Diablo en Guayana Francesa. Lazos muy estrechos unen a Alfred con Lucie, quien comparte con él no solo la convicción de su inocencia y el deseo de obtener su absolución sino también los valores. En esta situación de discurso, Alfred no se conforma con proyectar para su mujer la imagen de un hombre injustamente condenado y profundamente herido; quiere también persuadirla de la urgencia de su tarea: hay que conseguir lo antes posible, y sean cuales fueren los obstáculos, la revisión de su proceso.

El adjetivo posesivo "nuestros", aplicado a los hijos, reúne a ambos interlocutores en una misma entidad parental en que los intereses son comunes. En un juego de reflejos, el "yo" proyecta una imagen de padre e interpela al "tú" en su función de madre, basando todo el proyecto –la lucha por la reparación de su nombre– en ese problema común. La preocupación padecida por la suerte de los hijos y la voluntad de velar por su porvenir construyen la imagen de un buen padre, a la cual el escritor de la carta hace corresponder, en un juego especular, la imagen de su destinataria como buena madre: "una madre que pide la verdad para que sus hijos vivan". Al mismo tiempo, el "yo" se presenta como esposo que tiene derecho a dar consejos e instrucciones: "yo no quiero, prestame atención...", "Nada debe agotarte...", "Es necesario que...". Expresa su voluntad de forma insistente y se presenta como quien comunica o recuerda una verdad general: "Todas las puertas se abren...". El discurso del escritor de la carta construye entonces para Lucie la imagen de un padre de familia y un marido que guía a su esposa en un terreno que es necesariamente extraño a una mujer de la época confinada a la esfera privada y que debe, sin preparación alguna, intervenir en el dominio público. La autoridad del "yo" se apoya aquí no solo en el estatus de *pater familias* sino también en la falta de experiencia de su destinataria, ceñida a los roles tradicionalmente conferidos a una esposa burguesa.

Además, las palabras "honor", "luz" (en la expresión "echar luz"), "verdad", presentan al locutor como fuertemente apegado a los valores morales y, al mismo tiempo, como un militar, un oficial de carrera para quien el honor es primordial. La importancia dada al honor de un nombre es también un rapto de rebeldía, expresado en "yo no quiero, prestame atención, que nuestros hijos jamás tengan que bajar la cabeza", que denota un hombre orgulloso, indignado por la humillación infligida. El giro enfático marca la expresión de sentimientos personales –dignidad herida, arrebato de orgullo y rebeldía que presentan el costado afectivo del locutor, su sensibilidad e incluso su naturaleza pasional.

Así, en su interacción epistolar con su mujer, Dreyfus basa la eficacia de su palabra en la imagen de buen padre, esposo sensato capaz de guiar a su mujer inexperta y de indicarle una línea de acción, hombre sensible herido en sus sentimientos e individuo imbuido de grandes principios y movido por el sentimiento moral. El apego a los valores es expresado de forma fuerte y clara; mientras los afectivos, más que estar marcados en el vocabulario, se dejan adivinar por el tono –aparecen solo en el adjetivo "trágica" de "trágica historia", que además es evaluativo más que afectivo. El locutor se cuida de controlar sus pasiones y permanecer del lado de la razón y de la ética. Para que su destinataria se deje influenciar por sus consejos, tiene que ver en él, en esta etapa, un hombre nutrido de valores morales que es capaz de razonar, y no solamente un ser afligido guiado por sus sentimientos.

La construcción del ethos en la doble destinación

En este punto, hay que señalar la importancia del alocutario indirecto que es introducido en la comunicación a partir de la antologización de las cartas de Dreyfus. De hecho, la publicación de la carta en 1898 introduce una doble destinación al colocar la misiva privada bajo los ojos del gran público. La naturaleza de la comunicación es, entonces, necesariamente alterada: la imagen de sí que el "yo" construye en su discurso ya no se dirige a un allegado persuadido de su inocencia sino a un auditorio al cual se le ha hecho creer que Dreyfus era un traidor aborrecible digno del más severo castigo. Si Lucie acepta hacer publicar una parte de su correspondencia íntima con su marido, es a causa de las instigaciones de Joseph Reinach, que quiere hacer de las cartas privadas una prueba de inocencia. El título lo muestra claramente: *Las cartas de un inocente*. Mientras la carta a Lucie databa de los comienzos de la detención del capitán, en una época en la que ninguna solución parecía posible, la publicación del libro se ubica en el momento del debate desencadenado alrededor de lo que en adelante sería llamado "el Affaire Dreyfus". En estas circunstancias, el ethos positivo proyectado por el escritor de la correspondencia, el carácter enfático de la carta que muestra a un hombre movido por un fuerte sentimiento moral, ha de jugar a su favor. En otras palabras, es la imagen del buen padre, del esposo responsable, del hombre honesto apasionado por la justicia y la verdad, del hombre lleno de dignidad comprometido con su honor, lo que convencerá al gran público de la falsedad de la acusación presentada contra Dreyfus. Esta imagen ha de tocar una fibra sensible, estableciendo un lazo en torno a valores compartidos. Es desde esta perspectiva que el ethos adquiere plenamente el estatus de evidencia y puede ser incluido en el expediente. Reinach lo dice claramente en su prefacio: las cartas publicadas son "un complemento elocuente de nuestra apelación" (p. 20) –no porque ellas expresen "lamentos" para llamar a la compasión, sino porque hacen oír "el grito de la conciencia" capaz de despertar tanto la indignación causada por la injusticia como el deseo ardiente de alcanzar la reparación que se impone. Más que las pruebas tangibles acumuladas en cantidad y sintetizadas en el texto de Reinach, es la impresión producida por el autor de las cartas, la sinceridad de su acento, lo que logrará la adhesión. El ethos del escritor de la carta será aquí tanto más creíble cuanto no está construido para un público exterior sino proyectado para su mujer en un texto estrictamente privado.

Vemos así cómo el ethos se construye en función de la imagen que el locutor se hace de su alocutario, y cómo la interacción entre el "yo" y el "tú/ustedes" determina las modalidades de la presentación de sí; pero también cómo la presencia de un alocutario indirecto que no es tenido en cuenta por el locutor puede transformar la función del ethos y el sentido del proyecto de persuasión sin que el texto haya sido alterado en absoluto.

Evidentemente podemos pensar en el caso hipotético en que la doble destinación no es producto de un factor exterior sino de una situación de comunicación de la que el locutor es plenamente consciente. El "yo" puede dirigirse con todo conocimiento de causa a dos auditorios distintos en un discurso único que proyecta para cada uno de los públicos una imagen de sí a veces parecida, a veces distinta, pero en cada caso destinada a cumplir funciones diferentes. El teatro está lleno de situaciones de este tipo. Elmira, que pretende desenmascarar las artimañas de Tartufo, interpreta con él una escena en que ella se presenta frente al hipócrita santurrón como una mujer que se deja seducir. Simultáneamente construye una imagen de esposa fiel a los ojos de su auditorio indirecto, en este caso su esposo que observa escondido la conversación. En conclusión, ella se presenta como mujer no solamente honesta sino también astuta a los ojos del público, quien penetra en los estratagemas de la doble destinación y constituye un auditorio suplementario inherente al género dramático.

Ocurre lo mismo en otros formatos genéricos, como en los debates televisivos o las cartas abiertas, e incluso en el espacio del discurso polémico en que el locutor ataca a su adversario con el fin de ganarse la adhesión de un tercero que hace de testigo. Así, François Léotard, político retirado, antiguo presidente de la UDF[8], ex-Ministro de Cultura y Defensa, lanza un violento

---

[8] Unión para la Democracia Francesa. N. de T.

ataque contra su antiguo compañero de ruta, Nicolás Sarkozy, por el cual dice sin embargo haber votado en las presidenciales de 2007. En su obra de 2008, Ça va mal finir, incluye una carta abierta en la que escribe:

> "…desde que estás en el Elíseo[9], estoy preocupado. ¿Qué es exactamente lo que te ha pasado? Leí en un periódico que a partir de ahora la policía francesa detiene a los jóvenes… Seguí con consternación la historia de terror[10] que te puso en los brazos de Kadhafi… Me entero de que tenés un "pluma" que te hace decir mentiras… […] No está bien eso, Nicolás. Te lo digo porque hemos crecido juntos." (2008:116)

En un estilo deliberadamente familiar, la carta dirigida a un allegado construye la imagen de un consejero paternalista que reprende a su alocutario como a un chico: el "yo" da una lección a un "tú" como a un niño que no se habría portado bien. Al mismo tiempo, se presenta como un hombre que tiene lucidez y sentido crítico y que expresa su preocupación ante las faltas de su amigo ostentando una franqueza bienintencionada ("Te lo digo porque hemos crecido juntos"). Esta distribución de roles (lo que Maingueneau llama "escenografía") adquiere evidentemente un sentido polémico tanto en relación con el alocutario directo, Sarkozy, como en relación con el alocutario indirecto –el gran público al que la carta abierta está en realidad dirigida. La relación que se deja ver entre el "yo" y el "tú" es la que se establece entre el agresor y su víctima, por lo que la imagen del polemista es tributaria de la que él ofrece de su adversario. Presentando al presidente de la República electo como un chico inmaduro que falló y al que hay que amonestar, el autor de la carta abierta se muestra como un escritor mordaz que es capaz de agresividad pero también de control: su palabra es medida. Demuestra así un saber-hacer. Su ataque es tanto más eficaz cuanto se disimula bajo falsas apariencias y maneja hábilmente la ironía. El polemista también es aquí un buen ciudadano: de hecho, es en nombre de una preocupación ciudadana que Léotard reivindica el derecho a pronunciarse contra una forma de gobernar, a la cual expresamente sigue de cerca. Su denuncia se apoya en los valores que él supone compartidos con el público, y que son los de la República francesa: la libertad, pero también la hospitalidad y la humanidad ("la policía detiene a los jóvenes"), el respeto por los derechos del hombre y el rechazo a avalar todo aquello que los amenace (la bienvenida dada por el

---

[9] Palacio del Elíseo, sede de la Presidencia de Francia. N. de T.

[10] En francés, "morceau de Grand-Guignol", literalmente: pieza de Grand-Guignol. Hace referencia al teatro parisino con el mismo nombre que entre 1897 y 1962 se dedicó a presentar obras de terror con orientación naturalista. La expresión actualmente es utilizada para referir a piezas de humor macabro tanto teatrales como de cine y televisión. N. de T.

gobierno de Sarkozy al coronel Kadhafi durante su visita a París), la igualdad que debe manifestarse en las relaciones de Francia hacia los países de África (el famoso discurso de Dakar escrito por Henri Guaino, tan criticado por sus rasgos colonialistas).

En síntesis, es sobre la base de un saber enciclopédico compartido, pero sobre todo de una visión del mundo común, que Léotard condena los descarríos del presidente. En el ethos del polemista, la figura del ciudadano respetuoso de los derechos humanos y de los valores de la República legitima la del agresor. El "anti-ethos" o la imagen desvalorizada de la víctima viene a representar al doble invertido del locutor (Garand, 2007). Contrariamente a Léotard, él no maneja la palabra por sí mismo (tiene "un pluma"), incurre en comportamientos incontrolados ("¿Qué es exactamente lo que te ha pasado?") y ha perdido su sentido crítico (no parece rendir cuenta de sus derrapes ni de las "mentiras" que le hacen decir); y no respeta los derechos del hombre ni los valores de la República (hace detener a los jóvenes). En un juego especular en que las imágenes se corresponden invirtiéndose, la deslegitimación del adversario legitima al polemista asegurando su credibilidad.

La presentación de sí frente a un auditorio heterogéneo

En lugar de destinarse a un doble auditorio en el que cada uno se sitúa en un nivel distinto (el adversario y el tercero, el actor y el público, etc.), el discurso puede elegir dirigirse a un colectivo que comprende en su interior grupos diversos para los cuales resultará eficaz una misma y única presentación de sí. Es lo que Perelman y Olbrechts-Tyteca denominan auditorio heterogéneo. ¿Pero cómo producir una imagen de la propia persona que sea adecuada a individuos cuyos valores y expectativas difieren? Este problema se le plantea en toda su magnitud al candidato que se presenta al conjunto de los votantes. Así como puede orientar su presentación de sí en una dirección precisa cuando se encuentra ante los electores de su propio partido, el político también debe prever las reacciones variadas y a menudo contradictorias de los votantes cuyas opiniones e intereses son conflictivos. La construcción del ethos se vuelve, entonces, una operación delicada y peligrosa, en que el locutor intenta conciliar imágenes heterogéneas capaces de satisfacer a los unos y a los otros –siempre con el riesgo de adoptar términos medios que disgusten a todo el mundo.

Esta situación se torna particularmente interesante cuando es tematizada por un orador que es plenamente consciente de ella y que quiere compartir esta consciencia con su auditorio. Así, Barack Obama, en su famoso discurso

"A More Perfect Union" ("Una unión más perfecta", 18 de marzo de 2008)[11], se dirige a todos los ciudadanos americanos para responder a las acusaciones de extremismo lanzadas en su contra como consecuencia de las declaraciones intempestivas del pastor de su congregación, el reverendo Wright. En ese momento sensible, cuando su reputación es puesta en peligro por un discurso colérico y de resentimiento que recae sobre él a la vez porque es de su antiguo guía espiritual y porque se trata de los sentimientos de la comunidad negra de la que él es miembro, a él le interesa más que nunca proyectar una imagen que conquiste los votos de todos los ciudadanos. ¿Se presentará como crítico de los negros para ofrecer a los votantes blancos una representación favorable de su persona, a riesgo de aparecer como un traidor a los ojos de los suyos? ¿Intentará más bien eludir el problema esperando pacientemente que las calumnias sean olvidadas? En la gran dificultad en que se encuentra, todas las miradas se dirigen a él. Y es en ese momento preciso que él es llamado a construir un ethos que le restituya su amenazada imagen de presidenciable.

En cierto punto, le resulta fácil distinguirse del pastor Wright: condena la virulencia de sus declaraciones, proferidas en un "lenguaje incendiario" que no puede más que acentuar la segregación racial, y sobre las cuales afirma que son una ofensa a la grandeza y a la bondad de todos los americanos, negros y blancos mezclados. Obama no hace aquí una enmienda; trabaja más bien para rechazar la imagen de extremista que se le atribuye sin razón alguna. Disociándose de Wright, toma distancia con respecto a la violencia y a la exacerbación de los conflictos, no con respecto a la comunidad negra. Por lo tanto, se dirige al conjunto de las personas de todas las etnias y de todas las tendencias que condenan los excesos y las tentativas de avivar los conflictos. Se ubica entre aquellos que rechazan con firmeza la incitación al odio racial. Sin embargo, esto, a diferencia de lo esperado, no constituye el meollo de su discurso y solo aparece en el párrafo doce del texto.

Ante todo, el candidato se presenta como un político que se sitúa en la gran tradición de los padres fundadores y aspira a completar la tarea que ellos no pudieron llevar hasta el final —en este caso, realizar la promesa de igualdad inscrita en la constitución, pero comprometida por la esclavitud y que continúa siendo, hasta ese día, defectuosa. Desde esta perspectiva, es a la vez un heredero de la gran tradición americana y un hombre que se vuelca a la política por sentirse investido de una misión. El futuro hacia el cual se dirige es interpretado como una fidelidad al pasado y como una culminación. El candidato negro se presenta entonces como un hombre de tradición, en el sentido fuerte del término. Es un verdadero americano dado que se pone en el lugar de los padres fundadores de Estados Unidos y prosigue el camino que

---

[11] http://my.barackobama.com/page/content/hisownwords

ellos trazaron: aquí la metáfora de continuar hoy "la larga marcha de aquellos que nos precedieron" habla por sí misma. Obama se muestra también como un idealista digno de América puesto que dice ingresar como político para realizar el ideal plasmado en la constitución. Más aún, aparece como un hombre responsable que quiere hacer frente a los problemas no resueltos y asegurar el porvenir de su pueblo. Construyendo esta imagen, Obama se adjudica una filiación simbólica que recubre y oscurece aquella que se le reprocha, ubicándose bajo los auspicios de quienes convocan a la unión cuando es sospechoso de estar bajo la influencia del pastor que profundiza la segregación racial. Se sacrifica por todos los ciudadanos que se pretenden fieles a los valores fundacionales del país.

Sin embargo, esta imagen de americano que sigue los pasos de los padres fundadores no alcanza aquí para la demostración. Obama le agrega dos puntos esenciales, que están estrechamente relacionados: un ethos de hibridación, que presenta como característico de la americanidad y que le permite reunir en sí mismo dos pertenencias conflictivas, y un ethos de fidelidad a cada una de las comunidades, incluso en sus excesos, que es capaz de comprender y no solamente de juzgar. El primer punto se expresa en el autorretrato que da de sí mismo como hijo de un padre de Kenya y de una madre de Kansas, criado por abuelos blancos y casado con una afroamericana que tiene sangre de amos y esclavos. Lejos de contradecir su ejemplaridad americana, esta heterogeneidad la refuerza: ella se presenta como la marca misma de aquello que no sería posible más que en Estados Unidos. De esta imagen de sí personal, arraigada en la historia familiar e inscrita en el cuerpo, el orador pasa a su imagen de candidato, con respecto a la cual reconoce que no es de lo más convencional. No obstante, esa excepcionalidad en el terreno político no lo descalifica en absoluto. Lo vuelve, por el contrario, un político capaz de comprender el sentido de una nación "que no es la suma de sus partes", pero que es una. En síntesis, el ethos individual traducido como ethos político presenta a un candidato que lleva en él todos los aspectos de su país y percibe la unidad del cuerpo nacional a partir de su propia corporalidad. Él responde así a la expectativa de todas las comunidades de las que participa y, al mismo tiempo, a la de los estadounidenses que crecieron con la creencia en el ideal de una unidad americana basada en la diversidad.

Es a partir de ese ethos a la vez múltiple y unificado que Obama puede retomar la cuestión de aquellas porciones de la población que transmiten un legado de desconfianza y odio mutuo. Lejos de renegar del reverendo Wright, muestra una comprensión desde adentro hacia las frustraciones y los resentimientos de los negros, que se ocupa de poner en paralelo con las de los blancos, ejemplificados por su abuela. Mediante una maniobra arriesgada, se muestra entonces como candidato honesto y valiente que se rehúsa a renegar de los suyos, sean de la tendencia que sean: "esta gente forma parte de mí. Y forma parte de América, el país que amo". Así, se apoya a la vez en los valores éticos de fidelidad a los cuales todos los americanos deben ser sensibles y en una pertenencia étnica múltiple que lo acerca a ambas comunidades. Desbaratando los reproches dirigidos a él por ser demasiado negro o por no serlo suficientemente, se ubica como plenamente integrado a la comunidad negra y a la comunidad blanca, hasta en sus debilidades, y destinado a reunirlas no solamente en su persona sino también en su llamado a un camino común hacia la realización de la promesa original.

Vemos entonces cómo Barack Obama trabaja para ganarse a un auditorio heterogéneo proyectando una imagen híbrida que le permite marcar su cercanía con diversas comunidades y trabajar para reconciliarlas. Lo hace a través de una comprensión de sus resentimientos, pero también con una voluntad de trascenderlos para realizar el ideal de los padres fundadores. Vemos también cómo él construye, en su relación con el auditorio heterogéneo, una identidad a la vez múltiple y auténticamente americana que, a través de una modulación de ideas comunes [*idées reçues*] sobre la americanidad, le permite mostrarse como el hombre del momento.

La construcción de una imagen de sí en ausencia de destinación

¿Qué ocurre, sin embargo, con los múltiples casos en que el discurso carece de destinación y el auditorio permanece ausente y en cierto modo indefinido? Sin duda, el ethos del locutor puede construirse frente a un público hacia el cual no se dirige especialmente; por ser virtual, la interacción no resulta menos decisiva. ¿Pero cómo encontrar las huellas de esa negociación de imágenes cuando la relación con el otro es disimulada en el texto? ¿Por qué medio identificar los vínculos entre el "yo" y el "ustedes", entre la imagen de sí y la imagen del otro, en ausencia de todo diálogo manifiesto?

Abro un libro al azar, *El imperio de la vergüenza* de Jean Ziegler, publicado en 2005 por Fayard[12], y leo:

> "El World Food Report de la FAQ, que proporciona estos datos, afirma que la agricultura mundial, en el estado actual de desarrollo de sus fuerzas de producción, podría alimentar normalmente (a razón de 2700 calorías por día y por adulto) a 12 mil millones de humanos.
> Hoy somos 6.2 mil millones sobre la tierra.
> Conclusión: no existe destino alguno. Un niño que muere de hambre es asesinado.

---

[12] La edición en castellano es de 2006, ed. Taurus. N. de T.

> El orden del mundo económico, social y político erigido por el capitalismo predador no es solamente mortífero. Es también absurdo.
> Mata, pero mata sin necesidad.
> Debe ser combatido radicalmente.
> Mi libro pretende ser un arma para ese combate."

Sin duda, el autor se dirige a mí como una lectora sensible a la lógica, accesible a los razonamientos basados en cálculos numéricos, pero también empapada de valores éticos y capaz de ser conmovida por la muerte (inútil) de un niño. Una lectora que no será enceguecida por un prejuicio favorable a la economía capitalista. El auditorio, cuando no está señalado ni descrito, puede siempre ser inferido de los valores, creencias, opiniones que el texto le atribuye: es así como se forma, a través de las páginas del ensayo, la figura del lector al cual está destinada la obra. Es frente a este público virtual que el autor proyecta una imagen de sí que pretende creíble y convincente. Su personalidad militante y su proyecto voluntarista ("mi libro pretende ser un arma para ese combate") son reforzados por afirmaciones fuertes con valor deóntico: "[el capitalismo predador] debe ser combatido radicalmente". También son sostenidos por aserciones lanzadas con energía en enunciados breves, varios de los cuales encabezan la traición, y que son todas denuncias violentas: "un niño que muere de hambre es asesinado". Ziegler construye una imagen de luchador por la justicia y la defensa de los oprimidos, basada en el modelo del acusador que no mide sus palabras y del procurador que dirige un proceso. Presenta documentos al respecto, las pruebas numéricas, y llega a las conclusiones gracias a un razonamiento lógico irrefutable. Indignado, no se presenta solamente como un hombre guiado por la pasión, sino como un ser pensante. Bien informado, no se contenta con extraer las consecuencias de su saber, sino que resalta los valores humanos y éticos que justifican su emoción.

Vemos cómo este ethos es negociado en el texto con el lector virtual. La credibilidad se construye primero sobre informaciones precisas (los datos): el escritor se presenta al público como un autor que domina plenamente su tema, como un experto. Su poder de convicción descansa también en el razonamiento matemático, extendido por un argumento lógico que llega a persuadir al lector de la capacidad de Ziegler para no dejarse llevar y para construir un razonamiento válido. La razón de las emociones debe ser presentada a los occidentales, que siempre desconfían de la pasión pura. Es solamente sobre la base de esta imagen de racionalidad que la aserciones fuertes apelan a sus sentimientos basándose en valores compartidos: la piedad hacia las víctimas, la indignación hacia los responsables del mal. Cuando el autor suscita sentimientos morales fundados en valores que él tiene como compartidos, sentimientos en sí mismos adheridos a una argumentación sólida, proyecta su imagen de denunciante y de combatiente. Este ethos intenta sumar a su compromiso apasionado a un público que supone insuficientemente informado, generalmente indiferente o apático, pero globalmente impregnado de la idea de que hay que actuar contra la pobreza y el hambre.

Se notará que Ziegler lanza su ataque sin preocuparse demasiado por aquellos que puedan rechazar su libro tildándolo de anticapitalista. La calificación de "capitalismo predador" permanece ambigua –permite distinguir un buen capitalismo de uno malo, pero también puede tomarse como un juicio sobre el capitalismo en general. ¿Esto significa que el autor se dirige a su público eliminando desde el comienzo a aquellos que no aceptan sus premisas? En realidad, Ziegler parece apostar a un auditorio unificado que, aunque no lo parezca, reúne a lectores apegados a los mismos valores, susceptibles de ser conducidos por la misma indignación y capaces de razonamiento lógico. En este modelo global, y frente a la urgencia del problema tratado, las divergencias han de ser borradas, las barreras entre los defensores del capitalismo y los anticapitalistas se caen por sí mismas. La imagen del denunciante lleno de audaz indignación que proyecta el autor producirá su efecto no solamente sobre todos los contemporáneos sino también sobre todo ser humano dotado de razón y de sentimientos. Trasciende las divisiones y las diferencias al asumir un auditorio universal capaz de comprender que el derroche de la vida humana no puede ser tolerado bajo ningún pretexto.

Vemos entonces cómo toda puesta en escena del yo es estrechamente dependiente de la imagen que nos hacemos del interlocutor. El "yo" construye su identidad en su relación con un "ustedes". Es frente a él y para él que construye una imagen de sí; se muestra en escena, pública o privada, para ejercer un efecto adecuado a la interacción entablada. Al final del camino, aparece claramente que la presentación de sí descansa siempre en una negociación de identidad a través de la cual el locutor a la vez se posiciona y trata de imponer, o al menos de compartir, sus formas de ver.

Quinto Capítulo

Dinámicas interactivas
La gestión colectiva del ethos

Si bien la presentación de sí en que el "yo" se instaura y se define frente a un "tú"está sometida a una misma ley general, no deja de presentar particularidades en las situaciones de interacción, sean estas orales o escritas. En estos dispositivos, la capacidad de controlar la imagen propia encuentra dificultades con las que no se topan los discursos monogestionados. Estos últimos, de hecho, dejan total libertad al locutor. Él puede decir y decirse sin ser interrumpido; dispone de un espacio que le presentan como propio, sin injerencia alguna del exterior. Por el contrario, en la interacción cara a cara, o en sus equivalentes escritas, debe reajustar constantemente su imagen en función de las respuestas de su interlocutor, en función de la forma favorable o desfavorable en que él reacciona a su presentación de sí y en función de las imágenes alternativas que él le ofrece en el transcurso del intercambio. Estos casos deben ser objeto de una reflexión integral, en la medida en que refuerzan y/o radicalizan el proyecto del otro sobre la presentación de sí. La reflexión se impone dada la extrema frecuencia de la interacción "real", que es moneda corriente de la comunicación cotidiana y en la que algunos ven también su forma básica: ¿no es la regla de la conversación cotidiana y telefónica, de las interacciones en los lugares de trabajo, en los comercios o en las clases, de los debates televisivos, de los chats y de los blogs, de los intercambios epistolares?

La interacción: la gestión colectiva y la negociación del ethos

Lo esencial en la interacción cara a cara radica en que la imagen que proyecta cada uno de los participantes es objeto de una reacción inmediata por parte del interlocutor. Cada uno es llamado a validar el ethos que su interlocutor construye para él en el marco de un proceso colaborativo. En los discursos monogestionados, la reacción efectiva del otro, desde luego, es importante, dado que es a ella a la que se apunta; pero forma parte de la recepción, es decir, de una etapa ulterior a la producción de una imagen de sí (volveré sobre esto). En la interacción propiamente dicha, en cambio, la validación o la crítica del otro forma parte integral del proceso de producción, que en general se realiza mediante una serie de reajustes, modificaciones e incluso correcciones. De hecho, si bien el interlocutor puede aceptar de buen grado el ethos que le es ofrecido, también puede cuestionarlo, corregirlo, rechazarlo o aún devolver una imagen alternativa, eventualmente desfavorable. En caso de divergencia o desacuerdo, el locutor se ve obligado a negociar su imagen. El término "negociar" es tomado aquí en el sentido metafórico que le confieren las ciencias del lenguaje: por "negociaciones conversacionales" entendemos los "mecanismos de ajuste de los comportamientos mutuos" (Kerbrat-Orecchioni, 2005:94).

Siguiendo a Kerbrat-Orecchioni, podemos considerar que la interacción comprende tres principales casos hipotéticos (que son, a veces, cuestión de grados). En primer lugar, está el caso en que hay asentimiento y el proceso es plenamente colaborativo (yo proyecto una imagen de mí que el otro acepta y confirma); podemos entonces hablar de colaboración. Luego, está el caso en que hay un desacuerdo más o menos evidente y una intención común de superarlo (yo proyecto una imagen que el otro pone en tela de juicio y que, por mi parte, me esfuerzo en hacer aceptar al precio de ciertas reestructuraciones, en el marco de una serie de reajustes de una parte y de la otra): la situación de búsqueda de acuerdo es la de la negociación. Finalmente, está el caso en que prevalece el antagonismo, sin búsqueda de acuerdo (ofrezco una imagen que el otro ataca sin concesión y sin intento de conciliación): aquí hay antagonismo o intercambio agonal. Los tres casos están distribuidos según los géneros discursivos, pero pueden también repartirse de diversas formas en una misma interacción. En todos ellos, la construcción del ethos es objeto de una gestión común.

Para evitar malentendidos terminológicos, señalaremos que los analistas de la conversación extienden a veces la llamada negociación a todos los casos en que hay una gestión común, es decir, todas las interacciones cara a cara, haya o no desacuerdo. Sin duda, toda presentación de sí, discutida o consensuada, construye una identidad y autoriza el buen desarrollo de la interacción en el acto en que incluye plenamente al otro, erigido en participante activo. Sin embargo, parece más oportuno para la claridad de las explicaciones distinguir, en el ethos en situación de interacción, entre la colaboración, la negociación y la confrontación agónica.

Los constituyentes del ethos en la conversación

Las interacciones cara a cara son objeto privilegiado de analistas de la conversación que se interesan particularmente por la cuestión de la "gestión de imágenes" sometida a reglas de cortesía tácitas o explícitas. Más allá de la necesidad de preservar la imagen del otro en función de normas culturales cambiantes, también han examinado las modalidades según las cuales se construyen los ethè de los participantes en géneros discursivos como la conversación, el debate televisivo y la entrevista.

Tomemos primero un ejemplo de proceso colaborativo dentro de una interacción que se desarrolla en un marco profesional. Norman Fairclough, el padre del "Análisis Crítico del Discurso" que asume una función de crítico y denunciante social más allá de su objetivo analítico, se propone estudiar la construcción de las identidades sociales en la consulta médica. Para hacerlo, toma de Maingueneau la noción de ethos, entendido como la forma en que el comportamiento verbal de la persona, y más particularmente su estilo y su tono, manifiestan qué clase de persona es y señalan su identidad social (1992). Con ese fin, analiza una consulta médica que podríamos llamar "estándar" entre un médico de género masculino y una paciente. Esta última se queja de ardores estomacales, y sus respuestas a las preguntas del especialista poco a poco develan que bebe vodka regularmente. El médico finalmente le pregunta "¿Hace cuánto tiempo usted empezó a beber tanto?" (el inglés utiliza "drink so heavily"), y ella responde con una pequeña risa avergonzada que comenzó en el momento de su casamiento, hace cuatro años. El analista de la conversación se interesa por elementos como el control de la interacción que comprende la administración de turnos de habla, la estructura del intercambio, el control de los temas y de la agenda. Examina también las modalidades y la cuestión de la cortesía, la preservación de las imágenes, desarrollado por Goffman y después por Brown y Levinson (1978). Si bien habla del ethos como uno de los elementos de este conjunto, podemos ver que todos los niveles aparentemente técnicos de la interacción contribuyen en realidad al establecimiento de una imagen de sí. Fairclough se ocupa más particularmente de la presentación de sí del médico en su relación con la paciente.

Señala, en este caso, que los turnos de habla son distribuidos solo por el médico, quien toma la iniciativa de la nuevas preguntas, mientras la paciente se limita a responder, y por lo tanto controla la interacción. Además, dirige firmemente la entrevista de forma unilateral en función de lo que le preocupa, a saber, los efectos de la bebida sobre la condición física de la paciente, y deja de lado todo lo que parece sugerir otros problemas. Realiza preguntas "cerradas" (que habilitan un solo tipo de respuesta) y las sucede sin pausa después de la intervención de la paciente, incluso solapando su respuesta, como cualquiera que sigue una rutina en función de una agenda preestablecida. La paciente, por su parte, solo habla de sus síntomas en términos populares o con la ayuda de comparaciones, modelizando toda indicación más precisa ("ardor estomacal –como una quemadura de estómago o algo así") en una relación de saber y de poder con un experto. La paciente usa un tono infantil, un poco jocoso, como para compensar la amenaza que la entrevista hace recaer sobre su propia estima, mientras que el médico emplea expresiones agresivas. Así, "beber tanto" ("to drink heavily") es asestado sin cuidado alguno y desoye las reglas de cortesía cotidiana. Según Fairclough, el ethos global que construye el médico aparece como una variante del ethos científico privilegiado por una determinada concepción de la "ciencia médica". Es realizado en la manera en que interactúa con la paciente tratándola como un caso médico más que como una persona. Es por eso que el médico selecciona las contribuciones de la enfermedad, dirige la entrevista según una agenda rígida que solo él controla y no se preocupa por las reglas de cortesía cotidiana que permiten preservar la imagen del otro. La paciente, por su parte, (sobre la cual no es puesto el acento en este análisis) valida la imagen que proyecta el médico confirmándola mediante su propia actitud: se deja guiar por el experto, no sobrepasa el rol que le es asignado, no reacciona negativamente a la rudeza de la última pregunta.

Como vemos, en el marco del análisis conversacional, la imagen de cada uno de los participantes se elabora en una lógica global que se deja captar en el nivel de la gestión formal de la interacción. La construcción de un ethos "científico" de médico en una relación unilateral de superioridad es tributaria de la cooperación de la paciente y de su propensión a confirmar mediante sus reacciones la imagen que le es propuesta o, más bien, impuesta. En cierto sentido, la presentación de sí del médico autoriza un ritual profesional de interacción que le dicta su rol según un guión preexistente y que se supone asegurará el buen funcionamiento de la práctica médica. En otro sentido, y este es el punto de vista crítico de Fairclough, manifiesta una imagen de experto que considera a su paciente como un caso de estudio con respecto al cual toma distancia, en lugar de tratarla como un ser humano. Para destacar esta crítica, Fairclough contrasta la entrevista con una consulta médica que podemos llamar alternativa, que no es construida sobre un modelo pregunta-respuesta, sino que cede la palabra al paciente y cuenta con reacciones puntuales del médico, constantemente atento. Este se mantiene al margen para dejar hablar al paciente y al final sugiere cortésmente otro turno. Manifiesta un ethos social, más que científico, no se muestra en su elitismo de experto sino como una persona considerada, informal y a la que no le gusta guardar distancia. Esta gestión del ethos manifiesta una concepción alternativa de la práctica médica cuya posibilidad y superioridad el "Análisis Crítico del Discurso" intenta subrayar.

¿Qué ocurre con la gestión colectiva del ethos en el marco de una tensión que requiere una negociación? Podemos encontrar dos ejemplos al respecto en ciertos tipos de entrevistas, como las entrevistas literarias que ha estudiado Galia Yanoshevsky (2006). La doble gestión de la presentación de sí caracteriza *a priori* un género en que el entrevistador debe destacar la palabra de aquel a quien se dirige, a veces, para interrogarlo sobre un tema preciso, otras veces, para hacer que el gran público lo conozca mejor. No obstante, lo esencial aquí es que este formato produce necesariamente una confrontación de imágenes. De hecho, se establece una tensión más o menos fuerte entre la forma en que el entrevistado quiere presentarse a los ojos de su público y la representación de su persona que el entrevistador se esfuerza en construir. Es este dinamismo lo que Yanoshevsky esclarece acerca de la entrevista literaria, develando su complejidad: "la imagen del autor que se construye en la entrevista tiene de particular que es el resultado de un juego de fuerzas entre la imagen preexistente y la imagen discursiva que se va generando, la cual es en sí misma resultado de lo que ponen en juego, cada uno por su lado, el escritor y el entrevistador" (2006:165). Ella retoma, de este modo, un fragmento de una entrevista concedida por Alain Robbe-Grillet al semanario *Lire* que anuncia el lanzamiento de su última novela, *La Reprise* (*ibid.*:178), fragmento que me permitiré glosar más allá de sus propios análisis para ilustrar mi objetivo.

El entrevistador anuncia desde el comienzo a un hombre "divertido" y "sorprendente" que ha de suscitar la curiosidad del lector. En el diálogo, se esfuerza por confirmar esta imagen. Comienza con una provocación adelantando que la novela no es muy correcta porque en ella una adorable jovencita "entretiene a los señores". La respuesta de Robbe-Grillet, "Pero yo asumo ese gusto erótico", hace más que indicar una correspondencia entre su ethos previo (entre otros, la reputación que le dieron sus films eróticos) y su imagen discursiva. El escritor responde a la provocación con la provocación y, mediante una evasiva, se presenta deliberadamente como amante de todas las muchachas jóvenes: "Desde los doce años, amo a las pequeñas muchachas y adolescentes más o menos púberes, jamás lo he ocultado, jamás he cambiado". Robbe-Grillet entra en el proyecto de su entrevistador presentándose como sorprendente y un poco "pícaro". Al mismo tiempo, sigue su propio proyecto. Se presenta como hombre sincero que tiene el coraje de ir contra las ideas comunes, no solamente asumiendo sus propios gustos sino también reivindicándolos como tendencias que no considera censurables. No las justifica, sino que las hace pasar por naturales mediante un punto de vista humorístico: su amor hacia las muchachas jóvenes ha permanecido igual desde la edad de doce años hasta la de la madurez y se presenta, así, como un gusto constitutivo de su personalidad, que se mantiene constante. La transgresión de tabúes y el sentido del humor hacen del entrevistado un ser que desafía el qué dirán, se apoya en su autenticidad y maneja la respuesta de una manera divertida y original. Esta imagen concuerda con determinada representación del artista en posición de marginalidad y de transgresión, muy arraigada en el imaginario contemporáneo. El entrevistador se basa en esta respuesta para re-traducir en términos de derecho y de moral la auto-presentación de Robbe-Grillet y ponerla frente a una nueva provocación. En su intervención, el artista que transgrede las fronteras deviene un "pedófilo"; con sentido del humor, el interlocutor se presenta bajo el aspecto del abogado de una causa dudosa: "¿Usted defiende el derecho a ser pedófilo?". Robbe-Grillet se ve entonces obligado a combatir la imagen desfavorable de su persona que le imprime una etiqueta difamatoria. Lo hace atacando el juicio negativo atribuido a la pedofilia, presentado como una exageración carente de fundamento: "Esas historias sobre la pedofilia ya se vuelven grotescas". La crítica a los excesos de la opinión pública viene de un pensador capaz de razonar más allá de las categorías impuestas por la *doxa*. Reemplaza así la oposición sexo con menores / sexo con mujeres mayores por otra oposición: sometimiento, incluso prostitución / sexo por consentimiento mutuo: "Lo que es reprensible es el sometimiento y, en rigor, la remuneración. Porque quien dice pago dice casi siempre proxenetismo. Lo que importa es el consentimiento espontáneo". Presentándose como un hombre reflexivo y no pulsional, el entrevistado reajusta su imagen mostrándose además como un ser respetuoso de los valores de la libertad, que condena la explotación de las mujeres y la prostitución, en nombre de un imperativo moral. De esta forma, rechaza la calificación de pedófilo que le devuelve el entrevistador en tanto mediador y portavoz de la opinión común; intenta restablecer según otros criterios una imagen de hombre que aprecia la moralidad entendida como el respeto hacia el otro.

Subrayemos que la tensión entre las imágenes producidas por cada uno de los interlocutores sirve a la entrevista. Permite al entrevistador confirmar la idea sobre el escritor que anunciaba al comienzo y estimular el interés del público; permite al escritor presentarse en su singularidad de artista oponiéndose a las convenciones sociales y a los prejuicios y otorgándose la capacidad y el derecho de redefinir conceptos y, al mismo tiempo, reglas de la sociedad.

Las imágenes de sí en el ritual polémico del debate televisivo

La dinámica de las respuestas inmediatas en la cual el locutor intenta frustrar la representación negativa impuesta por el otro forma parte integral de las interacciones agónicas. El debate televisivo la usa con predilección: propone un juego en el que cada uno de los interlocutores se transforma en antagonista obligado a desconcertar y a vencer al adversario. Así, Catherine Kerbrat-Orecchioni y Constantine De Chenay (2005) analizan el debate que enfrenta a Sarkozy y Le Pen en la emisión *Cent minutes pour convaincre* del 20 de noviembre de 2003. Solo me detendré en la forma en que Nicolás Sarkozy, entonces Ministro del Interior, consigue retomar en beneficio propio un comentario de su oponente (transmitido antes de su ingreso al estudio) en que este lo compara con una ardilla que da vueltas en su jaula sin avanzar. Esta representación desfavorable de su persona es combatida por Sarkozy, quien primero se las arregla para retomar la metáfora, un poco artificialmente, en una de sus respuestas ("en mi jaula de ardilla"), para poder emplearla después y explotarla a su favor. Llevado a retirar los comentarios proferidos antes de su entrada en acción, Le Pen se basa en la analogía para rebatir a su adversario apostando por el recurso de la simpatía de que goza ese animal ("Ojo, puede ser simpática una ardilla"). Así, ofrece una representación alternativa de la analogía, rechazando la idea de actividad frenética e improductiva que ella suponía despertar. Le Pen le concede que la ardilla es simpática e incluso que es "bonita"; pero esa concesión no apunta más que a relanzar su crítica: "pero vuelve a su jaula circular creyéndose que hace muchas cosas, mientras no avanza en absoluto". Le Pen intenta, entonces, volver a poner a Sarkozy frente a la imagen que se apoyaba en su metáfora animal, la del político que confunde gesticulación y acción. Sin embargo, esta objeción se le vuelve en contra en el momento en que Sarkozy, aprovechándose de que Le Pen le concede algunos éxitos, responde que, por lo tanto, a veces puede ser una ardilla eficaz. Valiéndose del argumento *ad hominem*, acorrala a su adversario en sus propias contradicciones. Kerbrat-Orecchioni (2008) observa al respecto: "Esta *transformación simétrica de una atribución negativa del otro en auto-atribución positiva* se hace, ella misma, de un modo irónico, porque hace aparecer en escena a la ardilla por última vez, señalando los límites de esa metáfora".

Sin entrar en detalles sobre el estudio minucioso acerca de los diferentes componentes corporales y vocales realizado por los analistas de la conversación, resaltaremos la forma en que la imagen de ineficacia que Le Pen atribuye a Sarkozy es retomada por este en la inmediatez de las respuestas, dentro de un proceso en que Sarkozy hace constantemente tropezar a su adversario con lo que el analista llama "zancadillas". La construcción del ethos se realiza así frente a los espectadores a merced de un duelo verbal que es también un juego de fuerzas. Desde esta perspectiva, es interesante tener en cuenta el estudio sobre las relaciones de posiciones que Kerbrat-Orecchioni (1987) retoma de Flahaut para convertirlo en una pieza maestra del análisis de las interacciones conversacionales. Se trata de las posiciones altas o bajas que cada uno de los interlocutores puede ocupar en el transcurso de un intercambio cara a cara. Estas posiciones están en parte inscritas en la situación de discurso, en función del estatus de los participantes y del rol que estos ocupan en la escena genérica. No obstante, pueden ser retocadas durante la interacción, donde cada uno intenta situarse en una posición ventajosa. Esta óptica confirma la idea de que es posible modificar, al menos parcialmente, la distribución socio-institucional. Ella complementa los trabajos sobre la reelaboración del ethos previo en los discursos monogestionados presentados en el tercer capítulo a partir del ejemplo de una carta abierta (Olympe de Gouges), del discurso político (Chirac, Le Pen), de los relatos (las enfermeras de la Gran Guerra), o incluso de un conjunto de obras y de artículos que se desenvuelven el tiempo (l'UNEF). A estas posibilidades de toma de poder a través de la lengua se agrega la situación de interacción en que, según Kerbrat-Orecchioni (1987:319), "el sistema de posiciones se constituye, al menos en parte, en y por el intercambio comunicativo en sí mismo", y precisa:

> "Parecería [...] que incluso en las interacciones intrínsecamente desiguales, no todo se juega por fuera del lenguaje: las cartas pueden ser siempre repartidas otra vez, los datos institucionales pueden ser más o menos seriamente subvertidos [...], los comportamientos lingüísticos pueden desde luego reflejar ciertas relaciones de poder existentes entre los interlocutores, pero también confirmarlas, constituirlas e incluso cuestionarlas." (*ibid.*:320)

Es claro que el intento de ubicarse en una posición alta con respecto al otro equivale a una redistribución de roles que determina la imagen que cada interlocutor consigue proyectar de sí mismo. Para el analista de la conversación, está en posición alta (y viceversa) aquel que impone sus temas, dirige el diálogo, le imprime su propio estilo y vocabulario y fija el protocolo (las reglas del juego). Pero es también quien manifiesta capacidad de confrontación o se permite infracciones de la cortesía amenazando la imagen del otro. Las marcas de la relación interpersonal y su manejo son un factor importante de la presentación de sí y de la relación de fuerzas que allí se pone en juego, como hemos podido ver tanto en el ejemplo de la consulta médica como en la entrevista literaria y en el debate televisivo.

En esta línea, quisiera retomar aquí (Amossy, 2002) un ejemplo espectacular en el cual, gracias a la imposición de una escenografía inédita, se realiza en la dinámica interactiva una inversión de las posiciones tan radical como sorprendente. Se trata del debate televisivo que, el 14 de abril de 1999, enfrentó al actual Jefe de Gobierno israelí, Benjamin Netanyahou, con un candidato nuevo, Yitzhak Mordechaï, ex-Ministro de Defensa que había salido del gobierno como consecuencia de algunos desacuerdos con el Jefe de Estado y después había fundado un nuevo partido, el partido del Centro, que aportaría una alternativa a la política de Likoud y un remedio a la división de la izquierda y la derecha israelíes cuya distribución casi igual paralizaba al Parlamento. Contra todos los pronósticos, el debate permitió a Mordechaï, que estaba lejos de ser conocido como un buen orador, realizar una presentación de sí favorable, humillando a un adversario jerárquicamente superior (el Primer Ministro en ejercicio) cuyas capacidades retóricas eran supuestamente temibles.

Lo que ha permitido al candidato que inicialmente estaba en posición baja invertir la situación a su favor es la imposición de un escenario provisto de una distribución de roles propia, en este caso la capacidad de fijar su propio protocolo. La escenografía seleccionada por Mordechaï y asumida por Netanyahou a su pesar es en este caso la de la pelea familiar. Esta escenografía se ve favorecida por las circunstancias ya que, antes de que el Ministro de Defensa fuera despedido por el jefe de Estado, ambos hombres habían trabajado mucho tiempo juntos dentro del mismo gobierno y poseían un conocimiento íntimo de sus capacidades y defectos respectivos. Al mismo tiempo, es indebida: proyecta sobre el decoro del intercambio oficial un conjunto de normas discursivas, el de la discusión privada, que contrasta con las convenciones del discurso público[1].

En este caso, Mordechaï se dirige de forma muy directa a su interlocutor y, hablándole como si estuvieran solos en el estudio, lo llama Bibi (diminutivo del Primer Ministro, proveniente de su verdadero nombre Benjamín). La interpelación a Netanyahou mediante el diminutivo que todos los israelíes usan para nombrarlo adquiere, en el marco formal de un debate público televisado, un tono de familiaridad poco respetuoso. La tolerancia autorizada por las normas del discurso público israelí es aquí explotada a fondo por Mordechaï para borrar toda distancia jerárquica. Él se muestra como alguien que discute no con un superior al que le debe respeto sino con un compañero conocido de larga data al que enfrenta en pie de igualdad. Se observará que esto no es recíproco: Netanyahou no nombra a Mordechaï con ningún

---

[1] Hay que agregar que si esta inadecuación flagrante no descalifica desde el comienzo el debate es en la medida en que este se desarrolla en un contexto cultural en que la familiaridad, incluso la agresividad, son habituales. Usamos naturalmente el tuteo (el "usted" de cortesía no existe en hebreo) y el nombre propio (el uso de Señor en las interacciones es poco frecuente, las personas se llaman de buen grado por sus nombres). La interrupción violenta de los comentarios del otro, la cacofonía de las voces superpuestas, la interpelación fuertemente afectiva y a veces injuriosa del interlocutor se acostumbran en los debates televisivos, de los que la emisión desde el comienzo titulada "po-polítika" (aquí la politiquería [*polique*]), después "politika", provee el mejor paradigma.

diminutivo (casi no lo llama por su nombre), marcando con ello su rechazo a compartir una familiaridad por la que no puede ofenderse delante del gran público, a riesgo de hacer el ridículo.

El escenario de la querella familiar permite también actuar sobre un saber o, al menos, hacer alusión a eventos que solo serían conocidos por Mordechaï y Netanyahou. Esto resulta en escenas de pseudo-divulgación de secretos de alcoba: hechos que no pueden ser plenamente expuestos a causa de censura militar son anticipados en forma de alusión. Al despertar la curiosidad del auditorio, esta última hace recaer sobre Netanyahou reproches tan graves como misteriosos, dudas que le es imposible disipar. Así, por ejemplo, Mordechaï repite varias veces "Mirame a los ojos, Bibi" cuando Netanyahou destaca la línea dura y sin concesiones de su gobierno respecto del Golán, dando a entender, así, que el Jefe de Estado esconde la verdad sobre sus negociaciones con Siria. De esta manera, desacredita a un gobierno de derecha que prometió a su electorado no restituir la porción del Golán conquistada en 1967 y considerada por algunos como indispensable para la seguridad debido a su posición estratégica (esta interacción particular impactó mucho a los televidentes). Es decir que el dirigente del nuevo partido se presenta como poseedor de un saber estratégico de la mayor importancia, que le permite conocer las debilidades y los defectos de su interlocutor y advertir al público acerca del precio que puede costarle: "No voy a revelar secretos miliares, sé en qué situaciones nos habríamos podido encontrar y vos también los sabés, vos también lo sabés".

En esta lógica, el oponente, erigido en denunciante del Jefe de Estado, no duda en dejar entrever las bambalinas de la escena política: las confidencias de Netanyahou sobre consideraciones de poder personal que guían sus elecciones políticas en el proceso de paz, las concesiones sobre el Golán que él estaba dispuesto a hacer en las negociaciones con Siria y de las cuales casi no quiere dar información en este momento electoral y, más grave aún, las decisiones secretas que habrían constituido un verdadero peligro para la seguridad del país. En todas estas revelaciones, Mordechaï se muestra a la vez como un responsable militar y político al tanto de las más serias cuestiones de seguridad y como un implacable desmitificador. Este ethos también permite a Mordechaï articular lo privado y lo público, los secretos de Estado y lo que todo el mundo sabe, adueñándose de los logros presumidos por su adversario. En primer lugar, está la cuestión del Acuerdo de Wye firmado con los palestinos durante la presidencia de Clinton, y a lo que el Primer Ministro le da mucha importancia: Mordechaï revela que la vacilación de Netanyahou sobre garantizar el acuerdo se debía a temores electorales y, en particular, al miedo de perder el apoyo de su ala derecha. El ataque *ad hominem* que atribuye al Jefe de Estado motivaciones de poder personal deriva aquí en una valorización de Mordechaï quien, por su parte, se habría negado a dejarse llevar por ese tipo de consideraciones: "Como yo te he dicho, Bibi, dale para adelante, todo el mundo está con vos, la Knesset está con vos... un grupúsculo de extremistas de derecha te hicieron apartarte de tu camino...". Resulta de esto que el mérito de los acuerdos de Wye, por más que hayan sido realizados, pasan a manos de Mordechaï quien, a diferencia de su adversario, cuando está convencido de la justeza de su causa es capaz de seguir adelante sin cálculos electorales y sin temores.

En cuanto al ethos mediático, Mordechaï también intenta hacer tambalear la legendaria superioridad de Netanyahou. Para ello, el escenario familiar explota la relación que se establece entre una figura paternal y un chico in-disciplinado. El ex-Ministro de Defensa saca provecho precisamente de las técnicas más afinadas de su rival para volverlas contra él. Su vivacidad y su sentido de la réplica se convierten frente a Mordechaï en impaciencia y desa-fortunada incapacidad para dominarse. En un momento delicado del debate, cuando se habla de las fallas de Netanyahou en cuanto a la seguridad y cuan-do el Primer Ministro se defiende con una particular vehemencia acusando a su rival de una insolencia irreflexiva, Mordechaï le responde con su tono de voz habitual: "Mantené tu sangre fría, conozco tus arranques, creeme, man-tené tu sangre fría". O también: "Dejame responder, estás impaciente, no te pongas tenso". Frente a la imagen sólida y casi inmóvil de Mordechaï en su lentitud y en su insistencia tranquila, la postura de Netanyahou no es más la de la vivacidad del hombre astuto listo para reaccionar, sino la del nerviosis-mo liso y llano. La distribución de roles es bien sintetizada por Mordechaï cuando, frente a las interrupciones intempestivas de su interlocutor y sus rechazos a acatar las órdenes del moderador, declara: "Me siento como un profesor frente a su alumno". El campeón de la pantalla chica, el hombre de Estado experimentado se ve, así, reducido al rango de escolar indócil, de niño que hace locuras.

Esta empresa de destrucción del ethos del campeón de los medios es se-cundada por el mismo Netanyahou, que se deja llevar por el juego y pierde las formas. Su imagen –mirada esquiva, dificultad para adoptar una postura frente a su rival– refuerza la posición de inferioridad a la cual quiere llevarlo su adversario. Por el contrario, Mordechaï ha adoptado una postura que le confiere una verdadera superioridad. Su presencia imponente pero un poco cansina es acompañada de una actitud imprevista que sorprende y capta la atención: una sonrisa constante, risas aparentemente espontáneas, una ex-presión de diversión que corresponde a la actitud que toma el adulto ante la representación cómica de un niño irresponsable. Esa sonrisa incesante que venía a borrar sin comentarios la seriedad de las afirmaciones de Netanyahou impactó particularmente a los televidentes y comentaristas (uno de ellos la comparó con la sonrisa del Gato de *Alicia en el país de las maravillas*).

Revelando las limitaciones de un Netanyahou nervioso, impulsivo, indisciplinado, el candidato del partido del Centro refuerza por contraste su imagen de político sólido, confiable y dueño de sí mismo. Sin duda, su adversario intenta asimismo desconcertarlo volviendo contra él los ataques de los que es víctima. Así, recuerda que Mordechaï también desempeña un personaje: "Lo que me rehúso a hacer es a rebajar el debate al nivel de Mordechaï –sin duda, recibió un consejo de sus consejeros electorales…". Comentario que es desbaratado por la réplica siguiente, acompañada de una risa divertida: "¿Yo recibí un consejo? Yo digo la verdad, Bibi, siempre la verdad…". El hombre simple que dice simplemente la verdad frente a una sofisticación engañosa y un rol teatral artificial, tal es el ethos que construye Mordechaï en respuesta al ataque del adversario. Como mucho, el cara a cara deviene aquello que opone un político desconcertado y desesperado frente a un dirigente impasible y seguro de sí mismo –una manipulación de las imágenes y de las posiciones que en esa época hizo mucho ruido.

Interacciones escritas: las conversaciones digitales

¿Es posible una dinámica parecida en la escritura, donde las respuestas son diferidas y la interacción no se presenta como un juego de ping-pong en el que cada uno tiene que atrapar la pelota? Sin duda, aquí el juego de acción/reacción sufre modificaciones, en tanto ya no compete al cara a cara. Pero el ethos sigue siendo construido a través de una dinámica interactiva que obedece, al menos en parte, a las mismas reglas que los intercambios orales. Esto lo podemos constatar cuando analizamos los foros de discusión en Internet que recaen en la "conversacionalización" en el sentido de Fairclough (1992): se trata de la apariencia de conversación que hoy adoptan múltiples tipos de intercambios públicos. Aquí, sin embargo, la negociación de las imágenes de sí se complejiza considerablemente –y ello, menos a causa de los seudónimos (los participantes se acercan enmascarados) que debido al hecho de que los foros son por definición "polílogos" (Marcoccia, 2004), es decir, conversaciones con muchos participantes. En este contexto, cada uno realiza su presentación de sí en un espacio virtual en el que las reacciones pueden ser múltiples y variadas, sin saber desde el comienzo a quién se dirige exactamente y con quién dialogará. Siempre que un internauta al intervenir en el debate construye un ethos que es objeto de ataques, debe elegir a quién y cómo responder para reajustar su imagen tomada a mal. Aunque escritas y, por ende, necesariamente diferidas, las imágenes de sí se negocian en cada caso según recorridos que resultan más sinuosos que en las formas dialogales.

En un artículo que trata acerca de "La jubilación de oro para Daniel Bouton" que concede la empresa Société générale a su PDG[2] saliente (*Libé*, 31 de marzo de 2009), encontramos un post de Laurence54 que reacciona a los numerosos ataques de que es objeto el director del banco. Señalando que la elevada jubilación de la persona en cuestión es probablemente indisociable de los impuestos y cotizaciones que él pagó y seguirá pagando, Laurence54 ataca el "igualitarismo" llamado utópico de Robert. En nombre de un realismo iluminado, se presenta como opositora del izquierdismo: "La vida real es muy diferente: hay personas que lo lograron y otras que fracasaron, hay gordos y hay flacos [...], hay quienes tuvieron suerte y quienes no" (miércoles 31 de marzo a las 08:52, página 7 de 15). La respuesta de Robert no se hace esperar (miércoles 31 de marzo a las 09:14): "Tu ingenuidad me deja pasmado". A la persona realista que desmitifica el sueño quimérico de la izquierda, él superpone y opone la figura de la ciudadana *naïve* que piensa que los ricos pagan muchos impuestos y no comprende que se benefician de un régimen preferencial ("nichos fiscales", "evasión fiscal"...). A esto agrega la imagen notoriamente despreciativa, en tanto es confinada a la necedad, de la "bonachona" ("si estás contenta pagando los salarios descabellados y las jubilaciones de esta gente..."). Frente a la representación que construye de su víctima, presenta un ethos de hombre precavido que no se deja engañar y opone a la imagen que le era reprochada, de igualitarista ciego a las realidades, aquella de hombre con principios ("hay que compartir las riquezas que cada uno contribuye a crear") y de lúcido denunciante de los desgastados slogans del liberalismo ("Ya estoy harto de ese discurso sobre el supuesto mérito, ya sabemos a qué excesos puede conducir"). A las 9:42, Laurence54 reacciona rechazando la presentación de sí de Robert y volviendo contra su adversario la imagen del *naïf* que se deja explotar. De hecho, le retruca que por el simple hecho de comprar galletas él paga para los otros –la publicidad esparcida en la televisión, las sumas que la televisión destina a los clubes de fútbol, los salarios exagerados que pagan a los jugadores... Reforzando la imagen del idealista que ella ya le había opuesto ("Salí de tu visión idílica y abrí un poco los ojos"), la radicaliza presentándolo como un inadaptado ("puede ser que estés harto, pero te aconsejo de todas formas que te adaptes a la Sociedad"). El ethos de realista es aquí además el de una internauta lúcida que comprende los engranajes de la sociedad, pero también sabe defenderse de los golpes y usar una ironía astuta. Robert contesta al instante asegurándole que hay actos militantes en los que no se les paga a todos los inútiles,

---

[2] Siglas de Président-Directeur Général (equivalente a CEO en inglés). N. de T.

mostrándose capaz de aceptar el desafío y rebajando a su oponente a una persona de derecha encerrada en sus ideas comunes ("desde la altura de tus certezas sacadas de los locales baratos de la UMP[3]").

En este diálogo intervienen, no obstante, otras reacciones que suman a múltiples participantes en la conversación digital. Así, torrent (639) se manifiesta presentando a Laurence como defensora inconsciente de un sistema que ya cumplió su condena. Rustica (182) dice "colarse" en la conversación para radicalizar la crítica y mostrar a Laurence como un ser sometido –de esos que "se arrastran o andan en cuatro patas". Si bien la rebaja al nivel de los seres serviles y sin dignidad, también la interpela para ofrecerle otro modelo: aquel del pueblo de Francia que se niega a adaptarse. Al ideal de adaptación preconizado por la internauta opone, así, el de la resistencia y la revuelta del que ella se vuelve portavoz. Country (211), por otra parte, sustituye la imagen de persona realista por la de alguien ingenuo que ignora los hechos de la vida al suponer que el mérito y el trabajo son recompensados de forma justa. Cita su propio caso de trabajador industrial retirado con una muy pequeña jubilación. Laurence responde entonces a Country y rechaza la imagen de ingenuidad, a la que se enfrenta presentándose una vez más como analista lúcida imbuida de realismo –pero esta vez a escala internacional. Allí donde su oponente se jacta de un ethos de trabajador valioso y perjudicado, ella lo muestra como un pequeño funcionario gruñón ("está de moda en Francia quejarse de todo"), incapaz de comprender su suerte, quedándose por eso en una perspectiva franco-francesa cerrada ("quizás habría que aprender a tener otra visión más allá de la mirada franco-francesa del jubilado de la función pública o de la SNCF[4]"). La persona que tiene anteojeras no puede ver, en este caso, que la mayoría de los habitantes del planeta están rotundamente más desfavorecidos que los franceses. La presentación de sí de Laurence es así, una vez más, violentamente atacada mediante argumentos *ad hominem* –Robert retoma la imagen del ser sometido a los lugares comunes de los locales baratos de la UMP y enceguecido por ellos, reforzando además la idea de sumisión servil anticipada por los demás –la trata de "corderito" dócil del cual se vale el actual Gobierno de derecha para construir su poder. Elfi (15) viene a ayudar a estigmatizar la necedad de Laurence y a presentarla como embriagada por la ideología de derecha, y como una propagandista ("usted es enviada por la UMP para decir todas esas tonterías"). También la describe como persona irrespetuosa de la gente común ("¡Un poco de decencia y un poco de respeto para los asalariados y jubilados promedio serían acá

---

[3] Se refiere al partido político de derecha Unión por un Movimiento Popular [*Union pour un mouvement populaire*]. N. de T.

[4] Société Nationale des Chemins de Fer Français. Es la empresa estatal de Ferrocarriles Franceses. N. de T.

bienvenidos!"). Al hacerlo, se presenta él mismo como persona de izquierda respetuosa de los demás y de sus derechos y alguien capaz de dejarse invadir por una sana indignación.

Esta muestra incompleta de conversación digital en un foro de discusión permite comprender la forma en que los ethè son negociados entre los participantes, a la vez para ellos y para todos los lectores que pueden consultar libremente el foro de *Libé* en Internet. Aunque no haya retomado más que una parte de los posts, insistiendo en los procedimientos de negociación y las confrontaciones agónicas y descuidando las construcciones de imágenes colaborativas, podemos ver que la gestión colectiva de imágenes de sí se establece aquí en un dispositivo plural. La multiplicidad de participantes y su capacidad de intervenir el uno en relación con el otro en todo momento autorizan ramificaciones y trayectorias sinuosas. La presentación de sí se realiza a merced de reajustes constantes en que el internauta tiene, no obstante, la opción de elegir los mensajes que desea responder y aquellos que prefiere ignorar. Esta posibilidad distingue el cara a cara simulado de los foros de aquel cara a cara real propio del intercambio oral donde, ante un interlocutor presente, la selección y la evasiva no tienen lugar.

Los juegos del ethos en el discurso referido en situación interaccional

Como hemos visto, la gestión colectiva del ethos es inherente a la situación de interacción cara a cara, aun si esta última corresponde un intercambio escrito, y por ende diferido, que es un simulacro de conversación. Lo esencial aquí es que el otro interviene activamente en la imagen que intento dar de mi persona. No es solamente el alocutario en función del cual me pongo en escena, sino también un participante de pleno derecho que determina en cada caso mi actuación. Esta influencia del otro en el proceso a través del cual se construye mi ethos aumenta tan pronto como la presentación de sí es objeto de recuperación y reformulación en un nuevo marco de intercambio. Cuando mi palabra es citada por un tercero –que intenta destacarla, transmitirla a título puramente informativo o desacreditarla– es incluida en un espacio discursivo donde ella necesariamente se recompone y se altera, por lo que mi discurso, incluso repetido literalmente por mí, ya no proyecta la misma imagen de mi persona que se desprende del discurso original. En otras palabras, el formato de ensamblaje sucitado por el discurso referido, en el sentido más amplio del término, hace que el discurso de A dirigido a B cambie cuando es transmitido por C dirigiéndose a D. Y esto sobre todo porque al citar mi palabra C está pendiente de la imagen que él mismo proyecta hacia su destinatario D. Sin duda, el discurso referido muestra la imagen que yo intentaba

149

proyectar de mí; pero en una relación mediatizada esa autopresentación es reproducida y modificada por la intención de un nuevo alocutario.

Una vez más, nos interesa el hecho de que el locutor que cita los dichos del otro se vale de ellos estratégicamente para conferirse autoridad. En un lindo artículo sobre *La fonction argumentative des échanges rapportés*[5] (2004), Doury muestra que la conversación referida en situaciones de charla cotidiana cumple diversas funciones argumentativas, que superan por lejos el argumento de autoridad, y donde la presentación de sí está en un lugar destacado. Doury identifica particularmente la forma en que remitir a la palabra del otro, en este caso la referencia a una conversación pasada, permite al autor cuidar la imagen de su interlocutor cuando contradice sus opiniones. Así, la puesta en escena de una interacción con un joven de los suburbios que incurre en malos comportamientos y arguye que "siente rabia" permite a un comerciante oponerse a la opinión de una clienta que intenta acusarlo de ingenuidad sobre un tema que, según él, ella no conoce suficientemente. Sin retomar aquí el análisis global de la puesta en escena de la argumentación y la forma en que esta permite al comerciante defender un punto de vista contrario al de la clienta sin amenazar su imagen (sin contradecirla directamente), podemos ver cómo este ejemplo construye un doble ethos en una estructura ensamblada. Por un lado, tenemos la imagen del locutor que cita la conversación y, por el otro, la del enunciador (el joven de los suburbios) de la que el locutor (el comerciante) toma los dichos. En la medida en que las palabras del tercero, el joven que "siente rabia", se hacen oír en una conversación donde él es el objeto y no el interlocutor activo (se habla de él y se lo hace hablar en ausencia), aquel que resume o cita puede movilizarlas de modo de reforzar su propia credibilidad. Doury subraya que cuando el ethos concierne a "la imagen que el orador refleja de sí mismo *en tanto que orador*", "el despliegue de los diálogos referidos en los que participa el mismo locutor que los cita [...] es particularmente favorable a la construcción de su imagen discursiva" (2004:62). Y de hecho, el comerciante se adjudica el papel de héroe, se concede una capacidad de habla superior y, sobre todo, se reserva la última palabra, a saber, "el derecho de decidir el final del intercambio referido y de producir eventuales giros de efecto". Al mismo tiempo, la cita del otro, re-enmarcada, da a la presentación de sí del joven de los suburbios un giro que no fue previsto en el intercambio inicial (Doury, 2004:59):

12 C: (..) y una vez/ discutí/ me dijo siento RABIA (..) le dije esperá ⌈ (..) que
13 H3: ⌊ sí pero

---

[5] *La función argumentativa de los intercambios referidos*. N. de T.

14 C: ⌈vos sentís (…) entonces esperá le digo pero sentís rabia (..) por qué
revoleás
15 H3: ⌊eso eso también es XXX
16 C: el papel al suelo/ (..) no veo la relación/ [saluda a una cliente que se
va] (..) yo
17 no comprendo por qué/ sentís rabia (.) de acuerdo/ (.) comprendo que
sientas
18 rabia (.) pero (.) por qué/ (..) él me dijo siento rabia así que es así que
19 rompe [/rompen] todo

Ahí donde el joven proyecta una imagen de sí que corresponde a la representación social evocada por el cliché "siento rabia", como miembro de un grupo desfavorecido que expresa su resentimiento contra la sociedad y como joven rebelde que adopta la fórmula cliché a través de la cual se expresa una rabia colectiva, el comerciante que cita su palabra echa una nueva luz a su propia imagen. Pone en escena a un joven incapaz de razonar, que recurre a fórmulas hechas y encuentra en un antagonismo generalizado una excusa demasiado fácil para los comportamientos incivilizados. Esto es percibido por uno de los participantes de la conversación, quien señala: "20 H3: muoi pero finalmente eso es del : del discurso re – (.) repetido (..) eh :: oído/ 21 entonces se le : : es es un discurso fácil". Desposeído del dominio de su presentación de sí, el joven incriminado construye en la conversación citada un ethos muy diferente del que intentaba proyectar. La injerencia del otro en el proceso de la construcción de ethos es aquí extrema: en el discurso referido su control es imposible.

Y de hecho, cuando un locutor distinto a mí pone en escena una conversación en la cual yo participé, estoy en sus manos. Es él quien tiene el poder de manejar mi decir de modo que proyecta un ethos que no corresponde necesariamente con aquel que mis palabras, en un comienzo, se esforzaron por construir. Ahora mi imagen se refleja a través de su discurso según modalidades que yo no controlo. Ahí donde la interacción real crea una situación de ida y vuelta y de reinicios que exige reajustes constantes, el discurso referido ofrece un dispositivo donde el otro interviene en mi palabra para incidir en mi imagen más allá de mi control. Al mismo tiempo, deja subsistir los rasgos de la conversación inicial y construye así una doble imagen –la que se desprende de la conversación reproducida y la que es construida por la puesta en escena en su conjunto. Este dispositivo permite una superposición de imágenes a veces compleja que puede tener distintos efectos. En este caso, el ethos proyectado por el joven que siente rabia es contradicho y criticado por la imagen que le añade el comerciante, quien se niega a aceptar la interpretación que su interlocutor disfruta.

La escritura puede ofrecer el mismo tipo de dispositivo, como querría mostrar a partir de un estudio realizado por Sivan Wiesenfeld-Cohen (2006-2008) sobre la correspondencia diplomática. En una misiva del 14 de agosto de 1871 dirigida al Ministro francés de Asuntos Exteriores Jules Favre, el encargado de negocios en Alemania, el marqués de Gabriac, relata en forma de discurso directo su conversación con Bismarck. Wiesenfeld-Cohen identifica la forma en que el primer discurso se ve re-traducido en el discurso epistolar que intenta dar cuenta de él –se trata de informaciones de primera mano que el embajador transmite a su superior. En este formato particular, podemos encontrar en la respuesta de Bismark una doble presentación de sí correspondiente a la superposición de ethè estudiada en el caso de la conversación familiar. Por un lado, está la imagen que él ofrece en el diálogo inicial con Gabriac; por otro lado, está la que surge de la forma en que ella es re-encuadrada por el encargado de negocios francés. Tomemos un ejemplo del discurso referido (Wiesenfeld-Cohen, 2006:161) donde las palabras de Bismarck parecen citadas literalmente e *in extenso* (recordemos que nos encontramos después del tratado de Fráncfort firmado el 10 de mayo de 1871, que ligaba la cuestión de los subsidios de una suma de cinco mil millones a pagar por Francia a aquella de la evacuación de los departamentos franceses bajo ocupación alemana, con la excepción de Alsacia y un tercio de Lorena, anexados al imperio alemán):

> "Para decirle francamente lo que pienso, no creo que ustedes quieran romper ahora la tregua existente; nos pagarán dos mil millones, pero cuando estemos en 1874 y haya que adquirir los otros tres, nos harán la guerra. Y bien, comprenderá que, si ustedes deben reanudar las hostilidades, es mejor para nosotros que sea más temprano que tarde. Esperen diez años y vuelvan a empezar si el corazón se lo dice. Posponerlo hasta entonces sería para ustedes un suicidio, pero eso es asunto suyo."

En el marco de la conversación con el representante de Francia, Bismarck parece construir la imagen de un hombre de Estado precavido y lúcido, que ve a través de las maniobras del otro y no se deja guiar por las apariencias. Se aprovecha de estar en una posición elevada para infringir las reglas de la preservación de imágenes: emplea un lenguaje sin rodeos que, a la vez, denuncia a la otra parte y la pone en alerta. La carta continúa con la respuesta de Gabriac:

> "Todas sus palabras, he respondido al príncipe de Bismarck, me demuestran una cosa, que nosotros somos más lógicos que ustedes. Ustedes firmaron la paz, y su lenguaje es el de la guerra. Nosotros firmamos la paz y, a pesar de sus

acusaciones, practicamos la política… No les pedimos más que una cosa, la de acelerar lo más que se pueda la evacuación de nuestro territorio."

La respuesta del escritor de la carta devuelve al interlocutor una imagen suya que no corresponde con el ethos que intentaba proyectar: en el discurso de su interlocutor, él se vuelve un ser ilógico (posee un lenguaje bélico aun firmando la paz), que no es consecuente con su conducta y por lo cual, entonces, se le reprocha la falta de honestidad en el seguimiento de las negociaciones. En otras palabras, el representante de Alemania es presentado en la reacción de su interlocutor francés como negativo y poco fiable, al perseguir aspiraciones que quebrantan la búsqueda común de la paz. No obstante, lo esencial aquí es que la conversación es reproducida por quien escribe la carta, que mediante el uso de la cita y las comillas se compromete a mostrar palabra por palabra el discurso de Bismarck, pero del cual es claro que retroactivamente y por escrito solo puede restituir una aproximación. Reformulando las palabras de su interlocutor e integrándolas a su intercambio epistolar con el Ministro, el encargado de negocios toma posesión de la imagen que su interlocutor intentaba proyectar de sí mismo. En la representación que muestra, observa Wiesenfeld-Cohen, el Canciller aparece como "un enemigo testarudo, desconfiado, que pone en duda la voluntad de paz de Francia […], brutal en su lenguaje, frío y cínico" (2006:162). Al mismo tiempo, el "yo" toma su propia presentación de sí del cuadro inicial en que ella solo podía construirse en función de las respuestas de su interlocutor y se reapropia completamente de una situación en la que se encontraba en una posición baja. Esto le permite mostrarse a su Ministro de forma positiva y atraer su atención sobre su habilidad en la gestión de una interacción delicada. La auto-referencia sirve aquí para valorizar al diplomático, a lo cual contribuirá la fidelidad con que cita la conversación (en discurso directo), informa a las autoridades francesas sobre el estado de ánimo de los alemanes, presenta la personalidad del canciller Bismarck y sigue las instrucciones del ministro.

Así, Bismarck realiza una presentación de sí dirigida a situarlo en una posición alta con respecto al diplomático francés y a controlar la situación; este último responde destacando las dimensiones desfavorables de esa imagen. El doble ethos del Canciller, el que proyecta y el que le es atribuido, es transmitido al Ministro en la carta que da cuenta de la conversación. Vemos cómo los ethè se construyen en dispositivos complejos donde se desarrolla una lucha (abierta o latente) para manejar las imágenes de sí y del otro que se construyen en la interacción.

El *ethos* en la circulación de los discursos: producción-recepción

En este punto, es importante insistir en el hecho de que, en cierto sentido, la gestión del ethos siempre es colectiva. De hecho, una presentación de sí no puede estar aislada más que de forma artificial, separando un momento particular de un flujo en constante movimiento. Mi imagen de mí está siempre sometida a la reacción del otro e inmersa en la circulación de los discursos. El juego de respuestas inmediatas que caracteriza a la interacción oral (o las réplicas directas de interacciones epistolares o electrónicas) condensa un proceso que se realiza en el espacio social a menudo de manera difusa y fragmentaria. De hecho, la construcción de un ethos es adaptada a lo largo del tiempo. No alcanza con observar que en cada presentación de sí el locutor reactiva su imagen retomando o reelaborando su ethos previo. Es necesario también señalar que esa imagen es tomada de distintas maneras por su auditorio, quien le devuelve representaciones más o menos acordes. Orquestadas en una polifonía compleja proporcionan, a su vez, la base sobre la cual el locutor realizará su nueva presentación de sí, y así sucesivamente. Desde esta perspectiva, la repetición de las imágenes que proyecto de mí y las representaciones de mi persona que me devuelven los demás forman parte integral de la construcción de mi ethos considerado en su desenvolvimiento temporal y en su dinámica global.

En este sentido, podemos plantear que la construcción de un ethos atañe de forma general a una gestión colectiva: las interacciones orales ponen en evidencia un fenómeno que el análisis de los discursos monogestionados deja en la sombra. En todos los casos consiste en una dinámica que se extiende en el tiempo. Por medio de procesos de retome, de insistencia y de adaptación, por efectos de retorno y re-direccionamiento, permite cristalizar imágenes más o menos estables vinculándolas a un individuo (Sarkozy) o a una instancia de locución (una ONG). Permite también hacer emerger imágenes nuevas y transformar poco a poco la representación que nos hacemos de una persona o de un grupo en una sociedad determinada. Desde esta óptica, es interesante seguir la construcción de una imagen de sí en el eje temporal teniendo en cuenta todas las voces que intervienen en esa compleja operación. Podemos así encontrar el origen de la imagen de una figura pública siguiendo la forma en que ella poco a poco logró imponer, en circunstancias diversas y en dispositivos variados, una imagen de sí que llega a mostrarla en su identidad singular y en la cual puede confiar su presentación de sí llegado el momento. Eso es lo que hace Thierry Herman (2008) al analizar "en el hilo del discurso" el ethos de De Gaulle desde 1940 hasta 1945. Examina las diferentes versiones del llamamiento del 18 de junio, el discurso en Mers el-Kébir después del hundimiento de la flota francesa por la flota inglesa (3 de julio de 1940), el discurso de Navidad del 24 de diciembre de 1942, el del 11 de junio del mismo año tras la victoria en Bir-Hakeim, luego el discurso del desembarque (6 de junio de 1944) y, por último, el del 25 de agosto de 1944 en ocasión de la liberación de París. A lo largo de este trabajo, podemos volver a sumergir los textos en el interdiscurso y ver cómo los hilos tomados de la palabra de sus adversarios y de sus seguidores no dejan de entrecruzarse tejiendo la red en que se identifica, en cada momento, una figura del General que se pretende a la vez adecuada a las circunstancias y distinguible de las demás.

Esta incorporación directa de la palabra del otro en la construcción del ethos, si bien es generalizada, es particularmente importante cuando se trata de construir una reputación, reforzar una identidad o investir una posición de poder. Es lo que hemos visto más de cerca al analizar la cuestión del ethos colectivo y, en particular, el caso en que una imagen de grupo se impone progresivamente en el espacio público.

Sexto Capítulo

"Nosotros"
La cuestión de las identidades de grupo o la construcción de un ethos colectivo

El locutor que toma la palabra o la pluma pretende a menudo proyectar una imagen que no es solamente la suya sino también la del grupo al cual pertenece y en nombre del cual dice hablar. Así, en vez de utilizar el "yo", o incluso esconderse un enunciado que disimula su fuente, emplea el "nosotros".

La relación del "yo" con el "nosotros" conlleva evidentemente importantes desafíos sociales y políticos. Señala la voluntad del sujeto hablante de verse y mostrarse como miembro de un grupo que genera su propia identidad. Pero también significa que pretende representar a todos a los que abarca el pronombre "nosotros", que se presenta como su portavoz oficial (el Jefe de Estado al hablar en nombre de Francia) o como un representante auto-designado (un particular al declarar "nosotros los franceses"). Esta pretensión suscita principalmente la pregunta sobre la capacidad y la legitimidad del locutor para manifestar la identidad de un conjunto de individuos. ¿Lo que él destaca es representativo, la colectividad se reconoce en ello, cómo saber si es confiable? Si la pregunta se plantea para el ethos dicho (el que el locutor enuncia con todas las letras acerca del grupo en el que participa), es aún más delicada cuando pasamos al ethos mostrado. De hecho, ¿cómo puede un habla individual, en su particularidad, proyectar una imagen de grupo? Si yo me muestro a través de las modalidades de mi decir, ¿cómo puedo inscribir en mi enunciación a una colectividad y producir una imagen adecuada de ella? La producción de un ethos grupal mediante la expansión del "yo" al "nosotros" es especialmente delicada porque la imagen colectiva no excluye la presentación de sí individual. Un equilibrio cambiante y siempre renegociable se establece entre la presentación de la colectividad y la de la persona singular, entre lo que mi discurso muestra del colectivo en nombre del cual habla y la puesta en escena que realiza de mi yo.

La producción de una imagen grupal procedente de una instancia colectiva podría parecer más simple. En efecto, el "nosotros" puede presentarse automáticamente como marca de un habla plural que remite a un conjunto de firmantes. Esto es lo que ocurre, por ejemplo, en una petición o en un texto que proviene de un cuerpo constituido como un ministerio, un partido, una comisión, una empresa. En este contexto, suele alternar con la designación explícita de la entidad que abarca: "La comisión piensa…", "La CGT declara…", "L'Oréal le ofrece…". Esto es lo que la primera escuela de Análisis del Discurso había llamado "locutor colectivo": a saber, "los individuos sociales generales" que tienen "una labor común por realizar y principalmente una labor discursiva" (Charaudeau y Maingueneau, 2005:195). Cuando el "yo" se apoya por completo en una instancia colectiva, el problema de la relación de lo Uno con lo múltiple se suprime en una fusión total. Pero lo que se plantea entonces es la forma en que una colectividad puede tomar la palabra y proyectar una imagen de sí unificada. De hecho, podemos preguntarnos qué modalidades de enunciación puede adoptar una escritura colectiva para hablar con una sola voz y proyectar una imagen que subsuma a todos los individuos bajo una misma representación.Así, el uso del "nosotros", que puede parecer trivial dada su cotidianeidad, revela la complejidad que entraña el establecimiento de una imagen de sí plural. En el caso del "nosotros" que se fusiona borrando todo rasgo del "yo", percibimos la dificultad de una enunciación colectiva en la que tanto el estilo como los contenidos determinan una presentación de sí para uso público. Es necesario entonces interrogarse acerca de los procedimientos capaces de reducir la polifonía original a una sola voz y preguntarse qué normas sociodiscursivas, qué anclajes institucionales, qué representaciones colectivas permiten una representación identitaria homogénea y eficaz. El problema es diferente en el caso en que se efectúa un pasaje del "yo" al "nosotros". Allí, el ethos proyectado está ligado a la elección de identidad que el locutor realiza al vincularse con un grupo preciso (por ejemplo, un "nosotros" socialista, europeo o judío). También está ligado a la capacidad de crear o de reforzar un colectivo. De este modo, puede contribuir a la constitución y al reconocimiento de un grupo que no es reconocido como tal en el espacio social, cuya autonomía es discutida o cuya cohesión es incierta. Desde este punto de vista, es particularmente importante la cuestión de las identidades nacionales emergentes o de las minorías —pero también podemos pensar en otros múltiples casos destacados?. Así, la feminista de los primeros tiempos podía tomar la palabra en su propio nombre para convocar a las mujeres a constituirse como colectividad y a reflejarse en un ethos capaz de englobarlas y reunirlas a todas. De este modo, contribuía a crear en la interacción verbal una identidad que todas las interesadas podrían asumir y a imponer esta identidad en el espacio público. Este último caso muestra que el ethos colectivo es a la vez acción (construye una realidad social) y persuasión: busca movilizar al auditorio llevándolo a adherir a una determinada imagen de la colectividad.

Las potencialidades del "nosotros" y la noción de ethos colectivo

Antes de explorar más detalladamente las modalidades según las cuales se construye una imagen colectiva, se imponen dos etapas: un repaso de las conquistas de la lingüística en torno al pronombre personal "nosotros" y un breve desarrollo sobre una noción aún insuficientemente analizada, la del ethos colectivo. Podemos partir de la observación de Kerbrat-Orecchioni según la cual "el 'nosotros'", salvo en situaciones muy excepcionales como la recitación o la redacción colectivas, no corresponde jamás a un yo plural (1986:56). Es a veces Yo+Tú (singular o plural); a veces Yo+Él(/Ellos): el nosotros excluyente; otras veces Yo+Tú+Él. Guespin resume la situación distinguiendo varios casos: el "nosotros 1" donde dos o más locutores "asumen colectivamente la responsabilidad de un discurso (presentación a dos voces, texto co-firmado, locutor-pensador colectivo que envía a un representante)" (1985:53); esas son las situaciones que Kerbrat-Orecchioni considera excepcionales; el "nosotros 2" –"yo" y "tú/ustedes"– que agrupa a los participantes de la interacción verbal; y el "nosotros 3" donde el locutor puede unirse a una "no-persona" sin que ello signifique que esta última (como en "Paul y yo") lo haya autorizado a vincularse a ella. En todos los casos, no se trata tanto del plural (como en caballo y caballos) sino de lo que Benveniste denomina "personas ampliadas" (2011:170). "*Nosotros*", aclara, "es ante todo 'yo contigo'" o 'yo con él': no hay realmente multiplicación de los *yo*, sino extensión, dilación " (*ibid.*). No consiste, entonces, en una simple suma de individuos, sino en un ensanchamiento del núcleo inicial que constituye el yo, en una apertura hacia el otro que es abarcado por el pronombre plural en la constitución de una nueva entidad.

Si bien el pronombre "nosotros" introduce estructuralmente la posibilidad de esta extensión en la lengua, hay que reconocer que ella se produce por completo solamente en el discurso en acción y en interacción. De hecho, es como discurso que lleva a cabo un "proceso de construcción del nosotros", es decir, "de un conjunto discursivo donde el locutor incluye a tal interlocutor o engloba a tal no-persona" (Guespin, 1985:48). Lo hace sugiriendo "la conformación de conjuntos" (*ibid.*: 59) que remite a veces a grupos constituidos y a veces a agrupamientos circunstanciales. En efecto, aclara Guespin, el "nosotros" puede o "denotar clases o construir conjuntos, la maniobra sobre el *nosotros* consiste en hacer creer que un conjunto es una clase" (*ibid.*: 55).

El ethos de los discursos <u>en</u> "nosotros" evidencia, entonces, la forma en que el yo se extiende y se amplía para ofrecer una imagen de grupo. Refiriéndose a los estudiantes franceses y a la UNEF[1] durante la guerra de Argelia, Eithan Orkibi (2008a) llama "ethos colectivo" a la imagen de sí que un grupo dado construye a través de su discurso. Esta denominación coincide con aquella que hemos tomado, aunque todavía moderadamente, de los trabajos realizados en campos como la comunicación comercial. En el análisis de la imagen que una compañía proyecta de sí misma para mejorar su promoción (Wei, 2002), la noción de ethos colectivo en el sentido aristotélico permite resaltar el dinamismo de la operación y las condiciones de su eficacia. Wei observa que no se trata simplemente de la representación que una compañía dada se hace de sí misma, sino de la forma en que la construcción de una imagen le permite comunicarse eficazmente con el público adaptándose a su *doxa*. Toma, por ejemplo, la implementación de imágenes patrióticas realizadas por empresas como Bœing o el *Time Magazine* en el período siguiente al 11 de septiembre. En el caso de los movimientos sociales, Orkibi habla de "una imagen de grupo con la cual los miembros del movimiento pueden identificarse y por medio de la cual se posicionan con respecto a los otros grupos. Sirve asimismo para reclutar potenciales miembros y hacer que otros auditorios adhieran al discurso del movimiento" (Orkibi, 2008a:6). Nuevamente insiste en que se trata de una imagen que el sujeto hablante construye en su discurso y que cumple importantes funciones en un proyecto global de persuasión. El ethos colectivo es la imagen atribuida a determinado grupo, sea este un partido político, un movimiento social o un grupo social, en la medida en que aquella es producida en la interacción y adquiere allí una función retórica. Es en el discurso en donde el locutor proyecta una representación colectiva del "nosotros" con la cual el "tú" al que interpela ha de identificarse. Desde esta perspectiva, Orkibi propone en su tesis en curso verificar en qué medida el ethos colectivo es explícito y programado o tácito y espontáneo, pero también abierto (pudiendo ser producido por cualquier miembro) o cerrado (elaborado por una élite), y finalmente autónomo o dependiente de representaciones impuestas por un grupo exterior.

---

[1] Union Nationale des Étudiants de France. N. de T.

El locutor colectivo y sus imágenes: el informe jurídico, el discurso partidario, la petición

Es desde esta óptica que examinaremos cómo una enunciación puede proyectar una imagen grupal. Con este objetivo, analizaremos por separado los discursos cuya fuente es un "yo" individual que se amplifica en un "nosotros" y los casos en que el locutor consiste *a priori* en una instancia plural. Tomemos primero el segundo caso, aquel donde el "nosotros" englobante hace oír la voz de una instancia unificada en el anonimato en la cual se apoyan todos los miembros individuales. Será explorado mediante tres ejemplos tomados de tipos y géneros de discurso diferentes: el discurso jurídico, a partir de una comisión de investigación gubernamental, la comisión Winograd designada en Israel después de_la segunda guerra del Líbano; el discurso político –las resoluciones de asamblea de un partido político, en este caso el PCF[2], y el discurso de su secretario general, Maurice Thorez; y el discurso ciudadano tal como se expresa en una petición, aquí un queja contra el proyecto de ley que apunta a autorizar el trabajo dominical.

Tomemos el informe parcial de la comisión gubernamental denominada Winograd por el nombre del juez (jubilado) Eliyahu Winograd que estaba a su cabeza, comisión designada en Israel el 18 de septiembre de 2006 por el Gobierno de Olmert para investigar acerca de la segunda guerra del Líbano después de las fuertes críticas dirigidas a los responsables políticos y militares, y en particular a los tres dirigentes a los cuales estaba confiado el poder de decisión: el Primer Ministro, Ehud Olmert, el Ministro de Defensa, Amir Peretz, y el Comandante en Jefe de Tsahal, Dan Halutz. El nombramiento de esta comisión suscitó protestas violentas en el país, no a causa de su composición sino debido a su estatus de comisión gubernamental a cargo de aquellos mismos a los que debía evaluar; algunos exigían alto y claro una comisión de Estado autónoma basada en el modelo de la comisión Agranath designada en octubre de 1973 para investigar las insuficiencias del Gobierno y de la armada durante la guerra de Kipur. A causa de la gravedad del asunto y de la longitud del proceso de investigación, la comisión Winograd decidió publicar a partir del 30 de marzo de 2007 un informe intermedio, antes del informe final (prometido para noviembre de 2007), contundente informe parcial que, orquestado por la prensa, generó una gran conmoción en Israel.

El informe es redactado por una instancia jurídica dotada de un poder otorgado por la institución, y la instancia de locución se designa a veces como "la comisión", a veces como "nosotros". Los miembros individuales solo son mencionados una vez, a título informativo y en forma de lista: el

---

[2] Parti Communiste Français. N. de T.

juez retirado Elyahu Winograd, presidente de la comisión, la profesora Ruth Gavison, el profesor Yechezkiel Dror, el general de reserva Dr. Haim Nadel, el general de reserva Menachem Einan. Los títulos académicos y militares adosados a cada uno de los nombres marcan la autoridad de los distintos miembros, que se hallan todos en el círculo del saber y de la experiencia. El texto que emiten colectivamente hace un uso intenso del "nosotros" o de las fórmulas "pensamos", "nos parece", "somos conscientes de que", por un lado, y "hemos decidido", "hemos querido", "esperamos", por el otro, que duplican a aquellas que se vinculan con el cumplimiento mismo de la misión: "hemos examinado", "hemos atendido a", etc. Es un "nosotros" sin fisuras, que piensa y actúa al unísono según el mandato que le fue confiado oficialmente. De hecho, una voz colectiva perfectamente unificada es indispensable para un documento que debe aportar una visión informada capaz de lograr autoridad y no prestarse a discusión. La comisión emite el discurso autorizado de una instancia crítica a la cual es confiado el poder de controlar las artimañas de los responsables del país, en un dispositivo destinado a garantizar el buen funcionamiento de la democracia. En virtud de ello, debe formular conclusiones fundamentadas y proporcionar un informe detallado sobre el cual no puede hablar más que con una sola voz.

En un primer momento, entonces, el "nosotros" relativo a la comisión proyecta la imagen de una instancia oficial dotada de una autoridad legal y de un saber que le permite decir la verdad. Fusionándose, el "nosotros" basa el discurso en la verdad, asegura su credibilidad y responde a su misión de comisión superior. Es aún más interesante constatar que la proyección de un ethos adecuado es acompañada, en este caso, de un proceso sostenido de legitimación y de credibilización. Con este objetivo, la presentación de sí del "nosotros" pone en evidencia aspectos que rebasan ampliamente las características indispensables de una comisión gubernamental. Responde a otras necesidades, que saca a la luz, y devela la complejidad del ethos colectivo en una situación de discurso donde lo jurídico está íntimamente mezclado con lo político.

En efecto, el discurso del informe intermedio oficial se ocupa primero de ofrecer una reflexión sostenida sobre el sentido y los límites del mandato conferido a la comisión, así como sobre las dificultades de su cumplimiento debido a consideraciones a la vez concretas y éticas que ella implica en tanto sistema democrático. Al hacerlo, el "nosotros" no proyecta solamente una imagen profesional. Sin duda, el lenguaje empleado, el conocimiento perfecto de los códigos y de la terminología, la precisión de los detalles y el saber sobre los procedimientos presentan un ethos de competencia jurídica y de pericia. Pero más allá de la presentación de sí como jurista(s) avezado(s), el "nosotros" aparece como una instancia preocupada por examinar a fondo todos los aspectos relativos a las cuestiones planteadas –la responsabilidad individual y colectiva, los derechos de quienes son interrogados y se exponen a una acusación, los límites impuestos a la injerencia de una comisión que debe respetar la distribución de las tareas jurídicas y políticas en democracia. El "nosotros" revela las dificultades con las cuales se topa y despliega ante el lector sus dudas y sus preguntas frente a la delicada misión que le ha sido confiada. Señala así que la responsabilidad de los dirigentes políticos no puede ser medida en función de criterios preestablecidos: ¿cómo evaluar las decisiones tomadas por los responsables gubernamentales cuando los criterios en la materia son confusos y las consideraciones ideológicas se mezclan necesariamente con consideraciones circunstanciales y prácticas? La instancia de locución se presenta aquí como un analista lúcido dispuesto a cuestionar los fundamentos mismos de su autoridad develando la magnitud de las cuestiones irresueltas. Pero se muestra también como quien tiene el poder de decidir, resuelta a asumir sus responsabilidades y a tomar posición aunque sea en un contexto complejo. La comisión declara, de hecho, que a pesar de todo se ve obligada a sacar conclusiones sobre el funcionamiento de instancias no solo militares sino también gubernamentales. Para ello, no invoca la misión que le fue confiada por el Gobierno, sino el deber que tiene hacia el pueblo que ha cuestionado las maniobras de sus dirigentes al punto de causar una seria crisis de confianza: debe aportar respuestas a las preguntas de los ciudadanos. De este modo, pretende a la vez cumplir su rol crítico y permitir el advenimiento de cambios que puedan resultar necesarios y cuya elección depende de una mirada lúcida de los errores pasados. El texto agrega que no se ofrece como palabra del Evangelio y que corresponderá al público evaluar el informe para ver si decide aceptar sus conclusiones y hacer propias sus recomendaciones.

Estos pasajes (puntos 8 y 9 en el informe) muestran claramente la imagen que proyecta aquí el "nosotros" y que corrige atenuando aquella de la autoridad propia de una instancia legal dotada de una competencia técnica. La comisión presenta aquí un frente común hecho de reflexión profunda. Manifiesta una consciencia aguda de los límites de su saber y de las dificultades objetivas que es incapaz de resolver (siendo estas últimas en sí mismas apenas resolubles). Demuestra una gran modestia en lo que concierne a su misión –ella propone, el público dispone. El texto del informe subraya de forma insistente los obstáculos a los cuales el "nosotros" se enfrenta; desarrolla el razonamiento gracias al cual analiza la complejidad de la tarea, para permitir tomas de posición razonadas. Así, lo que el "nosotros" exhibe es una figura humana –no una autoridad absoluta detentadora de la Verdad, sino una entidad que juzga como un ser falible que analiza, sondea, se percata de las dificultades y las trampas y no arriba a conclusiones más que al cabo de un camino razonado que tiene en cuenta lo plausible y lo verosímil. Al mismo tiempo, es un ethos de responsabilidad en el que la dimensión de los problemas no impide la determinación de proseguir y el coraje de tomar posición.

Esta imagen cumple diversas funciones en el intercambio con el gran público al cual es dado a leer el informe en Internet. En primer lugar, tiene por objeto legitimar una comisión gubernamental muy discutida y conferirle a los ojos del pueblo la legitimidad denegada a una instancia crítica designada por los dirigentes inculpados (una comisión que estaría vendida al Gobierno). En este caso, su estatus legal no alcanza para su legitimación, que por sí sola puede asegurar la construcción de un ethos apropiado. En segundo lugar, la comisión debe legitimar una autoridad que se vuelve problemática en tanto se trata de decisiones gubernamentales y militares que no se sabe con qué vara pueden ser evaluadas de forma objetiva y transparente. Al caer fácilmente bajo la sospecha de inclinaciones ideológicas y preferencias políticas, solo puede asegurar su credibilidad atacando el problema de frente: mostrando por qué, a pesar de todo, es necesario proceder a una evaluación y cómo hacer para que esta sea tanto justificada como posible. Por último, la comisión manifiesta lo que la retórica clásica llamaba benevolencia: empleado en numerosas repeticiones para designar a los israelíes ("nuestros enemigos, nuestros vecinos y nuestros amigos", "nuestra existencia aquí como Estado judío y democrático"…), el "nosotros" es aquí una instancia patriótica al servicio de la buena causa. Su objetivo esencial es permitir una toma de consciencia y obligar a reparar las faltas que un día pueden volverse fatales. Por lo tanto, el "nosotros" se despoja deliberadamente de una parte de la autoridad que le fue conferida oficialmente y prioriza la exposición de dudas y dificultades, se otorga con eso una legitimidad –la misma que corre el riesgo de ser rechazada a causa de las circunstancias y de la naturaleza de sus funciones. El "nosotros" proyecta así un ethos doble en una tensión interna y deliberadamente sostenida entre la autoridad legal y la faceta humana del cuestionamiento y de la responsabilidad cívica. Al mismo tiempo, cada una de estas imágenes se presenta como proveniente de una fuente de enunciación unificada donde el "nosotros" aparece no como una reunión de individuos diferenciados sino como un bloque homogéneo y sin fisuras.

Una segunda muestra sobre la cuestión del "nosotros" como cuerpo unificado es ofrecida por el discurso del PCF, sobre el cual se realizaron interesantes trabajos en torno a la idea de "locutor colectivo" formulada por J. B. Marcellesi (1974).

> "Es claro, de hecho, que el discurso del PC, visto desde su centro, excluye todo uso del "yo" como marca distintiva de la enunciación. La política del "yo"

no puede ser adecuada para un enunciador que se pretende colectivo y que, además, se asigna como fin la constitución-construcción de un grupo. El partido debe ser a la vez, al mismo tiempo el "yo" del enunciador y el "ustedes" del destinatario; mejor, se deben confundir los dos en una única entidad: solo el "nosotros" sirve para esta estrategia de la tensión enunciativa que no se establece más que por estar negada, al menos enmascarada." (Benoît, 1985:110)

Se trata entonces de delimitar un espacio discursivo en el cual el grupo pueda reunirse y reconocerse. Esta conclusión reaparece en Dominique Labbé (1985), que analiza las resoluciones de asambleas del PCF desde 1961 hasta 1967 y desde 1972 hasta 1979. Él muestra que la auto-designación pasa aquí por tres paradigmas: el Partido, "nosotros" los comunistas y finalmente la clase obrera. El discurso, entonces, construye en el conjunto la imagen de la colectividad como "el partido" de la clase obrera, con una mayúscula que marca la singularidad. Sin embargo, el predominio de uno u otro paradigma (estudiado en el eje temporal) muestra variantes en la auto-representación, con efectos argumentativos diversos. Así, por ejemplo, cuando *"nosotros, los comunistas"* prevalece sobre *"el partido"*, la imagen de sí es menos la de una organización que la de una "comunidad fusionada" (Labbé, 1985:139), donde la inclusión prevalece sobre la jerarquía. Esta imagen de los miembros del partido "desencadena un fenómeno de identificación colectiva que afirma los rangos e imposibilita los cuestionamientos" (*ibid.*). Aquí vemos entonces cómo las distintas denominaciones que van desde la entidad abstracta impersonal (el partido) hasta la designación colectiva de "comunistas" que hablan en primera persona del plural, alcanzan en sí mismas para proyectar un ethos colectivo. Este último permite un reagrupamiento que crea un bloque capaz de resistir a todas las presiones y obstaculizar los cuestionamientos.

Damon Mayaffre confirma esta visión abordando el discurso de Maurice Thorez, al que considera como "un discurso didáctico que se presenta bajo el modo de un *nosotros* que excluye a todo otro pronombre personal" (2002:17). El secretario general del partido habla en nombre de todos los comunistas (*"nosotros, los comunistas, pensamos…"*):

"Sobre todo por el hecho del centralismo, el PCF no admite contradicción interna. El partido es un bloque, y toda decisión, toda palabra –la línea– deben ser admitidas por todos: el *nosotros* es entonces el pronombre que representa este bloque unido y unánime [...] la expresión de un partido todo-uno, de un partido monolítico, sin contradicciones y listo para marchar por la revolución." (*ibid.*: 21-22)

Así, la palabra del PCF, y/o la de su secretario, construye deliberadamente la imagen de un cuerpo unido, al tiempo que revela la de un partido cuidadoso de su cohesión y su organización, que vela por reagrupar a todos sus miembros en torno a un pensamiento único y sin fisuras. Estudiando el discurso comunista de entreguerras, no obstante, Mayaffre descubre en los años 1930 un cambio que lo llevará a su forma actual. La referencia casi exclusiva a la revolución de 1917 se desprende, en este período, de la remisión a 1789. Una investigación asistida por ordenador muestra que el término "obreros" tiende a borrarse en beneficio de "pueblo", que esconde la lucha del trabajo y del capital, recupera a vastas fracciones de la población unida contra el gran poder capitalista y apela a una memoria discursiva. La identidad bolchevique cede ante la filiación jacobina. Al mismo tiempo, el uso de un vocabulario heredado de las Luces substituye a un léxico marxista, proyectando una imagen de los comunistas como patriotas que es reforzada, a partir de 1935, mediante la marcada oposición al hitlerismo. Por lo tanto, un análisis combinado de las modalidades de enunciación y del léxico permite aquí identificar la especificidad del discurso comunista, por definición en "nosotros", y mostrar diversos aspectos del ethos colectivo que construye destacando su evolución.

Para interrogarnos más a fondo sobre la manera en que se construye la imagen colectiva a partir de un locutor múltiple, podemos focalizarnos en los escritos que provienen no de un órgano institucional sino de un grupo ciudadano. Tomaré el caso de una convocatoria procedente del sitio del Colectivo de Amigos del domingo en Internet, www.travail-dimanche.com:

¡El domingo me importa!

Firmar la petición	Ver las firmas	Invitar a un amigo

Al 27 de diciembre de 2009: ya hay 96.393 firmas!

Los firmantes de la presente petición consideran que el descanso dominical, más allá del tiempo de descanso, justo y necesario, es un elemento fundamental de la vida familiar, deportiva, cultural, asociativa, espiritual. Además permite preservar los mercados tradicionales y el comercio minorista que serán aplastados con la apertura dominical de los hipermercados.

La ley de 1906 logró establecer un equilibrio justo entre las necesidades legítimas de apertura dominical (los servicios de salud, los comercios de alimentos, los mercados, etc.) y la organización de la sociedad.

Es ese equilibrio lo que nosotros queremos mantener. El de la Francia que trabaja y que gana, pero también la Francia de los voluntarios, los paseos por el bosque, las risas en familia, los partidos de rugby entre amigos, los coros líricos o de jazz, la copa de vino blanco sobre la barra, la diversidad de colores y aromas en los mercados.

Frente a los partidarios de un mundo transformado en una inmensa galería comercial insípida, donde la cultura se ofrece en góndolas, la comida se vuelve fast-food, el pensamiento tiene código de barras, el trabajador horarios corridos, la cajera está mal paga, la familia hecha pedazos, es sobre una determinada idea de la Francia trabajadora que nosotros nos pronunciamos!

Sin duda, esta convocatoria de firmas (www.travail-dimanche.com/petition.html) pide a cada ciudadano firmar y protestar en su propio nombre: el título, "¡El domingo me importa!" permite a cada uno apropiarse del "me" y hacer suya la reivindicación. En la petición, el "nosotros" es particular dado que, a diferencia de los usos habituales, se muestra explícitamente como "un 'yo' cuantificado o multiplicado", y no como un "un 'yo' dilatado más allá de la persona estricta" (Benveniste, 2011:170). El "nosotros" se compone de innumerables "yo" – en este caso 96393 a la fecha del 27 de diciembre de 2009, la cifra es referida claramente– que ponen sus firmas en el texto con el fin de protestar contra todo atentado al descanso dominical. La multiplicación de los "yo" es esencial porque es el número lo que aquí hace a la fuerza en un marco donde la pluralidad de los firmantes atestigua una voluntad ciudadana compartida: "los firmantes de la presente petición consideran que…".

Dos "nosotros" transmiten esta designación, ambos insertos en la misma estructura oracional: "es X lo que nosotros + verbo": "Es ese equilibrio lo que nosotros queremos mantener", "es sobre una determinada idea de la Francia trabajadora que nosotros nos pronunciamos!". Estas dos frases clave resumen y ponen en evidencia el objetivo del colectivo señalando una voluntad (mantener la ley vigente) y una toma de posición (salvaguardar una determinada faceta de Francia) formuladas en una forma afirmativa. El "nosotros" se presenta ante todo como instrumento de una acción positiva, defensor de la ley (la de 1906), más que como polemista y agresor. Se exonera del reproche de ser reaccionario dando a entender que no se trata de rechazar las reformas con ánimos de conformismo, sino de mantener un equilibrio que ha demostrado su eficacia durante más de un siglo. El "nosotros" se ocupa también de plantearse como sostén de determinada concepción del trabajo y de sus valores: no es la representación de una población que renegaría del trabajo. Vemos cómo la presentación de sí refuta implícitamente los ataques que podrían ser lanzados contra aquellos que defienden el descanso dominical y rechaza la imagen desfavorable podrían endilgarles. Ubicándose del lado de la legalidad y de la tradición al mismo tiempo que de la buena gestión del trabajo y del tiempo libre, el "nosotros" se dice defensor de una determinada "imagen de Francia", fórmula eficaz que le permite apegarse a esta última y plantearse como un auténtico francés. Más aún, se trata de la "Francia trabajadora", agregado que le permite presentarse como el portavoz de las masas trabajadoras.

El "nosotros", portavoz de Francia y guardián de su tradición y sus valores, se muestra también capaz de desplegar un razonamiento y proporcionar razones. De hecho, resalta lo que el descanso dominical posibilita en el equilibrio fundado por la ley de 1906: la protección de los comercios minoristas amenazados por los supermercados que abrirán los domingos y absorberán una clientela considerable; pero también, más allá de las razones económicas, todo lo que el descanso dominical habilita en la vida social al favorecer actividades familiares, deportivas, artísticas, así como lugares acogedores y un disfrute de la naturaleza o de las reuniones entre amigos. Así, el colectivo que firma la petición se muestra imbuido de valores humanistas y defensor de una tradición que es la de la vida en común, la riqueza de las relaciones humanas, un placer compartido que es la otra cara pero, sobre todo, el complemento del trabajo. "La Francia que trabaja y que gana" no debe ser disociada de la Francia que se entrega a múltiples actividades no remuneradas y, no obstante, esenciales. El "nosotros" intenta volverse el portavoz de esos valores presentados como fuente de placer ("los paseos en el bosque, las risas en familia") y de creatividad artística (los coros líricos o de jazz). Considerándolos como amenazados por la ley que autoriza el trabajo dominical, el "nosotros" no se toma la molestia de justificar en qué aspectos esta última los aboliría. El carácter nocivo del trabajo dominical es presentado como evidente y, como máximo, implícitamente reforzado por el carácter colectivo de actividades como el rugby o las reuniones familiares, que claramente necesitan un tiempo libre compartido.

Nótese que los otros elementos enumerados no entran necesariamente en esta categoría: se puede participar en un coro fuera del domingo, disfrutar de los colores y aromas del mercado del viernes y tomar una copa con un amigo otro día de la semana. Si la petición tolera esta falla argumentativa, es para hacer hincapié en la cultura que defiende el "nosotros", una cultura de la distensión, de la amistad y de los verdaderos placeres frente al espanto que despliega en el último párrafo. De hecho, al final del texto, cuando se impone como demandante que habla en nombre de los valores positivos con convicción pero sin violencia, el "nosotros" aparece como polemista. Se trata de unir al colectivo frente al adversario recordando que este último efectivamente existe: "Frente a los partidarios de un mundo transformado en una inmensa galería comercial insípida, donde la cultura se ofrece en góndolas, la comida se vuelve fast-food, el pensamiento tiene código de barras, el trabajador horarios corridos, la cajera está mal paga, la familia hecha pedazos...". Vemos cómo la protesta contra la abolición del descanso dominical está vinculada a un rechazo de la globalización señalada por el deterioro de la alimentación, del pensamiento, de las condiciones de trabajo y del salario y por una deculturación general ejercida por la sociedad mercantil. La buena tradición francesa se opone a un mundo que está perdiendo sus valores, donde la gran economía capitalista pisotea los derechos de los trabajadores al mismo tiempo que destruye un estilo de vida. Enfocándose así en el adversario, el "nosotros" se presenta como abogado de la Francia auténtica contra aquellos que la empujan al engranaje de un mundo degradado. Se pretende, por lo tanto, defensor de los débiles y desfavorecidos –en resumen, de los trabajadores explotados: "el trabajador con horarios corridos, la cajera pagada insuficientemente…". Al mismo tiempo, se vuelve defensor de familias ("la familia hecha pedazos") como también de la vida "espiritual" evocada al comienzo, y cuyo motivo no es, sin embargo, retomado al final –esto permite la adhesión de los cristianos sin por eso disuadir a los laicos, para quienes este argumento quedaría sin efecto. Así, el perfil del guardián de la tradición aparece a la vez como conservador y hedonista, amante de la vida y militante contra los peligros de la globalización capitalista.

En la medida en que se identifica con este ethos el lector puede decidir firmar la petición y unirse al colectivo apropiándose de su discurso. Porque esa es precisamente la misión del género: persuadir a un "yo" ciudadano de sumarse a una lista abierta y disolverse en un "nosotros" del cual adopta su imagen y, a la vez, su reclamo. Uniéndose al "nosotros", el sujeto individual se otorga la posibilidad de transformar una toma de posición personal en protesta social y de construir una fuerza de oposición: no es solamente un ciudadano descontento más, sino que forma parte integrante de un grupo estrechamente ligado que representa una fuerza popular. Sin duda, la masa de firmas en la cual se funde la suya lo priva de toda individualidad, pero le confiere un poder de presión y de acción en la esfera pública.

Identidades colectivas e individuales.
Del testimonio al discurso político

¿Pero qué ocurre cuando el "nosotros" no se presenta como una instancia global en que se disuelven las voces individuales, sino como la extensión de un "yo" que en el mismo discurso utiliza la primera persona del singular y del plural? Entre la primacía concedida a la imagen individual y aquella atribuida a la imagen grupal puede entablarse un equilibrio variable. "Yo" puede construir una imagen colectiva en la cual apoyarse para satisfacer necesidades identitarias o, por el contrario, puede presentarse como miembro de una comunidad para resaltar mejor su propio ethos. En todos los casos, se instauran relaciones generalmente complejas entre el ethos personal y el ethos colectivo, cuya construcción, por otra parte, es necesario aclarar.

Tomemos el caso de un discurso donde el "yo" portavoz de una colectividad extrae de ella su identidad sin por esto diluir, en la representación del grupo, su imagen singular. Se trata de los escritos de la guerra de 1914, en que los cuadernos y relatos produjeron un testimonio que se suponía válido para todos los combatientes. El discurso testimonial construye una imagen colectiva de la que el narrador-testigo participa al mismo tiempo que contribuye a elaborar y a difundir. Representante auto-designado, construye en su palabra una identidad basada en una experiencia compartida que reúne a los hombres más allá de sus particularidades sociales y profesionales. Tomaré el ejemplo de un relato poco conocido de la pluma de Maurice Duwez, un médico belga que escribe bajo el seudónimo de Max Deauville, y cuyo diario de viaje publicado en 1917 con el título *Hasta el Yser* he estudiado en otra parte. Enrolado voluntariamente en 1914, Deauville es médico de batallón de infantería. Si su discurso testimonial es interesante desde la perspectiva del ethos colectivo, es porque, por un lado, privilegia su presentación de sí como simple combatiente, lo que lo lleva a minimizar su imagen de profesional de la salud; y, por otro lado, proyecta una imagen singular de escritor no declarado sino esbozado implícitamente en el texto a través de la puesta en discurso.

De hecho, en un texto escrito a partir de notas tomadas entre agosto de 1914 y noviembre de 1915, el "yo" se presenta como un simple soldado más. Apunta casi diariamente los pequeños eventos de la campaña, los desplazamientos y las caminatas, los lugares atravesados, como también la experiencia del combate. Plenamente integrado en la tropa con la que comparte las adversidades, se pretende ante todo un combatiente, estatus habilitado por el hecho de que el médico de batallón acompaña a las tropas y participa de las vivencias de la guerra (partida al combate, retirada, trincheras). Ahora bien, la clave de esta fusión con los soldados es el *nosotros* en el cual el locutor se apoya:

> "La cena es apresurada. No da hambre escuchar semejantes noticias. Y aun así, es mejor alimentarse, pues Dios sabe cuándo volveremos a encontrar comida. Completamente guarnecidos, apretados, comemos en silencio, demasiado nerviosos para hablar mucho." (2006:83)

Es interesante observar que en la entrada del 20 de agosto de 1914, que abarca una veintena de páginas (*ibid.*:29-48), el uso de la primera persona del singular no ocupa más que dos o tres ocurrencias ("A las dos horas me despierto de tan penetrante que es el frío", *ibid.*:38): la singularidad del "yo" es deliberadamente borrada en beneficio del colectivo.

Este abarca a las tropas combatientes que el médico acompaña y no al personal de servicio hospitalario. ¿Esto significa que Deauville no se presenta como médico? Lo hace, sin ninguna duda, e incluso es en calidad de tal que lo elogia Norton Cru, el autor de un libro en su momento famoso sobre los testigos de guerra. Deauville habla, entre otros, de las condiciones en las cuales se realizan el transporte y la clasificación de los heridos, o de los lugares improvisados en los cuales se prodigan los primeros auxilios. Pero esas evocaciones se realizan, en general, de modo impersonal. En el medio de un pasaje sobre la atención brindada en la trinchera, Deauville apunta: "Las conversaciones entrecortadas se continúan mientras la tarea se hace con una precisión nerviosa y mecánica" (*ibid.*:97). Desde esta perspectiva, el saber del médico –cuyas funciones se distinguen de las de otros hombres de la tropa– solo es puesto en evidencia débilmente. De hecho, el vocabulario utilizado por Deauville para describir las heridas no expone terminología científica, que solo es utilizada moderadamente. Elige hablar la lengua cotidiana y no usa más que de forma incidental el vocabulario que pondría en evidencia su competencia de médico. Esta elección se explica fácilmente por la naturaleza del público al cual se dirige su libro: para ser abarcativo, necesita emplear una lengua comprensible por todos. Al mismo tiempo, el borramiento de las huellas del discurso profesional sirve al objetivo del locutor, quien intenta proyectar un ethos no de sabio y de especialista, sino de soldado inmerso en la contienda. Lo que emerge en el texto es, por lo tanto, una elección de identidad.

El ethos del combatiente, que incluye a aquel del personal sanitario, disimula también la imagen del artista, sin por ello borrarla: simplemente, el ethos de escritor se construye en otra parte, en las modalidades de la enunciación donde la escritura del testimonio se une completamente al estilo literario. Sin duda, esta puesta en escena del yo como escritor dista de ser trivial para este médico que ya tiene en su acerbo múltiples publicaciones cuando se alista voluntariamente en la armada belga en la guerra de 1914. Las notas que él retoma para publicarlas muestran una atención sostenida en los juegos de luces y sombras, los colores y las formas que constituyen el sello de una escritura, en el sentido literario del término. Así, describe de esta forma la trinchera donde prodiga los cuidados en el momento de un ataque: "Bajo la luna, de repente, se encienden destellos verdosos o de un violáceo enceguecedor. Son cajas de balas que explotan. Los resplandores rojos de los obuses buscan el sol. La trinchera presenta un carácter trágico. Los muros de costales surgen en la claridad_como arrecifes" (*ibid.*:98). El estilo metafórico cede eventualmente ante una prosa sobria, ávida de parataxis, que yuxtapone enunciados que ningún conector relaciona explícitamente: "Nadie lo escucha. Cae la noche. Lo rojo de las heridas deviene negro en la oscuridad. Las miradas parecen más profundas. [...] Un herido, en un rincón, dejó de sufrir. Sus grandes ojos abiertos miran fijamente la sala" (p. 91). Hay aquí una clara estilización que señala implícitamente la imagen del escritor.

Si las imágenes artísticas y el trabajo del escritor pueden cambiar el carácter del texto sin revelarse como un ejercicio literario, es sin duda porque están sólidamente amarrados a un dispositivo incuestionable. En otras palabras, Duwez, alias Deauville, domina el conjunto y le confiere credibilidad porque construyó en su discurso un ethos de combatiente. La imagen del escritor se esconde en los pliegues de la enunciación testimonial y obtiene su legitimidad de esa misma discreción. Así, se realiza en el relato una presentación de sí como "nosotros" combatiente y como "yo" artista, donde la imagen colectiva y la imagen personal se construyen en dos niveles diferentes, el uno en la superficie y el otro en los pliegues del texto. De esta forma, el locutor consigue apelar a una identidad grupal sin renunciar a su singularidad de escritor. Con ello, intenta escapar a las trampas de la literaturalización del testimonio estableciendo entre sus dos ethè una complementariedad y una secreta complicidad.

Vemos entonces cómo, en un texto en que predomina el plural que intenta proyectar una imagen de grupo, la singularidad de un individuo puede manifestarse por sus formas de decir, más allá de los contenidos del discurso. Otros dispositivos, no obstante, yuxtaponen el "yo" y el "nosotros" de manera explícita y se ven obligados a negociar las relaciones entre las imágenes individual y colectiva. En ese caso, es el equilibrio entre los dos modos lo que muestra en qué medida un "yo" puede proyectar una imagen colectiva en la que basa su identidad, sin por ello renunciar a poner en escena su yo.

Tomemos el ejemplo de la alocución de Hillary Clinton en su discurso inaugural en la convención demócrata del 28 de agosto de 2008, en Denver, Colorado, cuando fue derrotada en la carrera por las presidenciales por su rival negro Barack Obama. Clinton se dirige a sus seguidores para pedirles que apoyen junto a ella al candidato ganador del partido demócrata con el fin de enfrentar a los republicanos representados por McCain. El primer "nosotros", que aparece en el segundo párrafo de su texto, une en esta causa al "yo" de la oradora y el "ustedes" del auditorio:

> "Amigos míos, es tiempo de reconquistar el país que amamos. Y hayan votado por mí o hayan votado por Barack, ahora es tiempo de unirnos en un único partido en la búsqueda de un único propósito. Estamos en el mismo equipo, y ninguno de nosotros puede permitirse quedarse al costado. Esta es una batalla por el futuro y es una batalla que debemos ganar juntos." (americanrhetoric. com)

La expansión del "yo", del individuo que primero es presentado con todos sus atributos identitarios (madre, demócrata, senadora, americana, seguidora de Obama), se hace hacia un "nosotros" político que abarca a su auditorio. La locutora realiza allí una elección identitaria que reorienta sus objetivos: se trata ahora de fundirse en el partido del que ella esperaba estar a la cabeza y de trabajar para su victoria junto a todos los votantes demócratas. El llamado a la unificación y al reagrupamiento alrededor de un mismo candidato responde a esa identidad partidaria que Clinton comparte con el conjunto de su público. Proyecta un ethos de lucha ("reconquistar", "ganar una batalla") y de determinación que es extendido a un grupo definido en términos de acción: es un "equipo" puesto en una competencia en que debe alcanzar la victoria. La imagen de unidad, fuertemente señalada, es también una imagen de eficacia en la solidaridad. La candidata perdedora se une así a una colectividad activa, todos cuyos miembros deben pelear para asegurar la victoria del partido demócrata, ahora representado en la persona de su ex-rival. Como lo dice ella más adelante, es él ahora quien está a cargo de realizar todos los objetivos que ella se había fijado, objetivos de gran urgencia para el pueblo americano (reducir el desempleo, remediar el calentamiento global, implementar un sistema de salud, etc.). La imagen del demócrata que encarna Obama y que comparten todos los miembros del partido es aquí la del reformador que va a resolver problemas graves y velar por los intereses de la mayoría. Un "nosotros" ideológico intensifica aquí, como es debido, el "nosotros" político. El "equipo" no se reúne solamente en torno a una acción puntual (que Obama sea elegido), sino también en torno a valores fundamentales que guían a sus miembros.

Obama, declara Clinton, comprende que el gobierno consiste en "nosotros el pueblo" y no en "nosotros los privilegiados". En esta parte del discurso, el "nosotros" se amplía de manera difusa para englobar a todos los americanos o, mejor dicho, se vuelve difícil distinguir entre demócratas y pueblo americano: "Piensen entonces en lo que será América cuando transformemos nuestra política económica de energía, creemos millones de empleos…", "Y sabemos que Barack Obama va a poner fin a la guerra en Irak de forma responsable, traerá nuestras tropas a casa…".

Esta extensión del "yo" al "nosotros" es un procedimiento astuto en un discurso electoral, y podemos ver cómo la política proyecta un ethos de demócrata y, al mismo tiempo, construye una imagen de los demócratas con la cual pide al auditorio que se identifique. No olvidemos, sin embargo, que su discurso de adhesión es también un discurso de perdedora: viene de ser abatida en su propio partido. Por lo tanto, en el contexto de la derrota necesita proyectar una imagen de ganadora. Sin duda, el llamado a apoyar al rival que la venció es en sí un acto de "buena jugadora". Pero no alcanza para dar una imagen satisfactoria de la locutora. La alocución en su conjunto se dedica, a través del "nosotros" al que ella se une completamente, a proyectar un ethos personal de orgullo y valentía. De hecho, ella comienza su presentación de sí con la repetición del término "orgullosa": "Ustedes saben, estoy aquí esta noche como madre orgullosa, como orgullosa demócrata, como orgullosa senadora de Nueva York, orgullosa americana y orgullosa seguidora de Barack Obama". El orgullo así recitado remite a la satisfacción de algo honorable, y no a la vergüenza de una derrota. Expresa una autoestima que la locutora deposita en la calidad de sus diversas afiliaciones, más que en su persona –si es una madre orgullosa o una orgullosa americana es porque está orgullosa de sus hijos y de su país. Esta introducción, que no estaba impuesta por las reglas del género, le permite mostrar la frente alta, pero sin auto-complacencia y sin arrogancia.

Borrando desde el comienzo toda auto-presentación como perdedora, Clinton se esfuerza por proyectar una imagen de luchadora incansable, un ethos sobre todo destacable por pertenecer a una mujer. Está además esa perseverancia en la lucha, que le había sido reprochada durante su campaña frente a Obama cuando ella se negó a declararse vencida aunque sus chances eran mínimas. En este caso, su ethos de combatiente deviene su principal ventaja. Como ha remarcado acertadamente Michael Leff en una exposición oral, Clinton mantiene la imagen de la luchadora, pero cambia el contenido de la batalla. El cambio de opinión aparece tanto más justificado cuanto la candidata no pelea solamente por sí misma sino por el triunfo de sus ideas y de su política y, sobre todo, por los desfavorecidos a quienes le interesa ayudar. Declarando que es Obama quien lleva ahora la antorcha y que no es su persona lo que está en juego en la batalla ("quisiera que ustedes se pregunten: ¿han participado en esta campaña solamente por mí?"), se presenta como mujer de principios y de fe; está dispuesta a sacrificar su ambición personal en beneficio de su partido y de su ideal, y pide a todos y a todas que no se concentren en su persona. Este ethos de valentía y de desinterés es tanto más expansivo cuanto ofrece un modelo de identificación a sus seguidores, quienes deben superar su sentimiento de fracaso y apoyar al candidato oficial de los demócratas. Presentándose como ejemplo de valiente luchadora que, al margen de las maniobras políticas, permanece fiel a las ideas que exceden su persona, Clinton puede mantener parcialmente el lugar de autoridad a la cual acepta renunciar. Puede prorrogar una imagen de dirigente legitimada para imponer sus posiciones: "Barack Obama es *mi* candidato y debe ser *nuestro* presidente" (cursivas nuestras).

Vemos cómo la locutora logra perfilar un ethos personal crucial para su carrera política bajo un discurso centrado en la imagen de la demócrata defensora de los intereses del pueblo americano y combatiente por la victoria del partido. Si bien el "yo" se ubica en el "nosotros", no deja de proyectar un ethos individual a través de una aparente fusión en la colectividad. Al mismo tiempo, es porque ella se presenta como demócrata modelo y ciudadana ejemplar que es autorizada para representar a sus propios seguidores y al conjunto de los miembros de su partido. Proyecta un ethos grupal que es una extensión de su propio yo, al mismo tiempo que un espejo amplificador en el que llama a los demócratas a mirarse.

Un último ejemplo será tomado también del discurso político para mostrar cómo el orador produce en su habla una imagen grupal que se ocupa de afirmar y consolidar una identidad problemática –en este caso, la de Europa. Nos permitirá encontrar en el discurso de un dirigente político, Nicolas Sarkozy, el empleo de la imagen colectiva y del ethos individual ya identificado en la alocución de Hillary Clinton. Se trata de la alocución del Señor Presidente de la República, Nicolas Sarkozy, en el Parlamento Europeo en Estrasburgo el 21 de octubre de 2008. El discurso corresponde al género del informe: el orador rinde cuentas de la actuación de la presidencia del Consejo, a la cabeza del cual se encuentra en esa fecha. Por lo tanto, asume funciones oficiales que legitiman su toma de la palabra en nombre de la instancia que él representa (el Consejo), que forma parte integrante de la instancia superior que la designó (el Parlamento europeo) y a quien responde. El orador aparece entonces como un agente institucional que incluye en su "nosotros" a la vez al Consejo y al conjunto de los representantes europeos que le delegaron sus poderes y ante el cual debe justificar sus acciones. Somete a esta apreciación su balance, el cual debe ser justo y preciso, subrayando las conquistas del pasado cercano y esbozando los proyectos a finalizar o a realizar en el futuro.

Sin embargo, el informe presenta claros objetivos argumentativos que no se limitan a destacar el trabajo cumplido. De hecho, lanza un llamado a la unidad y formula un conjunto de propuestas que, según Sarkozy, Europa debe iniciar y concretar (la regulación financiera, una política común en materia de inmigración, la reforma de las instituciones y en particular de la BCE[3]). Detrás de estos propósitos declarados, encontramos también objetivos subyacentes ligados a la construcción de un ethos. Por un lado, necesita dar una determinada imagen de Europa, de la que el locutor es portavoz oficial, consolidando la idea de una identidad europea; por el otro, intenta dar una imagen de su propia persona mediante un informe institucional que, al respecto, parece tanto más confiable cuanto no está destinado a la auto-promoción.

---

[3] Banco Central Europeo. N. de T.

El locutor se dirige a un "ustedes" que abarca al presidente del Parlamento, hacia el cual se dirige ceremoniosamente, y más raramente (salvo en el potente llamado final) al conjunto de la asamblea. El "nosotros", en cambio, resulta particularmente absorbente. Toma diferentes formas. A veces, la del "yo" Sarkozy+"él" –es el caso del informe sobre la acción que llevó a cabo con Bernard Kouchner durante la crisis georgiana y su intervención en Moscú para la obtención de un alto el fuego. Pero la mayor parte del tiempo el "nosotros" agrupa a todos los interlocutores europeos y engloba al auditorio: el locutor menciona las acciones comunes ("tuvimos que administrar", "intentamos construir una colaboración común") y las decisiones tomadas en conjunto ("cuando decidimos embarcarnos en el paquete energía-clima, lo hicimos conscientes de nuestras responsabilidades ante a nuestros hijos", p. 5). Evocando aquello que fue vivido y realizado por ese "nosotros", el orador construye una experiencia colectiva capaz no solo de consolidar al auditorio sino también de contribuir a la unidad de la comunidad europea. Manifiesta también una voluntad general de construcción europea ubicada bajo los auspicios de la democracia y de la unión: "este recinto que es el corazón de la Europa democrática que queremos"; "esta Europa, hemos querido desde el principio que estuviera unida". A través de su discurso, un colectivo expresa su deseo de constituirse como entidad unificada, de atribuirse una identidad, de solidarizarse para ocupar un rol en la escena mundial.

Desde esta perspectiva, Europa es a la vez el sujeto plural que toma la palabra a través de su representante designado y el ideal que los miembros del Parlamento están obligados a concretar plenamente. Es el referente del "nosotros" que la encarna en un cuerpo parlamentario: en "ese fue un problema que superamos con nuestros aliados americanos", la primera persona del plural se refiere evidentemente a Europa. Pero es también aquello que el "nosotros" se esfuerza por crear y modelar a voluntad: "Esta Europa, hemos querido [...] que tuviera un pensamiento independiente [...] y que fuera voluntariosa". A veces confundida con el "nosotros", Europa aparece en otros momentos como su creación, o su criatura. Es significativa la tensión irresuelta entre el pronombre "nosotros" y el nombre "Europa". El nosotros que habla en nombre de Europa es consciente de su carácter inacabado y problemático: el tema es superar las "divisiones" que provienen de "divergencias" o de "diferencias"; la unidad es una conquista de gran esfuerzo, del mismo modo que la obtención de una "posición común [sobre la crisis financiera]" es una empresa nada "simple". El locutor propone también en nombre del colectivo construir una Europa que abarque a la vez un pensamiento y un habla común: hay que hacer "oír la palabra de Europa", que es la "del diálogo" y la "razón"; para ello, Europa debe hablar con una sola voz, con una "voz fuerte". Europa debe también tener ideas –ofrecer ideas nuevas– "y las procurará". Mediante las metáforas del organismo que le confieren un pensamiento, una voluntad, un habla, es encarnada en un cuerpo unificado. Debe, además, actuar de forma ejemplar (por ejemplo, en el dominio de la ecología) y ocupar un rol en la escena mundial, lo que es posible como así lo demuestran los éxitos ya obtenidos. En resumen, Europa es presentada como una entidad a la vez existente y por construir. Al hacerlo, el portavoz del "nosotros", que abarca a parlamentarios y países europeos, Sarkozy manifiesta la existencia de la comunidad en nombre de la cual habla, haciéndola acontecer aun cuando aparece todavía en vías de realización. Aquí, el locutor no solo adopta una identidad, trabaja para concretarla, reforzarla, modelarla.

En el hilo de este discurso, el "yo" no deja de surgir en su singularidad. Es sujeto de verbos que marcan voluntad ("yo quise", "yo quisiera", "yo deseo"…) y opinión ("yo creo", "yo pienso", "no me gustaría que…") así como de verbos declarativos: "yo digo simplemente, y lo afirmo", "yo quisiera decir"… En este sentido, el locutor se permite hacer hincapié su palabra personal, al margen de su discurso de representante: "Yo quiero decir, a título personal", "Yo quiero decir mi convicción", "permítanme decirles francamente", "yo quería decirles por qué lo pienso"… Además se presenta como iniciador mediante el uso recurrente del verbo "proponer" conjugado en pasado ("propuse que tuviéramos una cumbre internacional") o en futuro ("tengo la intención de proponer esta hoja de ruta"). En síntesis, del discurso se desprende un ethos individual, el de un hombre que presenta ideas e iniciativas a título personal, que propone y que orienta, involucrándose en una comunicación a la vez formal (es un discurso institucional) y personal (anticipa sus ideas, sus creencias, sus proyectos). Aún más, construye la imagen no conformista de un hombre franco que dice cosas profundamente sentidas ("Intentaré hablar más libremente", "quisiera decirles por qué lo siento tan profundamente"). A través del "yo" que se exhibe detrás del "nosotros", el acento es entonces puesto en una personalidad singular plenamente comprometida y en las capacidades del locutor que se presenta como iniciador, activo, voluntarioso, franco y directo.

A este ethos planificado de forma global se agrega la imagen construida por el estilo argumentativo, que se pretende de proximidad y de consideración hacia el otro. Esto es lo que señalan las concesiones y las mitigaciones: "no digo que haya sido perfecto, digo simplemente que en cuatro días Europa obtuvo un alto el fuego": "por supuesto, ha habido análisis diferentes, ¿y quién podría reprochárnoslo?". Al mismo tiempo, la argumentación se basa en afirmaciones fuertes y refutaciones mordaces que desbaratan la tesis adversa. Así, por ejemplo, Sarkozy declara: "Lo que ocurrió es la traición de los valores del capitalismo. No es el cuestionamiento de la economía de mercado" (p. 3). Refuta así, sin pruebas que lo apoyen, la tesis según la cual una determinada forma de capitalismo ha fracasado. Las razones rápidamente formuladas le sirven de argumento: "no hay reglas, la recompensa de los especuladores en detrimento de los empresarios…". Sugiere así que solo la regulación de la economía ofrece una solución adecuada. No tratamos aquí de discutir el valor de esta posición, sino de señalar que esta es presentada en un estilo asertivo que impone un punto de vista particular y rebate las posiciones adversas gracias a una argumentación somera que se apoya en declaraciones perentorias (esto es… esto no es). Esta forma de manejar el diálogo esboza, detrás de un estilo que se presenta como abierto y a la escucha del otro, la figura de un político autoritario que tiende a imponer sus puntos de vista.

Vemos entonces cómo un discurso institucional puede emplear un "nosotros" que no se conforma con representar al conjunto supranacional al que representa sino que contribuye, en su discurso, a construirlo y a conferirle una identidad. Al mismo tiempo, este ejemplo particular mostró que un ethos personal puede también elaborarse en un texto oficial dentro del cual el locutor logra negociar su imagen de político, más allá de la imagen de la colectividad que construye en el manejo del "nosotros" y de su referente último, Europa. Podemos también preguntarnos en qué medida esas dos imágenes, la de Sarkozy y la de Europa, se incluyen. ¿No está proyectando la imagen de una entidad política dotada de energía, de iniciativa, de ideas fuertes, activa y voluntariosa, preocupada por jugar un rol mayor en la escena internacional, que se asemeja extrañamente a la que da de sí mismo? Más allá de un caso particular, pareciera que la analogía entre la imagen del "nosotros" construida por una personalidad política (ya sea Hillary Clinton, Sarkozy u otro) y la imagen que da de su propia persona mantienen lazos de analogía que no son producto del azar sino resultado de estrategias inherentes al discurso político. Es que el dirigente es a la vez un representante que proyecta en su habla el ethos de los miembros del partido, de los ciudadanos del país o de la entidad supranacional que le ha delegado (o que debe delegarle) sus poderes, y una personalidad capaz de erigirse en modelo y de influenciar al auditorio mediante su ejemplo. En este sentido, la proyección de un ethos personal puede tener valor de ejemplaridad o de emulación al mismo tiempo que consolida el poder del orador.

Recurrir a estos ejemplos diversos y analizar su especificidad intentan poner en evidencia la intención de encontrar esquemas comunes en casos aparentemente heterogéneos y, al mismo tiempo, mostrar cómo cada situación discursiva y cada caso dan lugar a una gestión particular del ethos colectivo en sus relaciones con el ethos individual. Por un lado, entonces, una problemática transversal ligada a la dificultad de unir voces plurales en un habla unificada y lidiar con la tensión entre una imagen grupal y una imagen personal. Por otro lado, la particularidad del género abordado y del campo al que atañe, con sus reglas y sus propósitos: la producción de la imagen colectiva de una empresa en el campo económico difiere de la presentación de sí de una personalidad política o de la imagen colectiva creada en una petición ciudadana. A esto se agrega que cada caso se impone en su singularidad: hay que encargarse de las tensiones, crear equilibrios en función de la situación y de los objetivos propios. Solamente analizando de cerca ejemplos concretos podremos ver cómo intentan establecer estrategias discursivas eficaces en función de sus correspondientes objetivos manifiestos o tácitos.

Séptimo Capítulo

LOCUTORES OCULTOS: ETHOS, BORRAMIENTO ENUNCIATIVO Y RESPONSABILIDAD

Si planteamos que toda toma de la palabra implica la proyección de una imagen de sí, podemos preguntarnos qué sucede en los discursos que no son proferidos en primera persona. ¿Cómo habría presentación de sí en enunciados como "El pronóstico anuncia frío para mañana" o "Un atentado suicida dejó 50 muertos en Bagdad"? A simple vista, parece que solamente pudiera haber ethos en los discursos embragados donde se manifiesta un "yo".

La pregunta, como se comprenderá, no es pertinente para las situaciones cara a cara. Goffman elaboró su noción de presentación de sí para todas las interacciones en que los interlocutores se encuentran en presencia física uno del otro. Si extendemos al discurso sus consideraciones extralingüísticas, se ve claramente que en una conversación cotidiana puedo relatar una escena que sucedió frente a mí o dejarme llevar por especulaciones sobre diversos temas sin jamás decir "yo" ni interpelar a un "ustedes": no dejo de construir en mi discurso una imagen vinculada a mi persona. Ocurre lo mismo en determinadas interacciones que se realizan en ausencia física del auditorio. Cuando un presentador de televisión habla sin jamás designarse en primera persona ni utilizar una fórmula de tratamiento dirigida a su público virtual, el discurso no es menos entendido como un discurso proferido por un sujeto hablante en una situación de interlocución precisa. Para la Antigua Retórica, en que primaba la oralidad, todo discurso se relacionaba con la persona de un orador físicamente presente, de quien se debía evaluar su conducta real. Esto es porque la *memoria* (la memorización del discurso que se iba a pronunciar ante el auditorio) y el *actio* (la performance ante ese mismo auditorio) eran partes de la retórica tanto como las otras tres (la *inventio*, la *dispositio* y la *elocutio*). En síntesis, en todos los casos de oralidad donde un cuerpo y una voz se imponen en su materialidad, parece evidente que un locutor se muestra a través de sus formas de decir, aun si no deja en su discurso ninguna huella tangible de su presencia.

No obstante, las cosas cambian cuando pasamos de lo oral a lo escrito. ¿Cómo puede construirse aquí una imagen de sí, en ausencia de todo origen enunciativo? Podríamos vernos tentados de deducir que la presentación de sí no concierne a los discursos tradicionalmente llamados en "tercera persona", donde la instancia de locución solo aparece implícitamente bajo la forma hipotética de un "él". Sin duda, es necesario insistir, no se trata de un problema puramente formal, anclado en el sistema de los pronombres gramaticales y limitado a puras consideraciones lingüísticas. La posibilidad de pasar por alto la construcción de una imagen de sí en el discurso tiene consecuencias. ¿Puede haber una toma de la palabra que no construya ninguna identidad discursiva? ¿Cómo pueden interactuar el interlocutor o el auditorio con un enunciado donde el lugar del interlocutor parece vacío y donde ninguna imagen de su persona se deja aprehender? A esto se agregan cuestiones esenciales relativas al poder de la lengua y la ética del discurso. Me refiero, por un lado, a la autoridad y la legitimidad acordadas a la palabra sin origen designado; y, por otro, al compromiso del enunciado que cuestiona la responsabilidad del locutor.

Sobre estos dos últimos puntos se imponen algunas aclaraciones. Primero, la cuestión de la autoridad. ¿Puede impartirse una instrucción sin que el destinatario se haga una idea de la persona que la emite? ¿Una información puede tener valor de verdad sin ser relacionada con una fuente creíble? La descripción de un evento tiene más peso en boca de quien fue su testigo presencial; un consejo financiero tiene más impacto si proviene de una persona experimentada y bondadosa. El ethos, no lo olvidemos, tiene como función primordial relacionar el discurso con una fuente fiable y con un locutor digno de confianza. Si el borramiento enunciativo pone en tela de juicio la autoridad de la palabra, también problematiza la responsabilidad del locutor. Allí donde el sujeto se eclipsa y la palabra parece desplegarse desde un lugar vacío, ¿quién se hace cargo del discurso y a quién se le puede imputar la responsabilidad?

Abro *Le Monde* y leo: "Martine Aubry ofrece su visión sobre la identidad nacional". El artículo, que data del 2 de diciembre de 2009, no está firmado y remite a LEMONDE.FR en conjunto con AFP[1]. Ahora bien, el título dice mucho más que su sentido literal –sugiere que "la jefa del PS" eligió tomar partido sobre una cuestión impulsada por un gobierno de derecha y cuya conveniencia fue violentamente discutida por su propio partido. Más aún, el artículo menciona que Aubry misma declaró que no abrigaría "*un*

---

[1] Agence France Presse. N. de T.

contra-discurso a la identidad nacional' de Nicolás Sarkozy, sino un '*discurso sobre la identidad de Francia, la Francia que amamos*', que los franceses quieren '*recuperar*'". Entonces, ¿a quién imputar la fórmula que da a entender que Aubry se alinea, que acepta pronunciarse sobre una cuestión sobre la cual Éric Besson, el Ministro de Inmigración, también llamado de Identidad Nacional, pidió a todos sus compatriotas que debatieran? Podemos preguntarnos si el lector podría rastrear el perfil de un locutor esbozado en filigrana a partir del punto de vista transmitido por las palabras, pero también a partir de la voluntad de transmitirlo sin implicar a su propia persona. Por otra parte, también podemos preguntarnos si la instancia de locución que se deja captar indirectamente se relaciona con el periodista o, en cambio, con la redacción del diario que decide los titulares. ¿El titular da cuenta de la imagen de un periodista o del ethos colectivo de *Le Monde*? Estas preguntas son particularmente importantes en cuanto al discurso mediático debido a una determinada voluntad de transparencia, dada su misión informativa y su deontología de la objetividad. Relacionar el discurso que se pretende proveniente de hechos en bruto con la imagen de un locutor singular (un periodista X) o con la de una instancia de locución particular (la redacción de *Le Monde*) es problematizar las reivindicaciones de neutralidad. Es tratar de ver cómo el titular periodístico traza la imagen de un escritor que no parece eclipsarse más que para construir y resaltar mejor el acontecimiento.

¿Un discurso en tercera persona? Los juegos del borramiento enunciativo

Podemos retomar esta cuestión a través de la noción paradójica de texto "en tercera persona". ¿Qué es, en efecto, un enunciado en tercera persona? Si todo enunciado es el resultado de un acto de enunciación, reenvía necesariamente a una instancia que lo profiere: el "él", calificado por Benveniste como no-persona porque no participa del cuadro figurativo del intercambio ("yo"/ "tú"), no sabría tomar la palabra. "Él" designa a aquel del que se habla, no a aquel que habla o aquel a quien se habla. Sin embargo, no hay que olvidar que en el discurso, "explícita o no, la relación de persona está siempre presente" (Benveniste, 2011:167). Podemos extender esta observación a la aclaración de Genette, quien al pasar del discurso al relato dice no utilizar las expresiones "'relato en primera o tercera persona' [...] más que con comillas de distancia" (1972:251). De hecho, sus formulaciones habituales presentan como variable un elemento que no lo es: "a saber, la presencia explícita o implícita de la 'persona' del narrador que solo puede estar en su relato, *como todo sujeto de la enunciación en su enunciado*, en 'primera persona'" (*ibid.*:251-2; cursivas nuestras). Sin comentar aquí la cuestión del relato literario, insistiremos en que todo discurso es, "por definición, virtualmente hecho en primera persona" (*ibid.*).

Dado que los enunciados que no remiten explícitamente a ningún "yo" encuentran, no obstante, su origen en él, pueden manifestar rasgos de subjetividad más o menos discretos. De hecho, no hay que confundir la desaparición del pronombre personal con la ausencia de subjetividad. "Hay que eliminar a ese tirano sanguinario" o "Saddam Husseim era un tirano sanguinario" son enunciados que no reenvían a un locutor marcado por un "yo"; pero no dejan de esbozar la imagen de quien está a cargo de ellos. La calificación de "tirano" implica que al locutor le importa la libertad política, "sanguinario" es un axiológico que condena la violencia. Asumiendo la responsabilidad de estos enunciados, aquel que los emite deja ver su sistema de valores y creencias; al hacerlo, se expone. Estos rasgos de subjetividad son no solo posibles sino también completamente habituales en los textos paradójicamente llamados "en tercera persona". Resulta que ahí donde el pronombre "yo" se esconde, las huellas lingüísticas que revelan sus opiniones, sus valores o sus sentimientos no solo inscriben su subjetividad en el discurso sino que proyectan una imagen de su persona.

Es desde esta perspectiva que la ausencia del "yo" es tratada como una presencia implícita. Es producto de un borramiento, no de una falta. Aun cuando simula la desaparición elocutiva, un locutor se deja captar en sus enunciados. Inscribe siempre rasgos de subjetividad en su discurso, a partir de los cuales emerge una imagen de sí más o menos precisa. En esta línea, es claro que el rechazo a inscribir su yo en sus palabras también es un índice. Al intentar pronunciar su discurso de forma tan impersonal como sea posible, el locutor proyecta la imagen de un ser preocupado por la objetividad: el rechazo a implicarse o a develarse es también una forma de decirse. Al pasar de los discursos donde la subjetividad se inscribe en ausencia de la primera persona a aquellos que intentan erradicar todo rasgo de evaluación o de sentimiento personal, resulta que en todos los casos el locutor opera una presentación de sí. En otras palabras, el ethos se adapta perfectamente a aquello que las Ciencias del Lenguaje llaman "borramiento enunciativo", definido como la eliminación de las marcas de la presencia del locutor, dando la impresión de que este último se ausenta de su discurso, como si este se desarrollara sin origen aparente.

Charaudeau (1992:650) habla de un "juego" que juega el sujeto hablante, "como si le fuera posible [...] desaparecer completamente del acto de enunciación y dejar hablar al discurso por sí mismo". "Como si": el "yo" no se anula, no puede desaparecer completamente. Es por eso que Gilles Philippe (2002:18) propone considerar el borramiento del locutor "de un modo positivo, como una posibilidad abierta por la estructura misma de la lengua".

Retomando la expresión de Benveniste de aparato formal de la enunciación, podríamos –siempre según Philippe– evocar un *aparato formal del borramiento enunciativo*. Se imponen aquí múltiples formas: un discurso descriptivo que parece no recurrir a ningún sujeto hablante: "una inmensa planicie cubierta de nieve se extendía hasta perderse de vista"; un enunciador abstracto como el que asume un proverbio, un slogan publicitario o un texto legal: "Cada cual recoge lo que siembra"; un enunciador "universal", cercano al último, que sería el de los discursos científicos o teóricos. En todos los casos, se hace referencia a la instancia que asume el enunciado; o mejor dicho, que asume un enunciado del cual ella parece ausentarse.

Si determinados discursos se ocupan de borrar la primera persona y, a veces, hasta las marcas de la subjetividad, si encubren el origen de la palabra y disimulan el rostro del locutor, es que en esa estrategia encuentran ciertas ventajas. Sin duda, la naturaleza de esas ventajas depende de los géneros discursivos considerados: un artículo en una revista científica no persigue los mismos objetivos que un comunicado de prensa o un texto legal. Sin embargo, podemos considerar que, en su conjunto, contienen rasgos comunes. Gilles Philippe señala al respecto que en "numerosos textos" que "deben ser considerados sin referencia alguna a una instancia enunciativa", "toda remisión a esta última actúa como un parásito en el análisis del proceso de interpretación" (2002:26). Es decir que en los discursos que se construyen de forma tal de oscurecer o borrar la imagen del locutor, este borramiento mismo es el que permite el buen funcionamiento de la comunicación. Forma parte de un "contrato de lectura": "el lector, aclara Philippe, consulta el texto como si este último no hubiera sido producido por nadie" (*ibid.*).

Uno de los beneficios más reconocidos de esta impersonalidad aparente es el efecto de objetividad. La evaluación está separada del locutor, que de este modo erige su apreciación personal en juicio de validez general (Kerbrat-Orecchioni, 1980:151). En este sentido, Rabatel (2000: 243) señala que lo que aparece como inscrito en la realidad tiene más fuerza de convicción que la expresión de una opinión personal, siempre relativa y falible. Despojada de sus raíces personales, la palabra aparece como objetiva. Se trata entonces de entorpecer la construcción del ethos y de disimular la presentación de sí inherente a toda interacción. Ahora bien, es en esos mismos intentos de neutralización que la imagen de sí, reprimida, logra recomponerse e imponerse bajo una nueva apariencia. De este modo, el borramiento enunciativo da origen a un conjunto de estrategias discursivas donde el ethos se construye indirecta y, a veces, subrepticiamente. No es menos intenso y eficaz por recurrir al disimulo y al engaño. Examinaremos ahora estas estrategias de construcción de ethos en diferentes tipos de discurso: el discurso científico, el discurso filosófico y, por último, el discurso periodístico.

El *ethos* en el discurso científico

Es interesante destacar el interés otorgado desde hace algún tiempo a la noción de ethos en el discurso científico. Está ligado a la importancia desde entonces conferida a la cuestión de la credibilidad de los escritos que se identifican con diversos dominios de la ciencia. "¿Por qué confiamos en la ciencia?" es, observan Judy Segal y Alan Richardson, una pregunta que pone en juego fenómenos complejos como "la creencia, la confianza, la credibilidad, la autoridad, la autoría, la experticia y la persuasión" (2003:137). Esta pregunta reenvía a la noción de ethos, no solamente en el sentido que le atribuyó el sociólogo Robert K. Merton, sino también en el que propone la Retórica aristotélica. En sus trabajos, que se remontan a 1942, Merton adelantaba la noción de "ethos de la ciencia", entendida como un conjunto de normas que deben guiar a los investigadores en su práctica. Incluía allí el universalismo (el reconocimiento de una proposición no debe depender de los atributos de quien la enuncia), el comunitarismo (la libre circulación del saber), el desinterés y el escepticismo organizado. Si bien el número especial de la revista *Configurations* (2003:11) que se dedica a "El ethos científico: autoridad, autoría y confianza en las ciencias" retoma la reflexión en adelante clásica de Merton, la desplaza hacia las perspectivas retóricas con las que intenta articularla. De hecho, se pasa de las normas constitutivas de una disciplina (Merton hablaba del ethos de la ciencia) a la autoridad de la persona que expone un saber nuevo –el ethos o la imagen de sí que proyecta el científico. No se lidia con las normas que definan la ciencia como tal, sino con la apropiación por parte de determinado individuo de criterios que, en un contexto dado, definan la categoría del investigador.

Estas perspectivas son tributarias de una concepción particular de la actividad científica donde el "hecho científico" aparece como fruto de una construcción social (Latour y Woolgar, 1979). La aceptabilidad de un hecho y su integración en un cuerpo de conocimientos autorizado aparecen como indisociables de un proceso validado que tiene sus reglas y su lógica propias. En este proceso, la publicación de artículos científicos es primordial. Desde esta perspectiva, el discurso de las revistas especializadas puede ser definido como intrínsecamente argumentativo: "tiene por objeto convencer a la comunidad de aceptar nuevos conocimientos" (Livnat, 2006:96). La empresa de persuasión descansa en una variedad de medios, dentro de los cuales el ethos ocupa un lugar privilegiado. De hecho, para el escritor, el tema es proyectar una imagen de sí confiable a través de la cual construye y legitima a la vez su identidad de "científico". Ken Hyland señala al respecto: "La escritura académica, como toda forma de comunicación, es un acto de identidad: no transmite solo un contenido disciplinar, conlleva también una representación del escritor" (2002:1992). Hyland menciona también que esta identidad apela a una filiación y a un reconocimiento. Al presentarse de determinada manera, el investigador afirma su pertenencia a la comunidad para la cual escribe, reivindicando en este mismo acto su derecho a la palabra y su pretensión de cientificidad. Es por eso que en los artículos de revistas científicas "el ethos del autor es cuidadosamente, si no siempre conscientemente, construido, y actúa como una muestra de credibilidad" (Segal y Richardson, 2003: 140) que sostiene otras pruebas de fiabilidad manifestadas en el artículo. Vemos cómo, en esta visión social y retórica de la ciencia, la construcción identitaria y el proyecto de persuasión están estrechamente ligados uno al otro. La identidad del científico adviene en su discurso, y es imponiéndose que hace creíble el nuevo saber que quiere integrar en la disciplina en la cual trabaja.

Aún es necesario preguntarse cómo se construye el ethos del investigador digno de confianza y de respeto. En este punto preciso retomamos la cuestión de la impersonalidad. El hombre de ciencia no puede decirse más que implícitamente. En general, no le conviene poner su persona adelante, y esto debido a un ideal de objetividad que hace sospechar de toda presencia individual. El investigador, aclara Livnat, es considerado "un mediador gracias al cual la verdad puede ser expresada [...] Se trata, por lo tanto, de crear la impresión de un informe objetivo, caracterizado sobre todo por la impersonalidad" (2006:100). Esta última es construida completamente mediante el uso de medios lingüísticos. Basándose en un corpus de una treintena de artículos de Ciencias Humanas en lengua hebrea, Livnat identifica las múltiples construcciones que permiten evitar el uso del "yo" y presentar el estudio como independiente del investigador. Así, enumera las formas pasivas gracias a las cuales los resultados son presentados sin conferir al descubrimiento un carácter personal ("es propuesto un modelo híbrido ", "como será explicado más adelante"); el borramiento del "yo" concierne tanto a las acciones llevadas a cabo en el transcurso de la investigación como a la acción de decir. Otras formas de borramiento enunciativo: en las frases en voz activa, el investigador no es el sujeto. Ocupan esta posición los términos "el artículo", "la investigación", "el análisis": "Este trabajo intentará...". Además, las conclusiones presentadas no están ligadas al investigador, como si su punto de vista no interviniera, dando lugar a una deducción que se impone en sí misma y que corresponde al lector reconstruir. Así, en "un análisis diferencial demostró que..." o "un análisis de caso nos mostró que...", se ofrece un razonamiento deductivo del cual el locutor se ausenta. Hay ahí claramente un "esfuerzo sostenido que tiene por objeto eliminar al investigador del texto, como forma de persuadir al lector sobre el aspecto 'científico' de la investigación, y de posibilitar su participación en los procesos lógicos que construyen la argumentación" (Livnat, 2006:111).

Por lo tanto, paradójicamente, el tono impersonal y el borramiento enunciativo son los que construyen una imagen fiable del científico. Manipulando las herramientas lingüísticas que le permiten ausentarse de su discurso, el escritor proyecta un ethos de profesional al tanto de las normas de la escritura científica. El borramiento de su persona, con todas sus características nacionales, individuales, culturales, etc., es un saber práctico que manifiesta el éxito de un largo aprendizaje. Mostrando que conoce la necesidad y posee la pericia, las técnicas de impersonalidad, el sujeto se plantea como científico. Se dice y se muestra por el rechazo a expresarse y manifestarse. Al hacerlo, proyecta un ethos que le permite proclamar su pertenencia identitaria a la comunidad a la cual pretende integrarse y por la cual pide ser reconocido.

Insistiendo en la paradoja de la presentación de sí en el discurso científico, la retórica de la ciencia –un campo hoy en día en plena expansión, principalmente en el espacio anglosajón– señala la relación particular que se establece entre el ethos, o imagen de sí que el locutor construye en su discurso, y el logos, que es a la vez habla y pensamiento. El investigador se presenta disimulándose: no se dice más que mediante un propósito razonado sobre un objeto de estudio. Al respecto, Carolyn Miller habla de una elección retórica –la de construir un ethos que se niega a sí mismo: "El ethos técnico, observa ella, imparcial, autoritario, apartado de sí mismo es tanto más potente cuanto se niega. Así, no solamente el ethos es transformado en logos, sino que la preferencia dada al logos tiene valor de ethos" (Miller, 2003:185). Desde esta perspectiva, no es solo el recurrir a las marcas de borramiento enunciativo lo que proyecta la imagen del científico. Es también el privilegio conferido al razonamiento y al desarrollo de una argumentación basada en pruebas, que lleva las premisas a una conclusión por vía de una deducción lógicamente válida. A través de una demostración que sigue las reglas del género y que supuestamente todo el mundo_puede seguir arribando a las mismas conclusiones, el locutor inscribe implícitamente una imagen de investigador competente y fiable. Es por su manera de manejar el discurso, de sostener sus propósitos mediante pruebas, de desarrollar el razonamiento, que él se plantea como especialista y se reivindica como miembro de pleno derecho de una comunidad científica. Es por eso que, paradójicamente, en un artículo basado en la presentación de un descubrimiento y que no da ningún lugar a la figura del autor, no participa menos plenamente su presentación de sí. Una síntesis de los trabajos realizados en el área, la conformación de una hipótesis, incluso una página de bibliografía, son una forma de ganar convicción asumiendo una identidad social y posicionándose en un campo. El borramiento enunciativo y la elaboración de un discurso impersonal aparecen, por lo tanto, como un medio seguro para presentar una imagen apropiada y creíble del científico.

Sin duda, esta noción de hombre de ciencias es demasiado general: es evidente que la imagen del químico y del historiador, del matemático y del lingüista no se apoyan en los mismos imperativos. Es más, el borramiento del enunciador es un imperativo más o menos riguroso según la disciplina, el contexto cultural (los investigadores americanos parecen decir más fácilmente "yo" que sus colegas franceses) o incluso el momento preciso en la historia de la disciplina (pensemos en la reflexión histórica en torno a la ego-historia o en los debates recientes sobre la objetividad del investigador en Ciencias Sociales y Humanas). La perspectiva adoptada aquí, muy general, no permite abarcar todos los casos que atañen al discurso científico, pero sí dar un ejemplo convincente de una presentación de sí que se efectúa negándose –como si el discurso proviniera efectivamente de un "él", de una ausencia de persona que excluye toda posibilidad de juegos especulares. De este modo, vemos a la vez cómo determinada práctica del discurso científico remite al ideal de los "textos escritos en una lengua formalizada, sin autor ni lector, vehículos transparentes de la verdad" (Cohen, 1998:131); y cómo el análisis del ethos permite dejar atrás esa representación ilusoria al mostrar que el locutor ofrece implícitamente una imagen de sí que lo acredita, permitiéndole a la vez llevar a cabo un proyecto cuya naturaleza argumentativa hay que reconocer, y afiliarse a una comunidad.

La presentación de sí del filósofo

Una reflexión similar, aunque desfasada, puede llevarse a cabo a propósito del discurso filosófico que también reivindica la impersonalidad y una mirada universal. Una investigación de este tipo fue conducida por Dominique Maingueneau (1995, 2005) y Frédéric Cossutta (1989, 2004) desde la perspectiva del análisis del discurso. Este último parte del principio de que el texto filosófico está "colgando por completo de una 'presencia' que fue quitada pero que deja como en ausencia una huella descifrable" (1989:9). En este marco, le interesa considerar al locutor y la imagen que él da de su persona mediante la elección de un régimen enunciativo (o la forma de presencia de un sujeto). El interés del análisis no es simplemente encontrar en la enunciación una "fuente de informaciones sobre […] la imagen del filósofo que se esboza o se esconde en el texto" (*ibid.*: 23). Deriva también del hecho de que el discurso filosófico debe, más que el discurso científico, negociar los grados de ausencia y de presencia del locutor instaurando entre ellos un equilibrio variable y siempre inestable. De hecho, se construye sobre una tensión constitutiva entre el borramiento de la subjetividad y la inscripción de una singularidad.

El filósofo debe a la vez hacer entender la verdad desde un punto de vista abstracto y posicionarse entre los colegas que proponen doctrinas divergentes convenciendo al público de que su propia visión está bien fundada. Este último imperativo es tanto más potente cuanto, contrariamente a los botánicos, químicos y físicos que dicen dejar hablar a la Naturaleza, el filósofo elabora una doctrina que le es personal y que presenta como el fruto de sus propias meditaciones. Es él mismo el arquitecto de una construcción conceptual que está, en última instancia, vinculada a su nombre y que inscribe a este último en una historia y un lineamiento. En tanto tal, el filósofo marca con su sello el discurso que ofrece al público ilustrado al mismo tiempo que a sus pares. Cada uno de sus escritos, como el conjunto de su obra, proyecta una imagen de escritor individual: se percibe la imagen de Sartre en *El ser y la nada*, la de Hegel o la de Heidegger en cada uno de sus libros, por no mencionar a filósofos como Jean-Jacques Rousseau cuyo pensamiento está íntimamente ligado a la puesta en escena de su persona. Por lo tanto, el lector no dialoga solamente con un enunciador universal capaz de transmitir una verdad, sino también con un filósofo individual al que frecuenta con más o menos empatía a través de sus textos.

A esto se agrega la importancia de los incesantes debates que fundan la disciplina. La Filosofía, observa Lacoste, "nace, vive y perdura gracias a los debates de los filósofos entre sí. Es un perpetuo diferendo" (Lacoste, 2008:9). Ahora bien, se ha observado a menudo que las doctrinas filosóficas, necesariamente en competencia las unas con las otras, se presentan como mutuamente excluyentes. Más que un movimiento puramente acumulativo donde cada uno aporta su ladrillo a un mismo edificio, y a pesar de las indispensables filiaciones, el desarrollo de la disciplina convoca un nuevo tipo de cuestionamiento y pone en tela de juicio nuevos conceptos. Desde los sofistas y Platón hasta Paul Ricoeur o Michel Meyer, el lector es invitado a una aventura intelectual y a una exploración de espacios mentales desconocidos. En este trayecto, es guiado por el filósofo que lo lleva a los meandros de su reflexión personal invocando los discursos anteriores sobre los que construye su pensamiento y contra los que lo edifica. Por lo tanto, es necesario que una fuente enunciativa organice y dirija el discurso filosófico para conferirle su especificidad. ¿Pero cómo puede el ethos del filósofo al mismo tiempo borrarse para dejar hablar a la Verdad e imponerse en su singularidad para plantear un discurso nuevo que lo diferencie y lo posicione en un estado del campo?

En un primer momento, y habida cuenta del imperativo de verdad, admitimos que el borramiento enunciativo sea uno de los fundamentos de la palabra filosófica. Aboliendo "la noción misma de punto de vista", el filósofo deviene "punto de pura transparencia donde la verdad se manifiesta" (Cossutta, 1989:16). "Desde los orígenes griegos de esta disciplina", aclara Cossutta, "el filósofo hace como si se borrara ante la palabra de verdad, de la cual no sería el autor-inventor sino solamente el intermediario" (2004:83). Por supuesto, esta desaparición no es un dato más, según la fórmula de Maingueneau, es una conquista perpetua, un esfuerzo "de desgarramiento a viva voz" donde el ethos aparece como "el mantenimiento de una voz opaca atormentada por su propio borramiento" (1995:59). Cuando el discurso filosófico adopta esta posición –lo que no es siempre el caso, y Maingueneau contrasta oportunamente en su texto la fuerte presencia de Nietzsche y el ideal de Kant–, el borramiento enunciativo tiene por objeto y por efecto evitar la interacción argumentativa que vincula al locutor con el auditorio. Esto no significa que no haya ningún sujeto involucrado en el discurso o que este no intente convencer al lector –sino más bien que el discurso "presenta estas operaciones como consumadas" (Cossutta, 1989:17). Él confunde los rasgos del proceso argumentativo que moviliza una multiplicidad de puntos de vista para reducirlos y disimula la escena de enunciación a través de la cual acontece el discurso filosófico.

"Se puede disimular el ethos, no se puede suprimirlo" decreta Maingueneau en "L'énonciation philosophique comme institution discursive" (1995:59). Y de hecho, el texto filosófico, aun cuando se ocupa de disimular toda presencia del locutor, vincula a fin de cuentas el discurso en su conjunto a un origen unificado. A riesgo de dispersión y de caos, se impone un punto de referencia enunciativo que coordina y homogeneiza el conjunto. Aun cuando el origen del discurso es disimulado, es necesaria una perspectiva única para reunir los enunciados en una disciplina constituida, en su coherencia y su especificidad. Por lo tanto, sostiene Cossutta, siempre hay al mismo tiempo un "sujeto enunciador universal" y un "sujeto de referencia que asegura la función autor" y que plantea "la imagen de una presencia afirmando la paternidad y el dominio del discurso" (1989:17). Este sujeto de referencia deja huellas más o menos visibles –puede recurrir a un "yo" o a un "nosotros" en el texto o, con más discreción, inscribirlos en un prefacio o en un prólogo. También puede evitar todo uso de la primera persona y conformarse con reenviar el discurso a la fuente enunciativa manifestada en la firma. Y Cossutta concluye: "La función universalizadora cobra protagonismo, pero en realidad está articulada sobre la escena que se desenvuelve detrás del telón para asegurar la coherencia y el desarrollo del texto" (*ibid.*).

Esta presencia es, entonces, la que traza la imagen implícita del locutor del que emana el discurso y que el lector relaciona con el nombre del firmante –nombre ilustre ya acreditado que lleva el peso de su reputación (Kant, Hegel, Merelau-Ponty) o figura aún desconocida que se construye en el nuevo escrito. En todos los casos, el ethos del locutor es indisociable de su doctrina y de la posición que adopta a través de ella. Si es verdad que la gestión particular del lenguaje forma parte del sentido de la obra y que no se puede separar lo dicho del decir, se ve claramente que dispositivo de enunciación, por una parte, y contenidos y conceptos, por la otra, están intrínsecamente ligados. Un filósofo escéptico, por ejemplo, no puede exhibir un tono de autoridad dirigido a imponer una verdad monolítica sin socavar la base misma de su doctrina. Maingueneau observa que para anunciar la muerte de Dios en *La gaya ciencia*, Nietzsche construye en su texto un ethos profético. La doctrina confiere así su autoridad a una determinada imagen de filósofo (el escéptico, el profeta) y esta última, a cambio, la legitima. En otras palabras, la imagen del locutor no solo responde a una concepción general del filósofo (en su diferencia con el sabio o el poeta, por ejemplo); también es indisociable de la doctrina que el discurso establece, por lo que el ethos del filósofo del lenguaje (Austin), por ejemplo, diverge profundamente de aquel del padre de la deconstrucción (Derrida).

El caso de Derrida, cuyas posiciones filosóficas entrañan un estilo provocador en lo radical de su ruptura, permite mostrar cómo el ethos que se construye en el texto puede ser percibido de diversas maneras y ser objeto de un debate sobre la imagen del filósofo –debate que en sí mismo forma parte integral de la Filosofía como debate. ¿Qué imagen del locutor como filósofo se desprende de las modalidades de enunciación tan particulares que caracterizan al autor de *La Escritura y la Diferencia, De la gramatología* o *Clamor*? La pregunta acerca del ethos es aquí particularmente delicada porque Derrida ataca el logocentrismo, a saber, la búsqueda persistente en la tradición occidental de un origen y de un garante del sentido, que deriva de la primacía otorgada a la palabra viva por sobre la escritura. En efecto, el logos como palabra oral implica una presencia que se vuelve así, según Derrida, el paradigma dominante de la comunicación, al cual ha estado subordinada la escritura. Nos enfrentamos entonces a una "metafísica de la presencia" que podría estar vinculada con el deseo de un significado trascendente. En un contexto en que denuncia el logocentrismo, Derrida debe velar por no reproducirlo en sus propios escritos.

Sin duda, no es posible embarcarnos aquí en una descripción detallada y necesariamente compleja de la construcción del ethos derridiano en relación con su teoría del sujeto, del sentido y de la escritura. Nos conformaremos con mencionar algunos puntos, tal como fueron relevados por los comentaristas; y en primer lugar, el rechazo a usar procedimientos que permitan plantear una palabra soberana a través de la cual se expresaría la voz de la Verdad. Al margen de toda exposición magistral de una doctrina o de un sistema, el discurso filosófico de Derrida se aparta de la tradición a la que critica basándose casi exclusivamente en análisis textuales minuciosos que desmontan las oposiciones en las que se apoya un pensamiento ancestral para manifestar sus tensiones y aporías. Además, el trabajo sobre la lengua: "En Derrida, señala Badiou (2005), se encuentra un vínculo complicado y persistente de la lengua con la lengua, un trabajo de la lengua sobre sí misma, y el pensamiento en el trabajo de la lengua olvida la lengua". Este discurso filosófico es, según Badiou, sintomático de una renovación de la filosofía francesa que encontramos también en Foucault y Deleuze. Así, en las modalidades particulares de su escritura, el enunciador que responde al nombre de Derrida se mostraría como filósofo francés contemporáneo. Al mismo tiempo, su ethos se construye a través de la importancia conferida al trabajo de la escritura y de la atención prestada a la materialidad de la lengua y, en particular, a los juegos de significantes, todos rasgos implicados en las concepciones desarrolladas en los textos derridianos. La presentación de sí manifiesta una nueva concepción del filósofo que la teoría justifica (con nuevas concepciones, en ruptura con la tradición, una nueva imagen del filósofo); esta última, a su vez, legitima el escrito (la figura del filósofo así creada presenta como lo único auténtico la filosofía que ella habilita).

Vemos que el ethos del filósofo puede plantearse como ruptura total con la tradición en cuya línea se inscribe (ruptura que a veces hizo pensar erróneamente que Derrida rechazaba esa tradición para ubicarse al margen de ella o anunciar su fin). Difiere en esto del ethos del científico y del investigador académico, cuya búsqueda de la impersonalidad responde a la necesidad de integrarse en una comunidad y no admite (salvo excepciones) singularidades provocadoras. Sin duda, una perspectiva histórica haría resurgir modalidades más diversificadas del ethos científico, que evoluciona con el correr de los siglos. Pero no deja de diferenciarse del de los filósofos en la medida en que estos últimos deben, más allá de toda evolución temporal, reinventar constantemente el modelo del filósofo en función de los horizontes de su propia conceptualización. Su presentación de sí indirecta, en tanto la realizan en una práctica de escritura, construye una forma singular de ser filósofo que debe prevalecer sobre las posturas opositoras.

No cabe duda de que una nueva forma de ser filósofo, en tanto implica una representación de la verdadera filosofía, puede entrañar debates acalorados sobre el ethos en que se apoya. Alcanza con ver, a título de ejemplo, las controversias surgidas en torno a la imagen de sí proyectada por los textos de Derrida debido a su estilo sofisticado y a menudo opaco. Badiou, como hemos visto, lo percibe como la señal de un nuevo enfoque de la Filosofía. De acuerdo con él, algunos –como el traductor de Derrida, Alan Bass (1978:XIV)– consideran que la dificultad de esta prosa no es ni una pura cuestión de estilo ni un formalismo: manifiesta un auténtico intento de transformar profundamente nuestros modos de lectura. Otros, en cambio, rechazan a una imagen que se contrapone al modelo validado de la disciplina. Basta con ver la virulenta carta de protesta redactada por un grupo de profesores, que incluye nombres ilustres como el de V. Quine, cuando la Universidad de Cambridge decidió otorgar pleno reconocimiento a Derrida confiriéndole el título de Doctor *honoris causa*. A lo que atacan violentamente es al ethos del filósofo tal como se desprende del formalismo de un discurso basado en el cuestionamiento de la Verdad. La persona que realizó el trabajo comparte sus defectos: la falta de claridad y de rigor, la tendencia a usar procedimientos (calificados de "tricks and gimmicks"[2]) parecidos a los de los dadaístas. Smith et al. (1992) desacreditan a Derrida y lo apartan de la comunidad. En el campo de la Filosofía también la comunidad sanciona a aquel que viola sus reglas y que se rehúsa a conformarse con sus modelos. Otras críticas pudieron ser dirigidas a Derrida sobre bases ideológicas: así, Noam Chomsky (1995) llama pretenciosa a la retórica de un pensador que intenta ocultar la simplicidad de sus ideas. Lo ubica en la comunidad intelectual parisina que conserva el poder de las élites mediante una escritura difícil que roza el oscurantismo. Los reproches de falsa profundidad y de oscurantismo regresan además de la pluma de otros filósofos, como Searle (2000), con quien Derrida tuvo una famosa controversia, o Foucault quien, según Searle, habría hablado de "oscurantismo terrorista" respecto de aquello que se obstinaban en reprocharle.

Estas puestas en perspectiva críticas de la imagen de sí que se desprende de textos derridianos atestiguan la sanción de la institución frente a una excesiva falta de ortodoxia, dejando ver la concurrencia de imágenes del filósofo que caracteriza las luchas de poder en un campo disciplinario. A partir de un caso de extremo y deliberado de ruptura, muestra la complejidad de una empresa que debe conciliar la impersonalidad a través de la cual se dice lo verdadero, y la singularidad gracias a la cual se impone en su unicidad una doctrina necesariamente en competencia con aquellas que pretende reemplazar.

La responsabilidad periodística

El intento de borrar los rastros del ethos no solo pone en tela de juicio las cuestiones de la autoridad y la legitimidad tratadas más arriba. También las vincula con el problema de la asunción del enunciado y con la responsabilidad enunciativa que derivan de ello. Para observar claramente estos problemas, hay que volverse hacia un área donde son particularmente

---

[2] En inglés en el original. N. de T.

cruciales: la denominada prensa informativa. Sabemos que allí la neutralidad es sinónimo de imparcialidad, y que una determinada deontología demanda al periodista transmitir los hechos sin intervenir ni tomar partido. Los artículos de información se distinguen de los artículos de opinión merced a una división que se pretende clara y nítida. Así, Roselyne Koren retoma los comentarios de Jean-Marie Colombani en *Le Style du Monde* que indican la separación establecida por el periódico entre las páginas de información, que relevan "hechos que deben ser considerados sagrados", y la libre expresión de la opinión (Koren, 2004:26). Apegándose a la idea de hecho en bruto sin considerar su inevitable puesta en discurso, *Le Monde* esboza "el ethos del mediador íntegro, fiable y creíble" (*ibid.*:27).

Esta ilusoria transparencia del lenguaje es a la vez incesantemente denunciada (¿quién cree aún en la posibilidad de presentar la realidad en bruto?) y perpetuamente redireccionada (¿cómo renunciar a la posibilidad de informar de manera tan exacta e imparcial como sea posible? ¿No es ese uno de los objetivos principales de la prensa?). Esta doble presión –la necesidad de transmitir una información no sesgada y la imposibilidad de decir sin orientar– explica que las acusaciones sobre la objetividad de la prensa sean tan recurrentes como inútiles. Por lo tanto, no es cuestión de unirse al coro, ciertamente bien intencionado, que saca a la luz la subjetividad que colma los artículos de información. Es cuestión, más bien, de ver cómo la escritura periodística genera una tensión que le es constitutiva.

Esta cuestión es corolario de una pregunta fundamental. ¿El uso de una pseudo-imparcialidad donde el locutor intenta ausentarse de su discurso y borrar su ethos es una fatalidad de la información mediática o una estrategia disimulada de influencia? ¿Cómo elegir entre los dos? Más aún, ¿en qué medida, a partir de una objetividad discursiva por definición imposible, el redactor del artículo y la redacción del diario asumen la responsabilidad del tinte que le dan a los hechos y la orientación argumentativa que imprimen a la exposición?

Primero recordemos brevemente de qué medios dispone el discurso periodístico para practicar un borramiento enunciativo tan sistemático como sea posible. Los hechos son presentados como un simple reflejo de la realidad mediante un discurso del que el locutor se ausenta: ningún discurso en primera persona, ningún comentario ni juicio explícito, borramiento de las marcas de la subjetividad tales como los evaluativos (es lindo), los axiológicos (está bien), los afectivos (es triste), cita exacta de las fuentes de información, puesta en escena del discurso referido –volviéndose el discurso simple eco de aquello que es dicho en otro lado. Han sido identificados otros procedimientos discursivos como la aserción, la presuposición, la toma de la palabra en nombre de la opinión pública ("se", "los franceses"), la yuxtaposición, etc. (Koren, 1996). Así se crea lo que Kerbrat-Orecchioni llama efectos de objetividad (1980:51). Se agregan a esto los famosos "efectos de realidad" de Barthes, que consisten en la mención de detalles que no resultan funcionales y que parecen estar incluidos únicamente porque allí estaban. El artículo se presenta si no como un espejo –esta es la ilusión realista– al menos como el informe fiel de un referente que existe y tiene sentido más allá de él.

Por supuesto, el discurso informativo no puede dar cuenta de una total neutralidad. En un primer momento, hay que observar que intenta cumplir fielmente su tarea dentro de un "contrato de comunicación" que manifiesta un doble postulado: a la demanda de información se agrega, según la expresión de Charaudeau, un "propósito de captación". De hecho, el deseo de captar la atención del público y de complacerle compite con el objetivo de "hacer saber" según una "lógica cívica", que es la de "informar al ciudadano" (Charaudeau, 2005:70). Esto ocupa un rol nada despreciable en la selección de la información y en la espectacularización. El periodista no solamente asume una identidad de informador y de guardián de la democracia, también es un proveedor de sensaciones y el director de un espectáculo que debe interesarle a un público lo más amplio posible. Esta imagen, menos valorada, es generalmente dejada de lado; pero resurge con claridad cuando el periodista aparece como quien crea un "scoop" o aporta una información exclusiva ("el enviado especial"). También emana de su valorización como testigo de algunas facetas de la vida privada de personalidades públicas o de toda información que responde a una tendencia al tan compartido voyeurismo. Esto no significa que se ausente de los artículos de información política que reivindican su seriedad.

Además, la puesta en discurso en sí misma jamás puede ser totalmente neutra. Siempre hay allí algo de selección y de construcción, una orientación discursiva que modifica formas de ver. El lector debe interpretar la situación de determinada manera en ausencia de toda subjetividad afirmada. Esto es lo que, en *La argumentación en el discurso* (Amossy, 2000), se denomina "dimensión argumentativa". Esta última es propia de los textos que, cuidándose de manifestar una pretensión persuasiva, no dejan de contribuir para influir en las representaciones del auditorio. Como todos los discursos, y en ausencia de un sujeto de la enunciación marcado, los llamados artículos informativos conllevan un locutor que proyecta una imagen de sí a través de las modalidades de su decir. Su ethos se inscribe en el estilo (individual, del periódico o no marcado) que hace propio, en los valores en los que se basa y en las nociones a menudo implícitas que le permiten enmarcar la realidad. De forma general, él se revela en el punto de vista que adopta acerca del acontecimiento –punto de vista que no se limita, como lo recuerdan acertadamente Rabatel y Chauvin-Vileno, "a la expresión de una opinión identificable":

"corresponde a formas de ver [...] que pueden irrigar vastas porciones discursivas" (2006:21). Así, quien dispensa una información sobre la crisis financiera, reivindicaciones sociales o un conflicto entre naciones puede aparecer como hombre de izquierda, como humanista, como nacionalista, como neoliberal, etc., aun si no expresa ninguna opinión personal sobre el tema.

En este punto preciso surge la cuestión de la asunción de los enunciados y de la responsabilidad periodística. Partiremos aquí de la constatación de que los enunciados directamente asumidos por el periodista no difieren fundamentalmente, desde este punto de vista, de los discursos en que la fuente enunciativa parece ausentarse. Refiriéndose a la posición según la cual un locutor que se borra "no asumiría la responsabilidad de sus enunciados", Rabatel y Chauvin-Vileno observan: "tal afirmación es absurda. El borramiento enunciativo (Vion, 2001) es un simulacro: el locutor/enunciador es siempre postulado en la formulación de los enunciados" (*ibid.*:19). Sin duda, el locutor no se compromete siempre; no toma partido por un punto de vista determinado. Pero no es menos responsable de lo que dice, sea cual fuere la forma que toma su escrito: descripción, informe, relato de oídas, etc. "Aquello que se asevera, se asume en tanto locutor/enunciador primario" (*ibid.*:18). En otras palabras, el periodista informativo asume la responsabilidad de un decir que, pretendiendo mantenerse objetivo y neutral, cumple necesariamente un rol social en tanto modifica las representaciones de la realidad. Es decir que la responsabilidad "no es solamente lo que el locutor asume" –las posiciones que toma explícitamente con respecto a los hechos relatados–: "atraviesa de lado a lado el proceso escritural". En este marco, la identidad que el periodista construye de forma sesgada lo implica en términos de responsabilidad profesional e individual. No solamente es deudor del ethos que planifica deliberadamente, sino que debe responder también a aquello que proyecta indirectamente. Es llamado a asumir una doble imagen: la declarada y manifiesta, que él reivindica, y la espontánea e inscrita implícitamente en el discurso, con la que no se identifica, e incluso que él rechaza si le es asignada por sus lectores.

Las polémicas que acompañan los reportajes y la presentación global de la información dan clara cuenta de que el público toma al periodista por responsable de lo que ha escrito en el modo reivindicado de la neutralidad y el borramiento. Un artículo que presenta la operación "Plomo Fundido" de Tsahal en la banda de Gaza es acusado de ser parcial, y el periodista (sino el diario entero) tratado de pro-palestino. Un periodista que reportaría la distribución de bonos en período de crisis financiera y descontento popular enmarcándolo en explicaciones puramente técnicas sobre la lógica económica puede ser visto como neoliberal y acusado de defensor de los intereses del gran capitalismo. Simplemente, es eso: la aparente neutralidad del locutor en el artículo llamado informativo hace difícil identificar con certeza un punto de vista personal que remita a un ethos bien definido. Es aún más delicado denunciarlo y comprobar que la designación de pro-palestino o de neoliberal está verdaderamente justificada. ¿Cómo probar sin la sombra de una duda que el locutor que solo aparece implícitamente y se rehúsa a todo comentario es un capitalista convencido o un enemigo declarado de Israel?

Nos encontramos así ante una dificultad que también forma parte inherente de la comunicación periodística. Por un lado, podemos hallar en todo texto la imagen de aquel que lo escribió y que *ipso facto* se hace cargo del enunciado. Por otro lado, el carácter inconfeso y disimulado de la imagen que surge de la puesta en discurso hace que sea difícil demostrar su existencia efectiva. La cuestión se complica si consideramos que el periodista no es un manipulador deliberado, sino un locutor que maneja la palabra en función de una *doxa* que integra evidencias que él comparte con el público. Detrás de la imagen de periodista como mediador fiable e imparcial, proyecta a menudo a pesar suyo una imagen de pro-palestino o de neoliberal; si no la reivindica o la rechaza, es en todo caso porque no es consciente de ella y se cree de buena fe un informador imparcial.

Quisiera ilustrar la dificultad inherente a la escritura llamada informativa a partir de un ejemplo tomado de un análisis muy interesante realizado por Claire Sukiennik (2009) sobre un fragmento de un artículo del diario *Libération*. Se trata de la descripción de la rendición de los combatientes palestinos proporcionada por el periódico *Libération* el 14 de abril de 2002, en el momento de la *Intifada Al-Aqsa*.

> "Están solos para atravesar la ciudad desierta, de a pequeños grupos, los brazos en alto y los hombros encorvados. Caminan con pequeños pasos, como náufragos todavía en shock. En una mano agitan un trozo de tela blanca, en la otra un carnet de identidad y un pedazo de papel redactado en hebreo. De la mañana a la noche, los jóvenes suben la calle principal de Nablus en grupos de cinco a cincuenta. Todos tienen entre 17 y 35 años."

Algunas palabras antes de pasar al comentario de la analista. El periodista obedece visiblemente al propósito de captación que consiste en atraer la atención del público procurándole imágenes fuertes. Al mismo tiempo, presenta la escena como cautivante en sí misma: un pedazo de realidad tomado en vivo del cual el escritor es testigo directo. Es para resaltar este efecto que el discurso está en presente: "están solos para atravesar… caminan… agitan…". El referente del "ellos" no es precisado, lo cual bloquea un proceso de nominación que habría oficiado de calificación (¿cómo llamarlos? Hombres, palestinos, combatientes, resistentes, sospechosos, terroristas –ninguna opción es neutra. Más adelante, el periodista dirá "los jóvenes"). Es más, el discurso periodístico representa la rendición de los combatientes palestinos acumulando detalles de la acción sin darle la significación global. Mencionando los brazos en alto, la marcha en pequeños pasos, la tela blanca agitada cuyo sentido no es precisado, pero cuya interpretación es obvia, el periodista se presenta como observador minucioso que se conforma con describir, siguiéndolos, los gestos y comportamientos exteriores que contempla. Si interviene en la interpretación del episodio, es por la inclusión de datos en la descripción. Es también por el pasaje de la descripción de un momento preciso a la mención del carácter repetitivo de la escena: "de la mañana a la noche, los jóvenes suben la calle principal de Nablus en grupos de cinco a cincuenta". Pasamos, imperceptiblemente, del presente que señala el instante a aquel que marca la repetición en el tiempo. Este episodio no es una excepción, representa la cotidianeidad de los afectados –ahí nuevamente el escritor es considerado en sus funciones de simple informador. Este ethos de reportero de campo, de testigo ocular, confiere de inmediato credibilidad a aquel que toma la pluma sin nombrarse. Si él se borra, pareciera, no es para disimularse; es para dejar hablar a los hechos que despliega a los ojos del público. Un presentador cuyas dotes de estilista contribuyen, paradójicamente, a sus cualidades de testigo. Si da a su escritura un giro literario, no es para volcarse a la ficción, sino por el contrario para dar a la escena su relieve particular. Lo que, por supuesto, no impide al periodista perfilarse, al pasar, como escritor. Tal es en todo caso la deliberada presentación de sí como escritor en este fragmento.

¿En qué consiste el borramiento enunciativo que permite proyectar este ethos esbozando otro que se elabora en los pliegues del discurso sin declararse? Es lo que Sukiennik aborda al identificar la dimensión argumentativa del fragmento. Primero, da cuenta de la descontextualización de la que este es objeto. El procedimiento que permite presentar la escena a partir de la materialidad de los detalles captados en vivo, despojados de toda explicación y de todo comentario, no solo establece un texto de pura observación, sino que lo hace significar. Asimismo, el sentimiento de extrañamiento suscitado por la descripción de gestos que no son nominalmente vinculados con la acción de quien los sustenta (la rendición) no produce solamente una página literaria. El pasaje arranca la escena del marco sociohistórico dentro del cual ella adquiere sentido. No precisar en qué circunstancias los hombres se rinden y son detenidos ni quiénes son pone de relieve el lado puramente humano del episodio: son jóvenes, parecidos en todos aspectos. El testimonio se presenta como el de un humanista. Al mismo tiempo, señala Sukiennik, el periodista omite especificar que se trata de militares palestinos que luchaban armas en mano. Muestra que el texto se basa en *topoï* subyacentes que generan emoción al victimizar a los actores. Por ejemplo, el *topos* de la juventud, indicado por la mención de la edad y que sugiere que determinado trato no es adecuado para las personas en cuestión (los jóvenes están hechos para la libertad). Esto es reforzado por un juego de asociaciones provenientes de la memoria colectiva: la imagen "de personas sometidas desfilando con los brazos en alto" remite a los deportados y, observa la comentarista, a las imágenes de la Shoa. El efecto de la comparación es particularmente potente dado que queda implícito. Se agrega a esto el impacto de la metáfora de los "náufragos" y la expresión "en shock" que sugiere que los jóvenes son vulnerables y frágiles. Todas estas formulaciones marcan que "el sujeto de la enunciación se encuentra emocionalmente implicado en el contenido de su enunciado" (*ibid.*:130). Lo vemos claramente en el tratamiento de la mano, que "simboliza la rendición" (el paño "blanco" y las manos elevadas en el aire) "y la sumisión (el pedazo de papel escrito en hebreo mientras que la lengua materna de los que se rinden es el árabe)" (*ibid.*:131). Y Sukiennik comenta: "Ningún enunciado señala que esa mano impotente haya sostenido no hace tanto tiempo un arma" (*ibid.*).

Estas observaciones relevadas en un análisis rico y minucioso muestran cómo podemos detectar en el texto la imagen de un periodista parcial que elige su bando al representar a los combatientes como víctimas conmovedoras. Detrás del ethos de observador imparcial y de reportero minucioso se perfila la imagen del periodista francés cuyas simpatías se destinan a los palestinos. Como tal, orienta hábilmente la descripción, seleccionando las palabras, maniobrando los *topoï*, las analogías y las metáforas de modo de suscitar empatía respecto a ellos.

Vemos el problema que plantea el borramiento enunciativo del periodista. Los que tras el lugar aparentemente vacío del locutor intentan detectar el ethos de un ser parcial y comprometido se entregan a una reconstrucción siempre susceptible de ser desmentida o discutida. Es que esa imagen en particular no corresponde a la que intenta imponer el artículo. En la medida en que, para hallarla entre líneas, el lector debe elaborar a contrapelo intenciones expresadas en el texto, puede ser fácilmente acusado de fabulación o de distorsión. Y esto así especialmente porque los efectos textuales son múltiples y a menudo ambiguos. De este modo, la decisión de presentar a los jóvenes rindiéndose con las manos en alto, sin especificar su afiliación ni su actividad, puede aparecer como la de un humanismo que se compadece del dolor y de la humillación de los seres humanos cualquiera sea su origen. Pero también puede construir, como hemos visto, la imagen de un pro-palestino o de un periodista que está a favor de la causa palestina y que por ello elige mostrarlos como víctimas penosas merced a significativas omisiones. A no ser que funda ambos ethè en uno solo: el pro-palestino sería justamente el ser compasivo dotado de valores humanos universales. No hay que olvidar que el discurso periodístico, si acarrea una *doxa*, se adapta también a las expectativas del público-meta, en sí mismas modeladas por lo que se dice y se escribe en Francia sobre el conflicto israelí-palestino y por las repetidas posiciones de la izquierda –de la que elige leer uno de sus órganos principales.

Podemos encontrar la misma incertidumbre en lo que concierne a la ausencia, en este fragmento, de la parte adversa. La rendición se hace ante un enemigo, que está implicado por la mención misma de la situación. El hecho de ubicar a los jóvenes descritos en posición de sujetos ("jóvenes agitan un trozo de tela blanca", "suben la calle…") sin hablar de quienes la causan y que están en el origen de esa marcha incesante de grupos de hombres (¿hacia qué destino final no mencionado?), puede designar a un periodista que se rehúsa a acusar a los israelitas y a trazar una imagen maniquea de las víctimas y los verdugos. No es ni un anti-israelí ni un simple espíritu manifestado en oposiciones someras. Pero este borramiento puede también designar una táctica: el periodista pro-palestino humilla más a los autores del crimen si no los menciona directamente, dejando al lector la tarea de completar el cuadro y de tomar consciencia de la acción militar que provoca esa terrible realidad. Esta doble lectura es, una vez más, habilitada por el borramiento enunciativo del que se vale el discurso informativo. Puede a su vez ser considerada ya como resultado no intencional de una práctica de la neutralidad, ya como una táctica deliberada que permite decir sin decir. En todos los casos, el periodista debe asumir sus enunciados. ¿Pero de qué está obligado a hacerse cargo? Puede siempre defenderse de toda parcialidad alegando su esfuerzo de neutralidad y acusando al intérprete de distorsionar su imagen mediante una interpretación tendenciosa.

La situación, como se ve, parece sin salida, y no es asombroso que ella alimente las discusiones y disensos. De hecho, parece formar parte inherente de la lógica interna del discurso informativo, que hace murmurar a un ethos escondido bajo un ethos reivindicado. Es entonces en el metadiscurso, y en particular en las justificaciones que dan el periodista y sus lectores de la forma en que les conviene percibir el ethos del escritor y su texto, donde reaparece la tarea de precisar la identidad del locutor (¿pro-palestino?) y las implicancia de una presentación de sí incierta (¿informador imparcial o periodista comprometido bajo la apariencia de objetividad?) –sin contar las representaciones difundidas por el artículo (¿qué da a pensar este sobre los actores de la escena de rendición?). Si el borramiento enunciativo no suspende la pregunta acerca de la responsabilidad, no contribuye menos a complejizarla y a mostrar las dificultades que ella puede ocasionar en la escritura periodística.

Conclusión

Al final del recorrido, se hacen necesarias algunas palabras de síntesis para señalar las conclusiones que se desprenden de los trabajos realizados, pero también para aclarar las obras en curso y sugerir nuevos caminos. El objetivo de este libro era evidenciar la unidad de un fenómeno generalizado: la presentación de sí en su dimensión verbal. Hemos querido explorar su funcionamiento, sus funciones sociales y sus problemas. Con este fin, hemos asimilado las nociones de presentación de sí proveniente de Goffman y la de ethos heredada de Aristóteles para repensarlas más allá de las tensiones, e incluso las incompatibilidades, que en principio parecen separarlas. Después de haber mostrado cómo la presentación de sí estaba anclada en el imaginario social e inserta en dispositivos de poder, hemos examinado los discursos en primera persona y aquellos donde el "yo" parece eclipsarse. De esta forma, sobre la base de numerosos análisis concretos, hemos podido exponer, ordenar y catalogar los casos más usuales mostrando lo que ellos ponen en juego en áreas tan diversas como la política, los medios, la ciencia, los testimonios históricos, la literatura...

No podemos, por lo tanto, dejar de insistir: este estudio es decidida y deliberadamente transversal. Además de al gran público interesado en un fenómeno que toca a cada uno de cerca, se dirige a los especialistas de diferentes campos sin por ello aspirar a una especialización particular en cada uno de los sectores en cuestión. No me jacto de ser una socióloga que trabaja en el orden de las interacciones ni una analista de la conversación. No soy experta en el discurso científico, diplomático o filosófico. Si todas estas áreas son convocadas es porque la presentación de sí juega en ellas un rol prominente que permite desplegar variantes y explorar los problemas. Es también porque, de la confluencia de diferentes corrientes que abordan la cuestión de manera directa o indirecta, puede nacer un análisis global de la presentación de sí como fenómeno generalizado. De este modo, espero haber mostrado cómo trabajos muy distintos, que a menudo se ignoran a causa de la sectorización de los campos del saber, contribuyen a explorar la presentación de sí y permiten organizar una reflexión sobre los grandes ejes en torno a los cuales ella se articula.

Evidentemente, los tan ricos estudios de los cuales pude valerme (y de los cuales, hay que insistir, no tomé más que algunos ejemplos entre otros) están aquí integrados, y a veces reenmarcados, en la aproximación que yo reivindico. De hecho, no se trataba de recurrir a un arsenal heteróclito sino de esclarecer casos muy diversos desde una perspectiva que explora la construcción discursiva de imágenes de sí, su relación constitutiva con el otro, su potencial identitario y su capacidad de influencia. La teoría de la argumentación en el discurso que he desarrollado durante este último decenio, y que intenta describir los funcionamientos discursivos poniendo en evidencia su dimensión social y argumentativa, ha proporcionado el marco en el cual distintas aproximaciones lingüísticas, retóricas y sociológicas pudieron ser armoniosamente integradas. Y ha permitido poner el acento en dos aspectos cruciales de la presentación de sí: la construcción de una identidad verbal y la búsqueda de una eficacia retórica.

Aún había que examinar en qué medida esas dos dimensiones iban de la mano. Retomamos primero la cuestión de la identidad, en sí particularmente problemática no tanto a causa de las múltiples definiciones que circulan sobre ella como a causa de las posiciones divergentes que están implicadas, desde la Antigüedad hasta nuestros días, en los trabajos sobre la presentación de sí y el ethos retórico. A una identidad individual y social estable reflejada por la palabra se opone, en efecto, una identidad construida en el discurso. En el transcurso de los análisis hemos podido ver cómo la identidad verbal es retocada sin cesar en función de la naturaleza de la interacción, de las circunstancias y de los interlocutores. Es decir que los estudios en el área confirman la hipótesis de la perspectiva lingüística y comunicacional, que es la nuestra. La identidad no es una esencia que se traduce de un modo más o menos auténtico y que podemos exhibir o, por el contrario, disimular según necesidades estratégicas (aunque el disimulo y la mentira no estén excluidos), sino una construcción verbal realizada en el intercambio. Examinar el discurso permite ver cómo la subjetividad y la identidad se forman en el uso de la lengua –cómo el sujeto adviene al decir "yo", y cómo se atribuye una identidad a través de la imagen que construye de su persona a la vez en la enunciación (las modalidades de su decir) y en sus enunciados (lo que dice de sí mismo).

Por supuesto, esas identidades son múltiples. En la interacción que entabla con los otros, el locutor puede eventualmente manifestar solo una identidad particular, profesional por ejemplo –como en el caso del médico en el transcurso de una consulta– o comercial –como en el ejemplo de las cartas de reclamo dirigidas al EDF. Pero en la mayoría de los casos, el dispositivo habilita y convoca una pluralidad de imágenes que se superponen y se combinan. En el discurso en Villepinte, Ségolène Royal es a la vez la presidenciable voluntariosa, la madre comprensiva y la socialista fiel a los principios de la izquierda republicana. En su carta a Lucie, Albert Dreyfus es a la vez el padre preocupado por el futuro de sus hijos, el esposo que guía a su mujer, el oficial importunado por su honor perdido y el hombre quebrado, el suplicante. Sea en la esfera pública o en la esfera privada, el locutor produce en el mismo discurso una pluralidad de imágenes que son como facetas de su identidad y que compiten tanto para construir su presentación de sí como para asegurar su efecto.

Pero esta identidad también puede construirse de modo colectivo. La palabra permite proyectar una representación de grupo donde el individuo singular se plantea como representante de una colectividad, y donde el discurso puede aparecer como surgido de múltiples voces que se confunden. No es secundario el efecto de la presentación verbal de sí que consiste en habilitar y reforzar identidades colectivas. Ella hace emerger grupos que no tienen aún contornos claros, permite a un conjunto de individuos reflejarse en una representación que los posiciona en el espacio social, favorece eventualmente los pliegues identitarios. Lo hemos visto en el caso de la galantería del siglo XVII, en la lengua de los jóvenes de los suburbios o en la forma en que algunos internautas de izquierda se identifican en los foros de discusión de Libé. A veces un "yo" se plantea deliberadamente como representante de un grupo social o de una instancia colectiva y su comportamiento implica al conjunto de los individuos que forman parte. A veces, el uso del "nosotros" permite a un locutor plantearse como portavoz, como orador que presta su voz al conjunto de una comunidad, de un partido, de una nación, de un cuerpo de profesionales, que intenta proyectar una imagen unificada borrando las diferencias individuales. Tratamos entonces con un ethos colectivo, con todo lo que esta noción conlleva en términos sociales y políticos.

Sea colectiva o individual, la imagen que se elabora en el intercambio no es jamás original y se forma necesariamente en base a datos previos. La distinción entre una identidad extralingüística que podríamos llamar estable y aquella que se construye en el discurso coincide, entonces, con la de ethos previo y ethos discursivo. Está, por un lado, lo que se cree saber del locutor, o lo que él cree que la gente piensa de él: la imagen que le es atribuida en el momento de su toma de la palabra. Por otro lado, hay una palabra nueva a través de la cual él proyecta una imagen de sí y negocia su identidad. Lejos de estar separados, estos dos aspectos están estrechamente conectados y son interdependientes. De hecho, el locutor realiza siempre su presentación de sí retomando datos anteriores, reordenándolos, reorientándolos, remodelándolos. En este sentido, la reelaboración del ethos previo es una noción clave. Se lleve a cabo en discursos monogestionados o en interacciones cara a cara, refuerce una representación o la denuncie, esa reelaboración sustenta la dinámica merced a la cual se efectúa toda construcción identitaria. Así, la identidad verbal es a la vez un conjunto de rasgos asignados a un locutor que, en un determinado punto de su trayecto, puede ser percibido como estable y una representación que se elabora en el discurso a partir de esa imagen previa.

Desde esta perspectiva, vemos que la cuestión de la identidad está estrechamente ligada a la de la eficacia verbal que está en el centro de las preocupaciones retóricas y de las prácticas contemporáneas basadas en el marketing o en la comunicación política. Es asumiendo una identidad particular, a menudo compuesta de diversas facetas, como el locutor asegura su legitimidad y su credibilidad. Por supuesto, en un primer momento está la legitimidad que le confiere su posición institucional, su rango o sus funciones –la del médico en su consultorio, la del candidato oficial de un partido en las elecciones, la del padre de familia... Pero la noción de reelaboración del ethos previo hace hincapié en un elemento esencial. Para conferir al locutor su autoridad y su credibilidad, esta identidad de partida, esta imagen preexistente, debe ser retocada en la nueva interacción en función de las circunstancias y de los objetivos del intercambio. La investidura del partido da ciertamente a Royal o a Obama una legitimidad institucional; pero no es suficiente para otorgarles su credibilidad en el discurso que ella o él pronuncian durante de las presidenciales (Charaudeau, 2005:12; Micheli, 2007:68-69). Incluso la legitimidad del médico, exhibida en marcas tangibles y reconocida por el paciente, no siempre alcanza para asegurar su autoridad –como hemos visto, la paciente puede darle confianza al médico que se presenta como hombre respetuoso de los demás, atento y consciente de los límites de su ciencia, y negársela a un especialista que no manifiesta esas cualidades. Por lo tanto, la legitimidad conferida automáticamente por el ethos previo, y que es lucha por el poder, no puede confundirse con la que construye el discurso, que es toma de poder.

Esto es particularmente evidente en los casos en que el locutor debe compensar una falta de autoridad institucional. Más que reactivar una legitimidad inicial, debe entonces lograr tomar la palabra y construir en su discurso un ethos capaz de hacerle cumplir el rol al que aspira. Es lo que hemos visto en el caso del debate televisivo donde un candidato relativamente desconocido logra posicionarse en un lugar alto frente a su Primer Ministro (Mordechaï y Netanyahou), en el ejemplo de los estudiantes que quieren elevarse al rango de grupo ciudadano llamado a intervenir en la escena política (la UNEF en el momento de la guerra de Argelia) o en el de las enfermeras de 1914-1918, mujeres privadas de sus derechos civiles que se plantean como testigos de guerra y como ciudadanas responsables. Desde una óptica diferente de la que propone Bourdieu en *Qué significa hablar* , hemos concluido que en un determinado campo de fuerzas son posibles determinadas estrategias de legitimación, que aseguran una movilidad y permiten la promoción social de individuos y de grupos.

Por supuesto, ninguna presentación de sí es original. De forma general, hemos podido ver que es tomada de rutinas ancladas en el *habitus* y de estrategias de cambio programadas por agentes sociales. Puede seguir ciegamente reglas ya establecidas y adaptarse a roles estereotipados que aseguran el buen funcionamiento de un intercambio cotidiano (una consulta médica, un reclamo, una conversación en torno a una mesa) o de un género (una entrevista literaria, un artículo periodístico). También puede plantearse como un proyecto deliberado con miras a controlar al máximo la gestión de las impresiones producidas por el político, el PDG, el vendedor... Sin contar que casi siempre, en los planos tanto público como privado, es una mezcla de reacciones espontáneas y de planificación previa. Más que separar la presentación de sí en las interacciones cotidianas de aquella prevista por la retórica en la plaza pública o en el tribunal, podemos considerar que es un continuum que se extiende entre dos polos: el de la puesta en escena preparada de antemano por consejeros, y el del comportamiento espontáneo de un actor social que se involucra en interacciones rutinarias. No hay que situarlas una contra la otra, u optar por una o por la otra –hay que ver que hay allí un abanico de posibilidades que comprende múltiples variantes e infinitas modulaciones. Algunos se interesarán más particularmente por la forma en que conviene controlar su presentación de sí para ganar las elecciones, dirigir a su personal, vender un producto. Ellos explorarán el aspecto de la elaboración y los secretos de la eficacia práctica. Otros se inclinarán más hacia la forma en que la puesta en escena del yo en las rutinas profesionales e intersubjetivas asegura "el orden de la interacción" (Goffman) y teje la vida social. Estarán atentos a las construcciones identitarias y a las regulaciones sociales tácitas. En todos los casos, la presentación de sí aparece como una construcción de imagen planificada o espontánea que se realiza en el intercambio verbal, distribuyendo roles y activando identidades en el gesto mismo en el que busca ser funcional, es decir eficaz.

El resultado es un género de discurso que permite arrepentimientos y aperturas, asociados a un ethos de modestia. Quisiera aprovechar para señalar algunos puntos desarrollados de manera imperfecta y que ameritan ser explorados y elaborados más adelante. El primero concierne a la presentación de sí en situación de ficción, abordada aquí solo en diagonal. Situada por fuera de las situaciones pragmáticas de la comunicación ordinaria, permite aportar una nueva mirada sobre la complejidad de las construcciones identitarias y las prácticas de influencia. Así, por ejemplo, problematiza el "yo" al dejarlo ser investido por un otro – Marilyn Monroe es narrada por la voz de Norman Mailer, un ex-SS se expresa por el intermediario de Littell, una hija o un hijo dice "yo" en lugar de su madre o su padre, que habla de ella/él. En términos generales, las situaciones ficcionales son fecundas en ajustes. Transforman en regla los desdoblamientos característicos de las situaciones de discurso referido. La palabra de los personajes es necesariamente transmitida por un narrador más o menos marcado en el texto, cuyo discurso es eventualmente tomado en la palabra de otro narrador o de un (falso) prologuista, él mismo responsable por un autor que simula estar ausente y no se manifiesta directamente más que por el nombre y las indicaciones dadas en la tapa. Es más, el discurso literario a menudo emplea géneros entrecruzando discursos que responden a protocolos diferentes. Este dispositivo complejo problematiza la comunicación: ¿cómo se imbrican esas voces, qué imágenes se construyen ellas en estos textos polifónicos y qué es lo que su multiplicación y su complejidad permiten, que no permite la comunicación llamada ordinaria? Por otra parte, ¿qué esclarecen ellos sobre esta misma comunicación a la que ponen en tela de juicio al revelar el potencial de cruzamiento de las imágenes y la frontera generalmente difusa que separa lo real de lo ficcional?[1]

El segundo punto concierne a la cuestión de la interpretación. Hemos visto que puede abrirse una brecha entre el modo en que el locutor espera ser percibido y la manera en que es recibido su discurso. La distancia es particularmente evidente cuando la presentación de sí es desestimada –como en el rechazo violento, por parte de sus lectores alemanes, de la imagen favorable que Romain Rolland ofrece de su persona, o las reacciones abruptas de algunos políticos ante el discurso de despedida de Chirac. Pero incluso en casos menos radicales es claro que una misma presentación puede ser evaluada de formas diferentes. Es decir que una imagen de sí puede alcanzar la existencia y tener efecto solo mediante la interpretación del otro. Esta injerencia del otro en la gestión del ethos ha sido considerada en el análisis de las interacciones cara a cara y evocada en el estudio de discursos monogestionados. Sin embargo, si evaluamos todas las consecuencias, hay que ir más lejos: sería cuestión de abordar la génesis de las imágenes de sí en la circulación de los discursos. El ethos discursivo que retoma o transforma un ethos previo es

---

[1] Para una reflexión profunda sobre este tema, se consultará Bokobza-Kahan, M. y Amossy, R. (Dir.). (2009). *Ethos discursif et image d'auteur. Argumentation et analyse du discours*, 3. Ya existe una muy rica bibliografía en múltiples estudios puntuales que se dedican a la cuestión del ethos en un autor o un texto particular.

solo un momento en el flujo de los intercambios donde un locutor determinado no deja de confirmar, de multiplicar o de modificar su identidad. Desde esta perspectiva, la construcción de una imagen de sí aparece como tributaria de una serie de acciones-reacciones que abarcan al locutor tanto como a sus alocutarios. La forma en que el otro reacciona a la puesta en escena de mi yo, que él retoma para poner en circulación representaciones más o menos deseadas de mi persona, que yo recupero sobre lo que se dice y se divulga para reforzar o modificar la idea que quiero dar de mí, forma parte integrante del proceso de construcción identitaria. Semejante análisis de la construcción de ethos no puede efectuarse más que sobre el eje temporal, en la espesura del discurso social –un trabajo que no he tenido el placer de realizar aquí, pero que parece imponerse a quien quiera comprender la presentación de sí a largo plazo de una persona (De Gaulle), de un grupo (los estudiantes) o de una instancia (el EDF).

El tercer punto, tratado a lo largo de la obra, requiere una puesta a punto importante, que servirá de cierre a la reflexión. Trata sobre la cuestión de la adhesión y de la racionalidad. ¿Podemos argüir, como quiere la Retórica, que el ethos tiene ventajas persuasivas y que contribuye a hacer adherir al auditorio a las posiciones defendidas por el locutor? La naturaleza de la adhesión que acarrea la presentación de sí es uno de los puntos de divergencia esenciales entre la retórica argumentativa y determinadas aproximaciones contemporáneas derivadas del análisis del discurso (Maingueneau) y de la sociología de los campos (Viala). Para estas últimas, la construcción de una imagen de sí apunta a lograr una identificación no razonada dentro de la cual el auditorio es convocado a adoptar un punto de vista por la vía de la empatía, de la identificación personal, de la "incorporación". En este sentido, coinciden con una tendencia persistente de la retórica que, a lo largo de la historia, ha asimilado el ethos al pathos, viendo en él un llamado al afecto más que a la razón. Retomando este punto de vista, Plantin observa que "el ethos no es un argumento", aun si "da fuerza a argumentos de todo tipo". A lo sumo, se relaciona con "la autoridad carismática ligada a un individuo", estableciendo "un poder de la persona" (2009:60). Es más, vinculando el argumento con aquel que lo profiere, invita al ataque *ad hominem* e impulsa a la falta (*ibid.*). En estas condiciones, ¿cómo podemos sostener que la presentación de sí contribuye a un proyecto de persuasión que intenta fundar un acuerdo sobre lo razonable?

Esta pregunta es el fundamento de nuestras concepciones sobre la vida en sociedad: ¿es posible basar la coexistencia en una búsqueda común de lo razonable y una negociación de posiciones adversas, o no hay más que movimiento de adhesión irracional, supremacía no razonada de lo aparente? Sin duda, la polarización distorsiona la situación: no se trata de optar por un modo de adhesión en detrimento de otro, sino de ver cómo pueden combinarse y presentarse según diversas modalidades[2]. Hemos podido ver, de hecho, que la puesta en común de la razón se efectúa diferentemente en diferentes formatos de comunicación, por lo que el ethos puede cumplir funciones distintas y recibir más o menos peso y visibilidad. A veces, cumple esencialmente funciones identitarias ligadas a un estilo de comunicación (el habla joven, el habla neoyorkina, el discurso galante). La eficacia del ethos se traduce, entonces, en su capacidad para facilitar la interacción y para crear connivencias y alianzas. Mostrarse bajo determinada luz es marcar una pertenencia y posicionarse en el espacio social. A veces, permite manifestar una legitimidad en el ejercicio de determinadas funciones o autolegitimarse. Es el caso del diplomático, el conductor de TV, el autor de un artículo científico y todos los casos en que la autoridad de la palabra actúa de común acuerdo con una determinada forma de decir y de hacer. La eficacia se define aquí en la credibilidad que ella confiere al locutor, es decir, en el peso dado a su palabra en el ejercicio de tal o cual función. Resulta así que la presentación verbal de sí privilegia un estilo, un tipo de borramiento enunciativo, un saber-decir profesional que tienen una fuerza intrínseca más allá de aquello que se intercambia y se debate entre los participantes. Contribuye entonces al buen desarrollo de la interacción, a veces interrumpiendo la reflexión, a veces subordinándola a efectos de connivencia o de autoridad.

Pero esto no significa que ella no pueda estar estrechamente ligada al ejercicio de la palabra razonada, menos aún –como lo quisieran algunos– que la presentación de sí tenga por vocación sustituir el ejercicio del logos como discurso y razón. En un primer momento, podemos señalar, al contrario de Plantin, que el ethos puede ser un argumento: es lo que el retórico Alan Brinton (1986) llama un argumento "ethótico", que transfiere la credibilidad de una persona a una conclusión. La destreza diplomática de un individuo puede razonablemente conducir a la conclusión de que hay que confiarle una misión delicada; me baso en la experticia del locutor para juzgar su posición en materia de campaña militar o de plan de reestructuración económica; cuando sigo su razonamiento y sopeso su consejo, hago intervenir oportunamente la impresión que él da de su probidad y de su inteligencia. El ethos

---

[2] Desde esta perspectiva, recordemos que Charaudeau (2009:27) habla de identidad discursiva en términos a la vez de propósitos de legitimación (crear o reforzar la posición que autoriza al locutor a hablar), de credibilidad (mostrar que el locutor es digno de fe) y, solamente en un tercer momento, de captación: "garantizar que el interlocutor adhiera de forma absoluta (no racional) a lo que él dice y, además, a su propia persona". Me parece, sin embargo, que este dispositivo pertinente y crítico no da cuenta enteramente de la interdependencia estrecha entre logos y ethos.

participa de una lógica de lo razonable al mismo tiempo que de una lógica de los valores.

A esto se agrega que la presentación verbal de sí está siempre íntimamente ligada al hilo argumentativo del discurso. Es con la intención de hacer adherir a los espíritus a una tesis, a un punto de vista, pero también a una forma de ver el mundo o de reaccionar ante un evento, que el locutor construye una imagen apropiada de su persona. El ethos, por definición, está vinculado al logos. Para convencerse de ello alcanza con remitirse al campo más desacreditado hoy en día a este respecto, el del discurso político. Del discurso electoral de Ségolène Royal en Villepinte al de Hillary Clinton en la convención demócrata de 2008, pasando por el famoso discurso de Barack Obama "Una unión más perfecta", el ethos del orador se teje a través de argumentos debidamente desarrollados. Así, la argumentación de Obama se apoya en la forma en que él presenta su persona como americano cuya doble pertenencia (al mundo de los blancos y al de los negros) está inscrita en su cuerpo y en su corazón, y que por lo tanto está en posición de pedir a todos que superen los resentimientos recíprocos. Pero su ethos se apoya también en su capacidad para poner su historia personal al servicio de una argumentación política y en la forma magistral en que construye un discurso razonado. En diversos grados, en los discursos públicos, logos, pathos y ethos están siempre relacionados.

Sin embargo, los que manifiestan la alianza del logos y el ethos no son solamente los discursos políticos y electorales, siempre sospechosos de sacrificar el razonamiento por el culto de la persona, o los discursos científico y filosófico basados, en cambio, en el razonamiento. La encontramos también en la carta íntima de Dreyfus a su mujer, en la misiva diplomática sobre Bismarck, en los intercambios electrónicos sobre los bonus de directores ejecutivos, en los ensayos polémicos de Léotard o de Ziegler, y hasta en las interacciones de rivales políticos en la pantalla chica o en las conversaciones familiares. Ellos muestran claramente que la presentación de sí se realiza a través de un discurso que desea conducir al auditorio a las perspectivas del locutor por medios que no son solamente los de la empatía o los de la identificación ciega: aquella se inserta en un conjunto de estrategias verbales donde los elementos del ethos, del logos y del pathos se imbrican estrechamente los unos en los otros. Si eludir la razón mediante la puesta en escena de su persona sigue siendo una posibilidad, esta no es en ningún caso la regla. Así que cuidado con las ideas comunes y los diagnósticos mordaces que pregonan que la civilización del espectáculo ha expulsado el intercambio de la palabra razonada. El hecho de consagrar una obra a la presentación verbal de sí y de poner el acento en sus funciones identitarias y sociales no debe, en ningún caso, llevar a creer que deseamos autonomizarla. Menos aún se trata de situarla en contra de la empresa de persuasión retórica y en contra de la racionalidad discursiva. Dimensión constitutiva del discurso, la presentación de sí no puede ser percibida en su especificidad más que a condición de ver en ella un fenómeno que atraviesa de lado a lado la vida social estableciendo relaciones complejas y cambiantes con todos los otros componentes de la comunicación humana.

Bibliografía

Adam, J. M. (1999). *Linguistique textuelle. Des genres de discours aux textes.* París: Nathan.

Alcorn, M. W. Jr. (1994). Self-Structure as Rhetorical Device: Modern Ethos and the Divisiveness of the Self. En J.S. Baumlin y T.F. Baumlin (Eds.), *Ethos. New Essays in Rhetorical and Critical Theory* (pp. 3-35). Dallas: Southern Methodist University Press.

Amossy, R. (1991). *Les idées reçues. Sémiologie du stéréotype.* París: Nathan.

Amossy, R. (Ed.). (1999). *Images de soi dans le discours. La construction de l'ethos.* Lausanne: Delachaux et Niestlé.

Amossy, R. (2000). *L'argumentation dans le discours.* París: Armand Colin.

Amossy, R. (2002). Double adresse et auditoire composite dans le discours électoral. Du *clip* au débat télévisé. En Siess, J. y Valency Slakta, G. (Eds). *La double adresse* (pp. 177-181). París: L'Harmattan.

Amossy, R. (2004). L'infirmière de la Grande guerre. Usages et valeurs argumentatives d'un stéréotype. *Degrés*, 117, 1-33.

Amossy, R. (2005). Rhétorique et communication politique. L'exemple du clip électoral – Israël 2003. En Burger, M. y Martel. G. (Eds.), *L'Argumentation et la communication dans les médias.* Québec: Editions Note Bene.

Amossy, R. (2007). La femme comme témoin de guerre: les récits des infirmières de 1914-1918. En Chevillot, F. y Norris, A. (Eds.), *Des femmes écrivent la guerre* (pp. 17-34). París: Editions Complicités.

Amossy, R. y Herschberg Pierrot, A. (2001). *Estereotipos y clichés* (Lelia Gándara, trad.). Buenos Aires: Eudeba. (Primera edición en francés publicada en 1997)

Angenot, M. (1982). *La parole pamphlétaire. Contribution à la typologie des discours modernes.* París: Payot.

Aristóteles. (1988). *Ética nicomáquea* (Julio Pallí Bonet, trad.). Gredos: Ma{ drid. (Primera edición en griego publicada en 349 a.C.)

Aristóteles. (1999). *Retórica* (Quintín Racionero, trad.). Madrid: Gredos.

Bajtín, M. (1981). La structure de l'énoncé. En Todorov, T. (Ed.), *Mikhail Bakhtine. Le principe dialogique, suivi de Ecrits du cercle de Bakhtine*. París: Le Seuil.

Barthes, R. (2009). La antigua retórica. Prontuario. *La aventura semiológica* (Ramón Alcalde, trad.). Barcelona: Paidós. (Primera edición en francés publicada en 1970)

Baumeister, R. F. (1982). A Self-Presentational View of Social Phenomena. *Psychological Bulletin,* 91 (1), 3-26.

Baumlin, J. S. y Baumlin, T. F. (Eds.) (1994). *Ethos. New Essays in Rhetorical and Critical Theory.* Dallas: Southern Methodist University Press.

Beckwith, H. y Beckwith, C. (2007). *El arte de venderse. (You, Inc.)* (María Candelaria Posada, trad.). Madrid: Grupo Norma. (Primera edición en inglés publicada en 2003)

Benveniste, E. (2011). *Problemas de lingüística general. Tomo 1.* Buenos Aires: Siglo XXI. (Primera edición en francés publicada en 1966)

Benoît, R. (1985). Les figures du parti. Formation et définition du groupe 1932-1946. *Mots. Les langages du politique,* 10 (1), 109-132.

Bourdieu, P. (1985). *Qué significa hablar. Economía de los intercambios lingüísticos* (Esperanza Martínez Pérez, trad.). Madrid: Akal. (Primera edición en francés publicada en 1982).

Bourdieu, P. y Wacquant, L. J. D. (1995). *Respuestas. Por una antropología reflexiva.* México D.F.: Grijalbo. (Primera edición en francés publicada en 1992)

Brown, P. y Levinson, S. (1978). Universals in language use: Politeness phes nomena. En Goody, E. (Ed.), *Questions and Politeness. Strategies in social interaction* (pp. 56-310). Cambridge: CUP.

Burger, M. (2009). Les ethos typifiés et les ethos émergents comme condition de l'argumentation dans les médias. En Machado, E. y De Mello, R. (Dir.), *Análises do discurso hoje: ethos, émotions et argumentation* (pp. 383-407). Río de Janeiro: Editora Nova Fronteira.

Camus, J.-Y. y Monzat, R. (1992). *Les droites nationales et radicales en France.* Lyon: Presses Universitaires de Lyon.

Charaudeau, P. (1992). *Grammaire du sens et de l'expression.* París: Hachette.

Charaudeau, P. (2005). *Le discours politique. Les masques du pouvoir.* París: Vuibert.

Charaudeau, P. (2007). Les stéréotypes, c'est bien, les imaginaires, c'est mieux. En Boyer, H. (Dir.), *Stérétoypage, stéréotypes: fonctionnements ordinaires et mises en scène.* París: L'Harmattan. Recuperado de

http://www.patrick-charaudeau.com/Les-stereotypes-c-est-bien-Les.
html

Charaudeau, P. y Maingueneau, D. (Dirs.). (2005). Diccionario de Análisis
del Discurso (Irene Agoff, trad.). Buenos Aires: Amorrortu. (Primera
edición en francés publicada en 2002).

Cicéron, M. T. (1985). *De l'orateur* (Etienne Courbaud, trad.). París: Les
Belles Lettres.

Cohen, C. (1998). Rhétoriques du discours scientifique. En Gayon, J., Gens,
J.-C. y Poirier, J. (Eds.), *La rhétorique: enjeux de ses résurgences* (pp.
131-141). Bruselas: Ouisa.

Cossutta, F. (1989). *Eléments pour la lecture des etxtes philosophique*. París:
Bordas.

Cossuta, F. (2004). Naturalisation du point de vue et stratégies argumentatives dans le discourse philosophique. *Semen,* 17. Recuperado de
https://semen.revues.org/2321

Dessons, G. (2006). Émile Benveniste, l'invention d'un discours. París: Editions In Press.

Davis, R. C. y Gross, D. S. (1994). Gayatri Chakravorty Spivak and the *Ethos*
of the Subaltern. En Baumlin, J. S., y Baumlin, T. F. (Eds.), *Ethos. New
Essays in Rhetorical and Critical Theory* (pp. 65-89). Dallas: Southern
Methodist University Press.

Deschamps, J.-C. y Moliner, P. (2008). *L'identité sociale. Des processus identi-
taires aux représentations sociales*. París: Armand Colin.

Diaz, J.-L. (2007). *L'écrivain imaginaire. Scénographies auctoriales à l'époque
romantique*. París: Honoré Champion.

Dortier, J.-F. (2005). "Tu flippes ta race, bâtard!" Sur le langage des cités.
Sciences Humaines, 159. Recuperado de https://www.scienceshumai-
nes.com/--tu-flippes-ta-race,-batard----sur-le-langage- des-cites_fr_4808.
html

Doury, M. (2004). La fonction argumentative des échanges rapportés. En Lopez Munoz J. M., Marnette, S. y Rosier, L. (Eds.), *Le Discours rapporté
dans tous ses états* (pp. 54-264). París: L'Harmattan.

Ducrot, O. (1984). *El decir y lo dicho*. Buenos Aires: Paidós. (Primera edición
en francés publicada en 1980).

Enos, R. L. y Schnakenberg, K. R. (1994). Cicero Latinizes Hellenic Ethos.
En Baumlin, J. S. y Baumlin, T. F. (Eds.), *Ethos. New Essays in Rhetorical
and Critical Theory* (pp. 191-209). Dallas: Southern Methodist University Press.

Eggs, E. (1999). Ethos aristotélicien, conviction et pragmatique moderne. En
R. Amossy (Dir.), *Images de soi dans le discours. La construction de
l'ethos* (pp. 31-49). Lausanne: Delachaux et Niestlé.

Fairclough, N. (1992). Text Analysis: Constructing Social Relations and the Self. *Discourse and social change* (pp. 137-168). Cambridge: Polity Press.

Flahaut, F. (1978). *La parole intermédiaire*. París: Seuil.

Fontanille, J. (2001). *La semiótica del discurso* (Oscar Quezada Macchiavello, trad.). Lima: Fondo de Cultura Económica. (Primera edición en francés publicada en 1998).

Garand, D. (2007). La fonction de l'ethos dans la formation du discours conflictuel. En Larochelle, M.-H. (Ed.), *Invectives et violence verbales dans le discours littéraire* (pp. 3-19). Québec: PUL.

Gayon, J., Gens, J.-C. y Poirier, J. (Eds.) (1998). *La rhétorique: enjeux de ses résurgences*. Bruselas: Ousia.

Gibert, B. (1792). *Rhetórica o reglas de la eloquencia* (Don Blas Molina, trad.). Madrid: Oficina de la Viuda e hijos de Marin. (Primera edición en francés publicada en 1730).

Goffman, E. (1981). *La presentación de la persona en la vida cotidiana* (Hildegarde B. Torres Perrén y Flora Setaro, trad.). Madrid: Amorrortu. (Primera edición en inglés publicada en 1959).

Guespin, L. (1985). Nous, la langue et l'interaction. *Mots. Les langages du politique,* 10 (1), 45-62.

Haddad, G. (1999). Ethos préalable et ethos discursif: l'exemple de Romain Rolland. En Amossy, R. (Ed.), *Images de soi dans le discours. La construction de l'ethos* (pp. 157-177). Lausanne: Delachaux et Niestlé.

Herman, T., (2008). *Au fil des discours. La rhétorique de Charles De gaulle 1940-1945*. París: Lambert-Lucas.

Hutin, S. (2003). *Ils vont m'entendre! Pour une analyse du discours de l'écrit-client adressé à deux entreprises de service public* (Tesis de Doctorado en Ciencias del Lenguaje). Université de Franche-Comté, Besançon.

Hyland, K. (2002). Authority and Invisibility: authorial identity in academic writing. *Journal of* pragmatics, 34, 1091-1112.

Kennedy, G. (1963). *The Art of Persuasion in Greece*. New Jersey: Princeton University Press.

Kerbrat-Orecchioni, C. (1986). *La enunciación. De la subjetividad en el lenguaje* (Gladys Anfora y Emma Gregores, trad.). Buenos Aires: Hachette. (Primera edición en francés publicada en 1980)

Kerbrat-Orecchioni, C. (1987). La mise en places. En Cosnier, J. y Kerbrat-Orecchioni, C. (Eds.), *Décrire la conversation* (pp. 317-352). Lyon: PUL.

Kerbrat-Orecchioni, C. (2005). *Le discours en interaction*. París: Armand Colin.

Kerbrat-Orecchioni, C. (2007). La construction mutuelle des identités dans les débats politiques à la   télévision. *Actes du III Symposium Interna-tional sur l'Analyse du discours: émotions, ethos et   argumentation.* Belo Horizonte, Brasil: UFMG.

Kerbrat-Orecchioni, C. (2008). Ethique et ethos dans les pratiques langa-gières et les descriptions   linguistiques. En Delamotte-Legrand, R. y Caitucoli, C. (Dirs.), *Morales langagières. Autour de   propositions de re-cherche de Bernard Gardin* (pp. 73-94). Publications des Universités de Rouen   et du Havre.

Kerbrat-Orrechioni, C. y De Chenay, C. (2005). 100 minutes pour convain-cre: l'ethos en action de   Nicolas Sarkozy. En Broth, M., Forsgren, M. Noren, C. y Sullet-Nylander, F. (Eds.), *Le Français   parlé des médias: Actes du colloque tenu à Stockholm* (pp. 309-329). Estocolmo: Almqvist & Wiksell International.

Koren, R. (1996). *Les Enjeux éthiques de l'écriture de presse ou la mise en mots du terrorisme.*   París: L'Harmattan.

Koren, R. (2004). Argumentation, enjeux et pratique de l' 'engagement neu-tre': le cas de l'écriture   de presse. *Semen,* 17. Recuperado de https://semen.revues.org/2308

Labbé, D. (1985). Nous, les communistes. *Mots. Les langages du politique,* 10 (1), 133-146.

Lacoste, J. (2008). *La philosophie au XXe siècle. Introduction à la pensée philo-sophique   contemporaine.* París: Hatier.

Leary, M. R. y Kowalski, R. M. (1990). Impression Management: A Literature Review and Two-   Component Model. *Psychological Bulletin,* 107 (1), 34-47.

Le Bart, Ch. (2003). L'analyse du discours politique; de la théorie des champs à la sociologue de la grandeur. *Mots. Les langages du politique,* 72, 97-110.

Le Bart, Ch. (2009). Les présidentiables de 2007 entre proximité et surplomb. Nicolas Sarkozy et   Ségolène Royal vus par *Libération. Mots. Les langa-ges du politique,* 89 (1), 39-55.

Le Guern, M. (1977). L'éthos dans la rhétorique française de l'âge classique. *Stratégies discursives.*   Lyon: PUL.

Livnat, Z. (2006). Rhétorique de l'objectivité et présence de l'auteur dans l'écriture en sciences sociales: Le cas de l'Hébreu. *Questions de Communi-cation,* 1(9), 95-121.

Lopez Muñoz J. M., Marnette S. y Rosier L. (Eds.) (2004). *Le Discours rappor-té dans tous ses   états.* París: L'Harmattan.

Maingueneau, D. (1984). *Genèses du discours.* Liège: Mardaga.

Maingueneau, D. (1991). *L'Analyse du Discours. Introduction aux lectures de l'archive.* París: Hachette.

Maingueneau, D. (1993). *Le Contexte de l'oeuvre littéraire. Énonciation, écrivain, société*. París: Dunod.

Maingueneau, D. (1995). L'énonciation philosophique comme institution discursive. *Langages, 29* (119), 40-62.

Maingueneau, D. (1999). Ethos, scénographie, incorporation. En Amossy, R. (ed.), *Images de soi dans le discours. La construction de l'ethos* (pp. 75-100). Lausanne: Delachaux et Niestlé.

Maingueneau, D. (2002). "Problèmes d'ethos". *Pratiques* 113, 55-68. Versión modificada recuperada de http://dominique.maingueneau.pagesperso-orange.fr/pdf/Ethos.pdf

Maingueneau, D. (2005a). L'analyse du discours et ses frontières. *Marges linguistiques, 9*, 64-76.

Maingueneau, D. (2005b). Code langagier et scène d'énonciation philosophique. *Rue Descartes, 4* (50), 22-33.

Marcellesi, J.-B. y Gardin, B. (1974). *Introduction à la sociolinguistique. La linu guistique sociale.* París: Larousse.

Marcoccia, M. (2004). On-line polylogues: conversation structure and participation framework in internet newsgroups. *Journal of Pragmatics, 36*, 115-145.

Mayaffre, D. (2002). 1789/1917: l'ambivalence du discours révolutionnaire des communistes français des années 1930. *Mots. Les langages du politique, 2* (69), 65-79.

Meizoz, J. (2007). *Postures littéraires. Mises en scènes modernes de l'auteur.* Génova: Slatkine.

Meizoz, J. (2009). Ce que l'on fait dire au silence: posture, *ethos*, image d'auteur. *Argumentation et Analyse du Discours, 3.* Recuperado de http://aad.revues.org/index667.html

Meyer, M. (2013). *Principia Rhetorica. Una teoría general de la argumentación* (Irene Agoff, trad.). Buenos Aires: Amorrortu. (Primera edición en francés publicada en 2008)

Miller, C. R. (2003). The Presumptions of Expertise: The Role of Ethos in Risk Analysis. *Configurations, 11*(2), 163-202.

Orkibi, E. (2008a). Ethos collectif et Rhétorique de polarisation: le discours des étudiants en France pendant la guerre d'Algérie. *Argumentation et Analyse du Discours, 1.* Recuperado de http://aad.revues.org/index438.html

Orkibi, E. (2008b). L'ethos collectif dans le discours de revendication: Les étudiants français face à la suppression des sursis d'incorporation. *Actes du IIIe Symposium International sur l'Analyse du discours : émotions, ethos et argumentation*. Belo Horizonte, Brasil: UFMG.

Orkibi, E. (2010). *Collective Ethos between Group Identity and Public Image: an important constituent to the rhetoric of social movements*. Paper presene tado en la 14th Biennal Conference, Minneapolis.

Pêcheux, M. (1978). *Hacia el análisis automático del discurso* (Manuel Alvar Ezquerra, trad.). Madrid: Gredos. (Primera edición en francés publicada en 1969)

Perelman, Ch. y Olbrechts Tyteca, L. (1997). *Tratado de la Argumentación. La Nueva Retórica*. (Julia Sevilla Muñoz, trad.). Madrid: Gredos. (Primera edición en francés publicada en 1958)

Philippe, G. (2002). L'appareil formel de l'effacement énonciatif et la pragmatique des textes sans locuteur. En Amossy, R. (Dir.), *Pragmatique et analyse des textes* (pp. 17-34). Tel-Aviv: Presse de l' Université de Tel-Aviv-Jaffa.

Prévos, P. (2006, 3 de abril). From Chicago to Frankfurt: Goffman and Marcuse one identity. [The horizon of reason]. Recuperado de http://prevos.net/humanities/sociology/goffman-marcuse/

Rabatel, A. (2000). Un, deux, trois points de vue? Pour une approche unifiante des points de vue narratifs et discursif. *La Lecture Littéraire*, 4, 195-254.

Rabatel A. y Chauvin-Vileno, A. (2006). La question de la responsabilité dans l'écriture de presse. *Semen*, 22. Recuperado de https://semen.revues.org/2792

Segal, J. y Richardson, A. W. (2003). Scientific Ethos: Authority, Authorship, and Trust in the Sciences. *Configurations*, 11(2), 137-144.

Schlenker, B. R. (1980). *Impression management. The self-concept, social identity, and interpersonal relations*. Monterey: Brooks/Cole Publishing Company.

Siess, J. (2005). Un discours politique au féminin. Le projet d'Olympe de Gouges. *Mots. Les langages du politique*, 78, 9-21.

Sukiennik, C. (2009). Pratiques discursives et enjeux du pathos dans L'Intifada al-Aqsa (septembre 2000-2004) par la presse écrite en France. *Argumentation et Analyse du Discours*, 1. Recuperado de https://aad.revues.org/338

Tannen, D. (2005). *Conversational Style: Analyzing Talk Among Friends*. Oxford: Oxford University Press.

Tedeschi, J. T. (Ed.) (1981). *Impression Management Theory and Social psychological Research*. San Francisco: Academic Press.

Viala, A. y Molinié, G. (1993). *Approches de la réception. Sémiostylistique et sociopoétique de Le Clézio*. París: PUF.

Viala, A. (1999). L'éloquence galante. Une problématique de l'adhésion. En Amossy, R. (Ed.) *Images de soi dans le discours. La construction de l'ethos* (pp. 179-191). Lausanne: Delachaux et Niestlé.

Vion, R. (2001). "Effacement énonciatif" et stratégies discursives. En De Mattia, M. y Joly, A.   (Eds.), *De la syntaxe à la narratologie énonciative* (pp. 331-354). París: Ophrys.

Wilmet, M. (2003). *Grammaire critique du français*. Bruselas: Duculot.

Wei, Y.-K. (2002). Corporate image as collective ethos: a poststructurallist approach. *Corporate Communication, 7* (4), 269-276.

Wiesenfeld-Cohen, S. (2006). *Le discours diplomatique sous sa forme épistolaire: Etude de la   correspondance diplomatique sur les relations franco-allemandes entre 1871 et 1914*. Argumentation et Analyse du Discours, 1. Recuperado de https://aad.revues.org/413

Wisse, J. (1989). *Ethos and Pathos from Aristotle to Cicero*. Amsterdam: Hakkert.

Woerther, F. (2007). *L'èthos aristotélicien. Genèse d'une notion rhétorique*. París: Vrin.

Yanoshevsky, G. (2006). *Les discours du Nouveau Roman. Essais, entretiens, débats*. Lille: Septentrion.

www.ingramcontent.com/pod-product-compliance
Lightning Source LLC
Chambersburg PA
CBHW081717250726
48657CB00010B/3027